中国粮食安全问题研究丛书

中国粮食主产区的演变与发展

顾莉丽　著

中国农业出版社

总　　序

国以民为本，民以食为天，食以粮为源。古今中外无不把"粮食"视为治国安邦、施政福民之圭臬。粮食安全问题关乎国计民生，关乎社会发展，关乎政治安定，世界各国都把粮食安全作为国家经济、政治、社会安全的重要组成部分。如何解决好粮食问题，如何确保国家粮食安全，对于我国这样一个拥有 13 亿人口的发展中大国而言，具有重大而深远的战略意义，更是施政安民的第一要务。

改革开放以来，我国农业发展取得了举世瞩目的成就，粮食综合生产能力不断增强，粮食安全保障水平不断提高。特别是进入新世纪以来，我国农业连年丰收，主要农产品供求基本平衡。自 2004 年以来，我国粮食生产连续十年增产，到 2013 年，粮食产量达到 60 193.5 万吨，粮食生产突破历史最高水平，人均粮食产量达到或超过世界平均水平。我们可以自豪地说，我国用占世界 9% 左右的耕地、6% 左右的淡水，养活了占世界 20% 左右的人口，为在全球范围内消除饥饿与贫困做出了巨大贡献。

我们还要清醒地看到，随着工业化和城镇化的深入发展，市场化和全球化程度的加深，实现粮食供求平衡的压力加大，保障国家粮食安全的任务艰巨。从中长期看，我国人多地少的现实难以改变，人增地减的趋势难以扭转，淡水资源短缺、地区分布不平衡的形势更加严峻；随着经济社会的发展、人们生活水平的提高，人口数量的增加、膳食结构的改变、粮食加工业的发展，粮食供求关系日益趋紧；国际粮食供求形势不容乐观，粮食价格波动剧烈，粮食市场跌宕起伏，对我国粮食供求和价格都将产生深刻影响。总的来看，我国粮食供求偏紧将成为一种常态,保障粮食安全的诸多隐忧更值得警惕和深思。

中共十八大报告明确提出,要加快发展现代农业,确保国家粮食安全和重要农产品有效供给。2013年12月召开的中央经济工作会议强调指出,要把切实保障国家粮食安全,作为经济工作的首要任务。2014年中央1号文件又进一步明确提出,要抓紧构建和实施以我为主、立足国内、确保产能、适度进口、科技支撑的国家粮食安全战略。要不断提升农业综合生产能力,确保谷物基本自给、口粮绝对安全。要更加积极地利用国际农产品市场和农业资源,有效调剂和补充国内粮食供给。要在重视粮食数量的同时,更加注重品质和质量安全;要在保障当期供给的同时,更加注重农业可持续发展。

为深入贯彻落实中共十八大、中央经济工作会议和2014年中央1号文件精神,全面系统地研究我国粮食安全的现状与未来,中国农业出版社组织国内权威专家编写了《中国粮食安全问题研究丛书》。粮食安全问题是一个十分复杂的问题,既涉及国内又涉及国外,既有生产问题又有流通问题,既有发展问题又有改革问题,既是经济问题又是政治问题,既有实践问题又有理论问题,需要各方面开展深入研究并进一步形成共识。该丛书共分12册,主要内容包括:粮食供求形势分析、粮食生产经营主体、粮食市场流通、粮食产业链和供应链、粮食安全预警机制、粮食主产区发展、粮食期货市场、粮食国际贸易等。该丛书立足中国国情,联系国际市场,紧扣粮食安全主题,从多角度、多方面深入分析研究有关粮食安全的影响因素,既注重理论分析,又有实证分析,并提出了很多有针对性的政策建议。该丛书作者均为粮食问题研究领域的权威专家学者,书中的很多观点和看法具有一定的创新性和前瞻性,不仅具有较高的理论价值,而且具有较强的应用价值。

该丛书是2013年中央农村工作会议后国内推出的首套全面系统介绍我国粮食安全问题的系列丛书。该丛书的出版对于增强我国粮食综合生产能力，确保国家粮食安全，加快粮食主产区发展，促进农民增加收入，推进农业现代化具有十分重要的现实意义。该丛书对于我们把握当前我国粮食安全的状况与特点，分析新形势下我国粮食安全面临的问题和挑战，研究解决我国粮食安全问题的对策和措施具有积极的推动作用。该丛书既可以作为我国农业战线广大干部职工和科技工作者学习和研究我国粮食安全问题的参考资料，又可以为政府有关部门制定完善我国粮食安全战略和保障国家粮食安全政策措施提供借鉴。

我国粮食安全问题不仅是一个现实性的热点问题，更是一个需要长期关注的重点问题。随着经济社会的发展，粮食安全问题的研究范围也在不断拓宽和深化，比如粮食价格形成机制和市场调控问题、粮食品种质量和食品安全问题、实现高产高效与资源生态永续利用问题等。希望社会各界有识之士继续关注粮食安全问题，深入研究粮食安全问题，积极探索解决粮食安全问题的有效途径和办法，为切实保障中国人的粮食安全做出更大的贡献。

宋洪远

2014 年 5 月 13 日

前　言

　　粮食安全问题是一个关系国计民生的重要问题。特别是对于拥有13亿人口的中国来说，粮食安全问题尤为重要。新中国成立以来，中国创造了以世界9％左右的耕地、6％左右的淡水，养活占世界21％左右人口的奇迹。虽然中国粮食生产取得了巨大成就，但目前中国粮食安全的基础还不稳固，随着惠农政策边际效应的递减以及中国宏观经济形势的变化，中国粮食生产情况还不容乐观。粮食主产区是中国商品粮生产的核心区域，对确保国家主要农产品有效供给具有决定性作用。一旦粮食主产区出现问题，就会直接危及国家的粮食安全和社会稳定。自20世纪80年代以来，中国粮食主产区呈现出不断缩小的趋势，这种变化是自然、经济、科技等多重因素共同作用的结果。中国粮食主产区的演变与发展不仅在过去，而且在现在，乃至在未来都会对中国的粮食安全产生巨大影响。

　　本书从粮食主产区空间格局变迁与粮食安全相结合的视角切入，揭示中国粮食主产区历史演变的特点与原因，探讨粮食主产区面临的主要问题，分析工业化进程中基于比较利益的粮农种粮行为选择，探索在粮农收入构成中粮食收入不断下降情况下，农户投资粮食生产的动力机制，为制定国家粮食安全战略和建立粮食主产区可持续发展长效机制提供理论依据和实证支持。

　　本书共分为七章，主要研究内容和结论如下：

　　第一章为本书的导论。阐明本书的选题依据、研究目标、研究内容、研究方法和技术路线等，对国内外相关研究进行评述，界定书中涉及的基本概念和研究范围，并对本书所依据的理论基础进行系统阐述。

　　第二章为中国粮食主产区的演变。从分析中国粮食主产区演变的历史进程入手，概括总结中国粮食主产区空间格局变化的特征，实证研究中国粮食主产区空间格局变化的影响因素，探寻带来这种变化的主要原因。研究结果表明，新中国成立以来，中国粮食主产区空间格局发生了较大变化。这种变化体现在生产格局和流通格局两个方面。从中国粮食生产格局变迁看，全国粮食生产区域由南方持续向北方转移，由东部、西部逐渐向中部推进，其中东南沿海区粮食生产急剧萎缩，东北区和黄淮海区形成了全国粮食增长中心，粮食主产区的边界明显地呈现出缩小趋势。从中国粮食流通格局变迁看，伴随着粮食调运由计划调拨到市场调节的变化，中国粮食流向流量发生了由南粮北调向北粮南运的转变。中国粮食主产区空间格局的变化表现出显著特点：①粮食主产区在空间上相对集中；②粮食生产与人口分布的地域分异加剧；③粮食主产区向经济滞后区域集中；④粮食主产区与主销区的空间距离加大。中国粮食主产区空间格局的变化是伴随着我国经济改革而发生的，这种变化的形成包含着复杂而深刻的经济与社会多重原因。第一，种粮比较效益相对低下是粮食主产区萎缩的基本原因；第二，市场化、国际化、工业化和城镇化进程的区域差异性是粮食主产区空间格局变迁的重要原因；第三，人地矛盾是粮食主产区空间格局变迁的客观原因；第四，社会需求拉动是粮食主产区空间格局变迁的市场动因；第五，农业科技进步为粮食主产区空间格局变迁提供了推动力。

　　第三章为中国粮食主产区差异分析。首先，运用因子分析方法对目前中国 13 个粮食主产区的区域经济差异进行综合评价。其次，采用比较分析方法分别从粮食生产能力和商品化程度等方面对粮食主产区的差异进行深入探讨。研究发现，粮食主产区内部各省份的经济发展状况呈现出梯度特征，其中江苏、山东、辽宁和河北的经济发展水平高于粮食主产区平均水平，其他 9 省份的经济发展水平低于粮食主产区平均水平。经济发展水平较高的省份，其粮食商品化程度并不高。值得关注的是四川、湖北两省的人均粮食占有量比全国平均水平还要低。粮食商品化程度显著高于全国平均水平的黑龙江、吉林、内蒙古三省份，其粮食产量波动系数均高于全国平均水平1倍以上，说明我国主要的商品粮输出省份粮食生产的稳定性极差。

第四章为中国粮食主产区发展面临的问题。目前，中国粮食主产区发展主要面临着粮食主产区利益流失、区域经济发展滞后、粮食流通体系不顺畅、土地经营规模狭小、粮农种粮行为的工业化"效应"凸显等问题。

第五章为中国粮食主产区支持政策。粮食主产区的发展离不开国家的政策支持，因此有必要对粮食主产区的支持政策进行回顾、梳理和评价，提出调整与优化粮食主产区支持政策的措施。改革开放以来，特别是从2004年开始，国家围绕生产要素、生产主体和产品市场从资源保障、物质装备、科技支撑、生产经营、收入支持、风险抗御、加工转化和市场调控等方面搭建起了粮食主产区支持政策体系的基本框架。现阶段，粮食主产区支持政策体系无论在政策内涵上，抑或是在外延上，都有了明显的变化和发展。政策的实施取得了较好的效果，但与建设现代农业、建设社会主义新农村的需要相比，仍存在政策补贴标准偏低，支持力度不够；政策利益主体多元化，执行成本较高；政策功能不强，支持体系不健全；配套政策不利于调动粮食主产区地方政府粮食生产的积极性；政策忽视了粮食主产区经济的全面发展等问题。为了促进粮食生产长远稳定发展，构建国家粮食安全长效机制，必须建立稳定而长效的粮食主产区支持政策体系，进一步加大政策支持力度，扩大政策支持范围，转变政策支持方式。

第六章为中国粮食主产区发展预期。要实现粮食主产区的健康发展，必须结合粮食主产区发展的现实和未来的需要，科学确定粮食主产区的战略定位，制定粮食主产区的发展目标，明确粮食主产区可持续发展的条件。为此必须要强化粮食主产区粮食生产的要素基础，不断加强自然基础要素，增加人工投入要素，提升效率要素等。

第七章为本书的结论与建议部分。在对研究结果进行总结的基础上，提出中国粮食主产区可持续发展的建议，为政府相关部门决策的制定提供参考。

本书从宏观、中观和微观三个层次分析国家、地方政府、农民经济利益及其行为相互影响关系，从多视角探讨粮食主产区变迁问题。从综合经济实力、粮食生产能力、粮食商品化程度等角度建立评价指标体系，对目前中国 13 个粮食主产区的内部差异进行分析，以期对未来粮食主产区的发展定位提供理论依据。以工业化进程中，随着农民兼业化程度的提高，粮食生产的商品意义和收入意义越来越淡化，粮食主产区农民会演化成较严重的"轻粮"行为为背景，探讨未来如何调动粮食主产区农民种粮积极性，确保国家的粮食安全问题。从学术价值、理论意义看，这是基于新的视角关于粮食主产区确保粮食安全研究的理论探索。从实践意义看，本书对巩固和提高我国粮食综合生产能力，确保国家粮食安全，加快粮食主产区发展，促进农民增收，推进现代农业发展具有十分重要的现实意义。

目　　录

总序

前言

第一章　导论 …………………………………………………………… 1

　1.1　选题依据 ………………………………………………………… 1

　1.2　研究文献述评 …………………………………………………… 3

　1.3　基本概念与研究范围 …………………………………………… 18

　1.4　理论基础 ………………………………………………………… 22

　1.5　研究目标与内容 ………………………………………………… 30

　1.6　研究方法与技术路线 …………………………………………… 33

第二章　中国粮食主产区的演变 …………………………………… 35

　2.1　中国粮食主产区演变的历史进程分析 ……………………… 35

　2.2　中国粮食主产区空间格局变化的特征分析 ………………… 66

　2.3　中国粮食主产区空间格局变化的影响因素分析 …………… 71

　2.4　本章小结 ………………………………………………………… 79

第三章　中国粮食主产区差异分析 ……………………………… 81

　3.1　中国粮食主产区区域经济差异综合评价 …………………… 81

　3.2　中国粮食主产区粮食生产能力差异分析 …………………… 87

　3.3　中国粮食主产区商品化程度差异分析 ……………………… 111

　3.4　中国粮食主产区农民收入差异分析 ………………………… 114

　3.5　本章小结 ………………………………………………………… 117

第四章　中国粮食主产区发展面临的问题 ……………… 120

  4.1　粮食主产区利益流失 …………………………………… 120

  4.2　区域经济发展滞后 ……………………………………… 123

  4.3　粮食流通体系不顺畅 …………………………………… 124

  4.4　土地经营规模狭小 ……………………………………… 128

  4.5　粮农种粮行为的工业化"效应"凸显 ………………… 130

  4.6　本章小结 ………………………………………………… 133

第五章　中国粮食主产区支持政策 …………………………… 135

  5.1　粮食主产区支持政策的背景及运行轨迹 …………… 135

  5.2　粮食主产区财政支农的现状分析 …………………… 149

  5.3　粮食主产区支持政策的评价 ………………………… 153

  5.4　粮食主产区支持政策的调整与优化 ………………… 164

  5.5　本章小结 ………………………………………………… 171

第六章　中国粮食主产区发展预期 …………………………… 173

  6.1　未来中国粮食供求分析 ……………………………… 173

  6.2　粮食主产区的战略定位 ……………………………… 184

  6.3　粮食主产区的发展目标 ……………………………… 186

  6.4　粮食主产区可持续发展条件 ………………………… 187

  6.5　本章小结 ………………………………………………… 191

第七章　研究结论与政策建议 ………………………………… 193

  7.1　研究结论 ………………………………………………… 193

  7.2　政策建议 ………………………………………………… 196

  7.3　研究展望 ………………………………………………… 199

参考文献 ………………………………………………………… 201

第一章 导 论

1.1 选题依据

国以民为本，民以食为天，农业是国民经济发展的基础，粮食是基础的基础。粮食安全问题在任何时候对世界上任何国家而言都是一个战略性问题。对于我国这样一个拥有 13 亿人口的大国来说，确保粮食有效供给尤为重要。新中国成立以来，特别是改革开放以来，我国粮食产量大幅度增长。1949 年我国粮食总产量只有 11 318 万吨，2013 年达到 60 194 万吨，增长48 876 万吨，年均递增 6.75％。中国创造了以世界 9％左右的耕地、6％左右的淡水，养活占世界 21％左右人口的奇迹。虽然中国粮食生产取得了巨大的成就，但目前中国粮食安全的基础还不稳固，随着惠农政策边际效应的递减以及中国宏观经济形式的变化，中国粮食生产情况还不容乐观。

粮食主产区是我国商品粮生产的核心区域，对确保国家粮食安全和主要农产品有效供给具有决定性的作用。因此，一旦粮食主产区出现问题，就会直接危及国家的粮食安全和社会稳定。1949 年以来的 60 年间，中国粮食产销格局发生了重大的历史性转变。传统上，中国粮食生产按地域可综合分为南北两大部分，1949—1975 年期间基本是保持南粮北调的特征。在 20 世纪50 年代，总体上看，南北方粮食均是净调出，南北方之间粮食流动量较小，南方有少量粮食流向北方。在此期间，南方 14 个省份中有 12 个省份为粮食净调出省，净调入的只有上海，年均 116.3 万吨。在北方的 15 个省份中有10 个省份为粮食净调出省，净调入大省份主要包括辽宁、北京、河北、天津。到 60 年代，南粮北调的格局尤为明显，北方的粮食净调入省由 50 年代的 5 个上升到 10 个。10 年累计净调入量为 2 750 万吨。到 70 年代前期，南方粮食净调出量仍大于净调入量，从 1970—1975 年，6 年累计调出量2 024.2万吨。北方粮食净调入省仍保持在 10 个。70 年代中期到 80 年代中期是南粮北调转变为北粮南运的过渡期。1976—1980 年南方净调出粮食省减少为 7 个。相反,南方净调入粮食省增加到 7 个,并且形成了净调入量大于净调出量的逆转趋势。进入 80 年代中后期,南北方之间粮食流向发生了重大的历史性转折,逐步形成北方粮食流向南方的量比南方粮食流向北方的量多的新格局,进入北粮南运时期。进入 90 年代,北粮南运的数量比 80 年代增加较多,并成为南北方粮食区域平衡的突出矛盾。到 1993 年,全国商品粮输出省份只剩下 9 个。2003 年 12 月财政部下发的《关于改革和完善农业综合开发政策措施的意见》中,依据各地主要农产品的产量等主要指标确定了 13 个省份为我国的粮食主产区。目前,这 13 个粮食主产区的商品粮供给能力也不均衡,只有 6 个省份为粮食净调出省。粮食主产区空间格局变迁的特点是什么?粮食主产区萎缩的原因何在?粮食主产区内部粮食生产能力和商品化差异程度如何?这些问题的研究探讨,对保持并不断提高主产区粮食生产及商品粮供给能力,对稳定全国的粮食生产大局,平衡商品粮供求具有战略意义。

中国的粮食主要是小规模农户生产的,农户粮作经营行为取向是对自身因素与外界环境变化的理性反应。得改革开放先机的沿海省份从 20 世纪 80 年代中期开始加快工业化进程,由于户均耕地少,种粮比较收益低,农民种粮积极性下降,开始出现抛荒弃耕现象,区域粮食自给率下降,开始从粮食输出区向粮食输入区转变。进入 20 世纪 90 年代以后,我国的粮食主产区逐渐北移,目前的 13 个粮食主产区有 7 个在北方,占主产区粮食总量的 58%。相比较而言,在 20 世纪的 80 年代和 90 年代,我国多数粮食主产区工业化发展相对滞后。伴随粮食主产区工业化、城镇化进程的不断推进,作为拥有资源配置权的我国农业微观经营主体的农户有了更多的选择,粮食生产效益低会逐渐失去吸引农户投资的动力,粮农会随着非粮收入大幅度增长,将更多的资源投入非粮产业。当粮食生产收入占主产区农户收入构成下降到一定程度的时候,会不会影响粮食供给,威胁中国的粮食安全?因此,考虑粮食主产区农户种粮行为的工业化"效应",对农户种粮行为进行预期,寻求农户投资粮食生产的内在动力和政府对粮食主产区的未来政策取向,是工业化进程中国家粮食安全战略所要解决的重大问题。

基于以上观察,本研究从粮食主产区空间格局变迁与粮食安全相结合的视角切入，揭示中国粮食主产区历史演变的特点与原因，分析粮食主产区面临的主要问题，预期基于比较利益的粮农种粮与弃耕的行为选择，探索在粮农收入构成中粮食收入不断下降情况下，农户投资粮食生产的动力机制，为国家制定粮食安全战略和建立农民增收长效机制提供理论依据和实证支持。从学术价值、理论意义看，这是基于新的视角从宏观、中观和微观三个层次关于粮食主产区确保粮食安全研究的理论探索。从实践意义看，本研究对巩固和提高我国粮食综合生产能力，确保国家粮食安全，加快粮食主产区发展，促进农民增收，推进现代农业发展具有十分重要的借鉴意义。

1.2　研究文献述评

1.2.1　国内研究述评

粮食主产区是为我国提供商品粮的主要农业区域，是确保我国粮食安全的核心和支撑。长期以来，粮食主产区为我国粮食生产的稳定发展，增加粮食供给，做出了极为重要的贡献。尽管如此，对我国粮食主产区系统的大量研究还是从 20 世纪 90 年代才开始的。根据搜集和掌握的资料来看，20 世纪 90 年代以来对粮食主产区的研究主要包括以下几个方面：

1. 关于粮食主产区经济发展现状和发展对策的研究

作为我国主要的粮食供给区域，粮食主产区在维护国家粮食安全方面发挥着非常重要的作用。有关粮食主产区经济发展现状和发展对策的文献很多，从研究内容看，大致可分为两种类型：①调查研究的总结报告，包括对整个区域或一个、几个粮食主产区域经济发展现状进行调查研究后的总结。具体内容包括调查区域经济发展中存在的问题、产生的原因、发展的对策及启示（王赋等，1994；夏安宁，1996；冯海发等，1997；史忠良等，2006）。这类研究的特点是占有大量的第一手资料，但往往缺乏理论深度。②综合研究。这类研究包括的内容比较全面，并有一定的理论探讨。吴桂淑（1995）以吉林省为例，探讨了粮食主产区经济落后的现状及形成原因，确立了加速粮食主产区经济发展的指导思想、对策与建议。谢茹（1996）分析了粮食主产区经济发展滞后的原因，进而提出了促进粮产区经济全面振兴的宏观思考及微观举措。孙艳霜（1999）指出了粮食主产区经济发展中面临的困境、摆脱困境的希望及粮产区由贫转富的通道。谢曙光（2004）从经济结构的角度论证了粮食主产区经济结构调整面临的困难和问题、粮食主产区经济结构调整和优化的基本原则及基本途径。李广厚（2007）从国家粮食安全、地方经济发展、种粮比较效益、农技推广的角度分析了我国粮产区发展存在着许多的无奈，进而提出了保证我国粮食安全的建议。张卫华（2007）以河南省为例，研究了粮食主产区经济社会发展现状、发展的困境、影响发展的因素，着重探讨了工业化、城市化进程中粮食主产区经济发展的路径选择。侯立军（2008）在分析我国粮食主产区建设制约因素的基础上，提出了加快粮食主产区建设、保障粮食安全的举措建议。徐冰（2009）探讨了粮食安全背景下我国粮食主产区经济发展问题。王艳华、韩星焕（2010）认为，粮食主产区经济发展的主要路径是走农业现代化之路、走多元化经营之路、走产业链延长之路、走农村人力资本素质提升之路。总体上来看，这类研究主要采用经验性的规范研究，缺乏严格的理论逻辑与计量检验。

2. 关于粮食主产区粮食生产问题的研究

粮食主产区粮食生产状况直接影响着国家的粮食安全，对全国的粮食生产起到重要的引擎作用。因此，国内许多专家学者纷纷对粮食主产区粮食生产问题进行了探讨。现有的研究成果主要集中于粮食主产区粮食生产态势的研究、粮食主产区粮食生产比较优势的研究、粮食主产区粮食生产影响因素的研究、培育和提高粮食主产区粮食生产能力的对策研究几个方面。①粮食主产区粮食生产态势的研究。郭淑敏（2006）、张利国（2009）从粮食播种面积、粮食总产量、粮食单产三个方面剖析了主产区的粮食生产情况。郭淑敏将研究时间界定为 1980—2003 年，分别对主产区粮食播种面积、粮食总产量和粮食单产进行了阶段性划分。张利国分析了 1978 年以来的主产区粮食播种面积、粮食总产量和粮食单产的历史变化情况。其结论基本一致，即主产区粮食播种面积略有下降，其中 1999—2003 年主产区粮食播种面积下滑速度最快；粮食总产量呈强劲攀升势头；粮食单产水平虽然年际间有所波动，但整体呈现快速上升趋势。②粮食主产区粮食生产比较优势的研究。李秉龙（2003）、郭淑敏（2006）利用综合比较优势指数对我国粮食主产区主要粮食作物生产比较优势进行了分析。李秉龙分品种对粮食作物进行了综合优势的比较，指出在稻谷生产上具有综合优势的省份有吉林、黑龙江、安徽、江西、湖北、湖南等，其中安徽、江西、湖北、湖南兼具生产效率优势和规模优势，反映出在稻谷生产上的优越条件。河北、山东在稻谷生产上不具综合优势，但稻谷生产的生产效率优势却十分明显，其综合优势较差的原因主要在于规模优势微弱。小麦的主要生产省份中，河南、山东、河北、安徽都具有明显的优势。湖北和黑龙江无论从综合比较优势还是成本上看都处于劣势。山东、黑龙江、河北、吉林、河南五个省份具有玉米生产的综合比较优势。从综合比较优势来看，大豆主要的生产省份中吉林、黑龙江和安徽大豆生产优势比较明显；而河北、山东、河南等优势较弱。郭淑敏分区域进行了综合优势的比较，研究结果表明：东北区的大豆和玉米综合比较优势极为明显，而水稻、小麦和薯类则不具备综合比较优势。黄淮海区的小麦和玉米都具有明显的综合比较优势，水稻和薯类没有综合比较优势。长江中下游区水稻综合比较优势突出，小麦综合比较优势稳定，薯类和大豆没有比较优势。③粮食主产区粮食生产影响因素的研究。马帅（2006）、郭淑敏（2007）运用灰色关联分析法对影响主产区粮食产量的因素进行了分析。马帅重点分析了影响粮播面积的耕地面积、复种指数、粮面比重和影响单产的光温水等自然因素、耕地质量、水资源利用、劳动投入、科技与现代化、农业产业政策、生态环境约束等方面，得到对于粮食生产各个影响因素的综合分析结论。郭淑敏指出：影响粮食产量的相关因素的灰色关联系数由大到小依次为，粮食播种面积＞有效灌溉面积＞粮食单产＞复种指数＞农机总动力＞旱涝保收面积＞机播面积＞机耕面积＞农村用电量＞机电排灌面积＞化肥用量＞成灾面积。④培育和提高粮食主产区粮食生产能力的对策研究。李仁元（2004）在分析1998—2003年粮食主产区粮食产量大幅度下降原因的基础上，指出要千方百计培育和提高粮食主产区粮食生产能力。具体包括：妥善解决粮食直接补贴政策实施过程中存在的问题；每年提高财政和国债对粮食投入比例，重点用于主产区中低产田的改造；加强耕地资源的保护和合理开发；依靠科技力量，提高粮食主产区的单产水平。王娇（2005）在对主产区粮食综合生产能力影响因素进行分析的基础上，提出稳定和提高主产区粮食综合生产能力的途径主要包括：切实采取有效措施保护耕地并尽最大可能保证粮食播种面积，增加对粮食主产区的其他物质投入，增加化肥投入、提高使用效率，加快农业科技进步和制度创新，提高抵御自然灾害的能力。朱凤文（2006）以吉林省粮食主产区的生产实践为例，论述了依靠科技进步、组装模式化栽培体系、大搞农田基本建设等提高粮食主产区粮食综合生产能力的意见。顾莉丽（2008）运用因子分析法对吉林省粮食综合生产能力的影响因素进行了分析，进而提出保护和提高吉林省粮食综合生产能力要从长远战略考虑，坚持严格的耕地保护制度，加强粮食生产基础设施建设，注重农业组织制度创新，加快农业科技进步，使藏粮于库与藏粮于地有机结合。冯继红（2009）通过对河南省粮食综合生产能力提高制约因素的分析，指出要提高粮食综合生产能力，应该减少耕地的显性及隐性流失；加强以农田水利为重点的农业基础设施建设；加强农业科研和技术推广；推进粮食生产核心区建设。石奇、武同华（2012）运用主成分分析法分析了粮食主产区粮食生产的主要影响因素，即物质生产资料、劳动生产资料、农民收入以及政策。罗光强（2013）认为，提高我国粮食主产区粮食生产能力必须构建提高粮食主产区粮食生产能力的动力机制、保障机制和激励机制。

3. 关于粮食主产区农民收入问题的研究

农民的种粮积极性制约着粮食生产和粮食供给，而农民的收入水平又是决定粮食主产区农民生产积极性的关键，三者关系若处理得当，则相得益彰，反之则可能出现粮食生产停滞和农民增收缓慢的两难困境，进而影响国家的粮食安全。因此，粮食主产区农民的收入问题引起了特别关注，很多专家学者分别从不同角度研究了主产区农民的收入问题。总体来看，主要分为三个方面：①粮食主产区农民收入现状分析。冯海发（2001）、王宇露（2006）从粮食主产区农民收入的纵向、横向历史变化来分析主产区农民的收入状况。②影响粮食主产区农民收入增长的因素分析。在对影响主产区农民增收的各种因素分析当中，逐步形成了一些具有代表性的观点。孙振远（2000）、吴志华等（2001）从自然灾害、自然资源等约束条件来分析主产区农民增收的制约因素。李小军（2005）从直接因素和制度因素两个方面对粮食主产区农民收入增长的影响因素进行了分析，指出粮食主产区农业产业结构调整、粮食价格、种粮成本与收益、经营规模、农民组织化程度和国际贸易等因素是影响粮食主产区农民收入增长的直接因素，这些因素的综合影响直接导致了近年粮食主产区农民收入增长缓慢，城乡收入差距拉大。同时从公共与私人投入、科技进步、中央对粮食主产区倾斜政策等方面分析了影响粮食主产区农民收入增长的制度因素。张冬平、魏仲生（2006）在分析了主产区农民的收入结构与收入差异以及主产区与主销区农民收入差距的基础上，对影响农民增收的各要素进行了较为全面的深入研究，即农民家庭经营收入要素、市场要素、劳动力增收能力要素、农村人力资本要素、农业政策要素等。邓蒙芝（2006）从现阶段我国粮食主产区农民收入现状和结构入手，对主产区农民家庭经营收入要素如自然条件、农产品市场、农业生产方式、农业技术进步、农业投入、农业生产资料等进行了计量分析，进一步总结、分析了目前制约我国粮食主产区农民家庭经营收入增长的因素：粮食主产区农业科技作用不显著，农业增收空间缩小；粮食主产区产业结构调整缓慢，农民增收渠道单一；农业基础设施落后，因灾减产减收幅度较大；农业生产资源比例失调，靠农业增收困难；农村劳动力隐蔽性失业量大，农业生产率低下等。杨茂（2006）分析了粮食直接补贴、农业市场化进程和政府的一般服务投入等对主产区农民增收的影响。③增加粮食主产区农民收入的对策研究。近年来，对于粮食主产区农民增收对策的研究成果十分丰富。王凤山（2001）在分析影响粮食主产区农民收入增长的主要原因的基础上，指出增加主产区农民收入的途径有调整农业产业结构，加强对农业和农村的投入，积极推进农业产业化经营，实施科技兴农战略，积极发展小城镇，加速发展非农产业，进一步减轻农民负担。张伟达（2002）基于对湖南粮食主产区的调查，在分析新阶段粮食主产区农民增收基本特征的基础上，提出粮食主产区农民增收的对策，包括推进农业产业化经营、推进工业化进程、推进农村城镇化、推进新的农业科技革命、推进农业基础设施建设和推进农村体制组织创新。吴照云（2004）从优化价格资源配置的角度，认为应取消粮食保护价，对粮食价格实行市场化改革，发挥粮食价格机制优化资源配置的功能，促进粮食主产区农民收入的增加。吴天君（2004）认为产业化经营是粮食主产区农民增收的必由之路。钱贵霞（2005，2006）从粮食生产经营规模方面来研究粮农收入问题。通过对农户微观经济行为的实证分析，阐明粮食生产经营规模对粮农收入的影响，提出扩大粮食生产经营规模、增加粮农收入的政策建议。刘修礼（2006）以粮食主产省江西、江苏和非粮食主产省浙江为对象，分析了农业经济结构调整对农民收入增长的影响。指出农业经济结构调整对粮食主产区农民收入增长有重要的抑促作用，结构越好，档次越高，农民增收越明显。因此，应着力发展高效产业和产品；进一步优化农村投入结构；加快农村劳动力转移，大力推进农村城镇化、农民市民化；加速发展区域优势产业。王放（2007）以粮食主产省河南省18县（市）的农业要素生产效率为例，通过分析粮食增产与农民增收之间的耦合性，从农业生产效率、整体调整、资源利用、农业生产规模等几个方面提出了促进农业增效、农民增收、粮食丰产的建议。吴照云（2007）从国家支持体系的角度构建了促进粮食主产区农民增收的九大支持系统即政府管理支持系统、农业产业政策支持系统、法律制度支持系统、财税政策支持系统、金融政策支持系统、技术创新支持系统、信息化支持系统、城镇化推进支持系统、农村社会事业发展支持系统。崔俊敏（2009）以河南省黄淮4市为例，提出了增加粮食主产区农民收入的主要途径是培育粮食产业链和产业集群。周晨、伽红凯、王树进（2011）分析了粮食主产区农民收入低的成因，在此基础上从决策者的视角出发，以提高农业综合生产率为着手点，提出了一套解决粮食主产区农民增收的系统方案。王文锋（2013）利用 Mincer 收入函数模型和早期的文化影响系数分析方法，实证分析了农民收入与教育水平的关系，并进一步探讨了收入与产业选择之间的关系。结果显示，粮食主产区农民收入与教育水平呈显著的负相关，非常符合"脑体倒挂"现象。

4. 关于粮食主产区与粮食主销区利益关系的研究

我国粮食生产和消费的区域不平衡性决定了我国必须处理好粮食产销区的利益协调关系，充分发挥产销区各自的比较优势，以确保粮食供需平衡，保障国家粮食安全。关于粮食主产区和主销区利益关系的研究，比较一致的观点是必须解决主产区利益流失问题，建立产销区利益协调机制，从区域经济的角度，制定一套有利于粮食主产区经济综合发展的政策。郭庆海（1995）指出，粮食主产区和主销区不平等的交换关系导致区域之间的利益分配不公，这客观上必然造成粮食主产区居民对地方政府扶持粮食生产的政策提出各种质疑。此外，这种区域之间的不合理分配关系在客观上还容易产生一种弱化粮食生产的误导作用，即一些粮食主销区特别是一些发达地区放松了粮食生产，使得粮食生产区的边界明显呈现出一种缩小趋势。因此，必须处理好粮食主产区利益流失问题。陈文科（1995）认为既然是市场经济，粮食产区与销区之间的关系必然是一种商品交换关系。但在传统计划经济向市场经济过渡的条件下，这种商品交换关系往往被部分计划调拨的形式所掩盖，形成一种不完全的商品交换关系，从而人为地扩大了地区间的不公平竞争和利益差别。要调动粮食主产区发挥粮食生产的积极性，理顺粮食主产区与主销区之间的利益关系，就必须坚定不移地推进缩小工农产品价格剪刀差的政策；鼓励区之间公平合理的粮食贸易，并对粮食主产区实行适当的利益补偿；市县直接挂钩，建设粮食专业县，实行粮食主产区与销区以粮食为中心的全面经济合作。蔡兴元（1998）明确了粮食生产者、经营者、消费者之间的关系对粮食产销合作的重要性，对于如何协调三者关系提出了如下建议：国家在制定政策时，首先要考虑粮农的利益，确保卖粮收入稳定增长，稳定粮农情绪，保证粮农利益；其次要考虑消费者的利益，做到提高粮价而不转嫁到消费者身上；再者是保护经营者的利益，做到有利可图，薄利多销，搞活市场，搞活流通，改变全国粮食部门多数国有企业亏损挂账、资不抵债的情况。叶晓云（2004）建议建立粮食产销合作工作的协调机制，组织销区粮食龙头企业和种粮大户到主产区开展租地经营，建立粮食生产基地；鼓励有实力的主销区粮食企业到主产区对当地粮食企业按照不同情况以收购、股份制改造、租赁等多种形式进行重组，构建跨省粮食企业，并逐步向跨省粮食集团发展；疏通粮食运输"绿色通道"等。刘先才（2005）提出要引导粮食主产区和主销区实行有效对接。机制性和体制性矛盾是威胁粮食安全的主要因素，要确保粮食安全，必须理顺粮食产销之间的体制和机制，调动双方的积极性，稳定粮食购销关系，鼓励和支持主销区在主产区建立粮食生产和储备基地，实行订单生产、保护价收购。匡远配（2005）认为，粮食主产区和主销区对保障粮食安全都有相应责任，建立粮食安全主产区与主销区之间协调机制有利于各地责任的实现和比较优势的发挥，要通过政府策动、市场拉动、企业运作的形式来建立主产区和主销区的协调关系。周晓红（2006）认为中国粮食主产区与主销区产销不协调主要表现为供求矛盾突出，其主要原因是生产与市场脱节、重视产区轻视销区、缺乏完善的购销合作机制等，因此，应采取对产销区粮食协作的指导、完善粮食合同订购制度、调整粮食风险基金补助比例、完善价格形成机制、创造良好的外部环境等措施，建立起粮食主产区与主销区产销协调机制，确保粮食供需平衡和国家粮食安全。刘小春（2006）、马文婷（2008）通过建立博弈矩阵模型来分析粮食主产区与主销区的利益协调关系。研究结果表明：当产销区对能否实施合作存在较大疑问时，风险占优策略就倾向于不合作，不去完善粮食市场，不去完善粮食生产、储备、销售与流通渠道，力求粮食自给自足。如果以帕累托占优作为策略选择原则，博弈结果才能出现帕累托最优均衡，即产销区按优势互补原则，安排粮食生产、储备、销售与流通渠道。根据人们对风险的规避意识，可以明显地分析出风险占优在该博弈中的指导作用要好于帕累托占优。高瑛（2007）指出由于粮食主销区在与主产区的利益博弈中，占据优势地位，因此粮食主销区应大力支持主产区的粮食生产。马文杰（2010）利用完全信息条件下的动态博弈方法，建立主产区地方政府、主销区地方政府和中央政府之间的利益冲突模型。研究结果表明：降低政府检查成本，改进中央政府的监督质量，提高对主产区的利益补偿值，可以有效地降低主产区地方政府发展非粮食生产的概率。顾莉丽、郭庆海（2011）认为促进粮食主产区的发展要协调好粮食主产区和主销区之间的关系，加强粮食区域间合作。杨建利、靳文学（2012）分析了当前主产区与主销区粮食生产情况及利益补偿机制，提出了通过调整粮食主产区粮食风险基金承担比例、征收庇古税、合理确定粮食主销区对主产区补偿的额度等措施来建立粮食主产区与主销区的利益平衡机制。张海娇、张正河（2013）在分析粮食主产区粮食生产"优势特征"与经济发展"劣势地位"的基础上提出中央政府与粮食主销区地方政府应给予粮食主产区相应的利益补偿。

5. 关于粮食主产区农业产业化的研究

现代农业的竞争，不仅体现为农业生产环节产品和技术的竞争，更体现为包含农业产前、产中、产后在内的整个农业产业体系的竞争，如何实现粮食主产区优势资源的利用和打破单一的农业经济结构，最终带动整个农村经济的快速发展。许多学者从发展农业产业化的角度进行了探讨。喻国华（1997）在分析我国粮食主产区产业发展不足的主要原因和多年积累的有益经验的基础上，提出了坚持种养加、产供销、贸工农一体化发展，加快实现农业产业化的思路。严瑞珍等（1999）通过对漯河农村经济发展的实证分析，对我国粮食主产区的农业产业化进行了深入研究。她认为"农业产业化是所找到的一种最有效的组织农村生产力的组合方式"，顺利实行农业产业结构调整是农业产业化的前提条件，然后依靠新产业的高收入来增强粮食生产，而不断加强技术、信息、生产资源等各项社会化服务则是巩固农业产业化的关键，同时，在农业产业化取得现有成果的基础上，积极发展与粮食相关的食品加工业，从而拉伸粮食产业的产业链条，实现粮食的增值增效。当然，农业产业化的大力推动也离不开政府功能的充分发挥。金兆怀（2000）认为实现农业产业化是现阶段农村经济发展的必然选择，是从根本上解决农业问题的必由之路。夏春平（2001）指出粮食产业化经营是粮食主产区发挥产粮优势的有效选择。陈洁（2001）认为粮食主产区实施农业产业化是必然之举。粮食主产区农业产业化的具体步骤是：培育专业化农户，发展社会化服务组织和农产品加工业。以专业化农户的培育为农业产业化的切入点，为产业化和社会化服务组织的发展奠定基础。汪俊枝等（2011）通过对粮食主产区农业产业化现状的研究，提出了大力推进粮食主产区农业产业化的同时，要根据形势的新变化，以科技壮大基地实力，组建龙头企业，带动农户参与，以法制保证发展方向，走有中国特色的粮食产业化和农业产业化发展之路，构筑保障国家粮食安全和促农增收的长效机制。李福军、钟成春（2012）以粮食主产区佳木斯市为例，对农业产业化经营模式以及发展中存在的问题进行了探讨，并提出了金融支持农业产业化经营发展的路径。

6. 关于粮食主产区农户粮作经营行为的研究

在家庭承包经营制下，粮食主产区的农户是最基本的经营决策单元和粮食生产单位。因此，农户的粮作经营行为决定我国主产区的粮食生产能力及市场粮食供给能力。目前，关于粮食主产区农户粮作经营行为的研究较少，主要集中在主产区农户粮作经营的行为取向及影响因素的研究中。如郑丽、霍学喜（2007）着重从粮食生产投入决策角度，分析影响我国粮食主产区农户粮食生产与经营决策的主要因素及其环境条件，研究结果表明主产区农户从事粮食生产投入的决策行为，实质是在农户自身决策环境下，在对预期收益和风险的综合衡量基础上追求投入回报最大化的过程。一方面，农户在决定生产要素投入方向及结构时，要综合评价粮食产业和其他农业及非农产业的收益和风险。另一方面，由于粮食生产对农户来讲具有满足自身消费保障和获得经济收入的双重作用，因此，农户在进行粮食投入决策时是分类考虑的。在自给性粮食生产项目投入决策过程中，农户对粮食生产投入回报、经营风险以及价格变化的反应不敏感。在经营性粮食生产项目投入决策过程中，农户对粮食生产投入回报、经营风险以及价格变化的反应是敏感的，因而应在综合考虑商品粮销售比重、投入回报以及经营风险等各种因素的基础上进行决策。乔旭华（2008）以粮食主产区河南省农户作为分析样本对粮食主产区农户粮作经营的行为取向与政策效应进行了实证研究。研究表明：满足自家需要以及增加现金收入是农户从事粮作经营的主要动机，且随种植规模的扩大，农户满足自家需要的动机在减弱，而增加现金收入的动机在增强；较小规模粮作经营户有动态缩减粮食播种面积的行为取向，而较大规模粮作经营户则有动态增加粮食播种面积的行为取向；较大规模的粮作经营户更易于实现规模化经营收益，具有相对较高的内在动力从事粮作经营；在现行粮食政策下，政策对农户粮作经营行为的制度激励效应有限，如粮食政策目标单一、粮食政策手段存在简单化倾向、粮食政策传导机制不完善等。周清明（2009）利用湖南、辽宁、重庆、广西四省份生产的调查数据，运用Logit模型对农民种粮意愿的影响因素进行了计量分析。研究表明，粮食价格、种粮规模、产业化组织服务程度以及农民年龄的个体特征变量与农民种粮意愿呈正相关关系；农民受教育程度、农资价格与农民种粮意愿呈负相关关系。吴连翠、蔡红辉（2010）通过构建嵌入补贴政策的农户种植决策行为理论模型，分析粮食补贴政策对农户种粮行为的影响，在此基础上运用安徽省17个地市421户农户的调查数据进行实证检验。研究结果表明：粮食素卜贴政策在激励农户增加粮食播种面积方面具有显著的止面效应，粮食补贴政策在动态趋势上表现出显著的"土地投入"激励效应。姜天龙、郭庆海（2012）认为，在我国一业化发展进程中，粮食主产区农户以粮为主的收入结构正面临着弱化的趋势。要继续保持农户种粮积极性，必须在转移农业剩余劳动力的基础上实现粮食生产的规模经营，使农户家庭收入50％来自粮食生产，同时使规模经营农户占总农户50％以上。任艳（2013）结合对安徽省3县307位农民的实地调研数据，运用多元Logit模型对农民耕地持有意愿进行了实证分析，结果表明：农民年龄、文化程度、收入来源、耕地状况、认知状况以及地域特征对农民耕地持有意愿有显著影响。尽管上述研究中针对粮食主产区农民种粮行为进行系统研究的成果不多，但这些研究成果可以为本研究的开展提供一些有益的启示。

7. 关于财政支持粮食主产区发展的研究

粮食是一种特殊商品，关系着国计民生和社会与经济协调发展。但是粮食生产直接收益低，对地方直接贡献率低。这就需要运用国家财政杠杆对粮食主产区给予调控性的合理补偿。近年来，对财政支农的研究成果越来越丰富。冯邦国（1997）提出解决粮食主产区经济发展问题的财政对策，包括：国家财政采取转移支付办法补偿地方财政支出；国家承担对生产者的合理补偿，以保护粮食生产的积极性；国家承担对粮食企业的合理补偿以减轻粮食生产区地方财政的负担。张明梅（2004）在分析粮食直补的主要方式、粮食直补的效应、粮食直补规程中暴露出的问题的基础上，提出完善我国粮食直补政策的几点建议：建立对农民进行直接补贴的制度；依循WTO规则，探索粮食直补方式方法；加大国有粮食购销企业的改革力度；加强粮食主产区粮食生产能力建设，适当增加土地要素投入。庞晓玲（2005）认为要真正做好粮食主产区的财政支农工作，促进农业经济效益提高和农民增收，缓解财政困难和保障国家粮食安全，应扩大农业财政支持规模，提高财政支农政策的导向效应；完善粮食主产区农业财政支持政策；明确粮食主产区农业财政支持的权责关系；完善粮食主产区农业优惠信贷和保险补贴政策。马静（2008）在对外开放粮食市场和工业化过程中粮食比较优势下降背景下，对财政支持粮食主产区发展投资模式进行了研究。提出以促进粮食产业组织成长、粮食产业结构转换、粮食产业布局优化为核心内容的三种粮食主产区财政投资模式。王琼（2009）指出要进一步加大财政对粮食生产的支持力度，财政部门要建立完善促进粮食生产的科技投入机制，充分发挥财政政策的扶持效应和财政资金的引导效应，加大投入力度，创新投入方式，确保粮食生产的稳定和高效。马明、郭庆海（2010）以吉林省为例，在分析财政支农规模和结构的基础上，指出目前财政支农存在的问题，并从加火财政对农业的政策倾斜、提高农业财政投资效率、健全财政转移支付制度等方面提出相应对策建议。徐建军、星焱（2013）实证研究了财政支农资金对粮食产出的影响。研究结果表明：按产销状况划分，我国粮食主产区财政支农力度和粮食边际产出效应均明显高于非主产区。今后应继续加强粮食主产区的财政支农力度，同时提高非主产区的财政支农资金的利用效率。

8. 关于粮食产区迁移问题的研究

自 20 世纪 90 年代中期以来，国内的一些学者陆续对我国粮食产区的迁移问题进行了研究。黄爱军（1995）观察到中国粮食生产区域变动格局具有"南方地区粮食增长中心逐渐西移"趋势。他认为，粮食增长中心的转移是由以下两种因素引起的：一是受自然、生态条件的制约，生产区域变动的范围有一定的空间和时间界限，但随着现代科技的进步，这种界限在一定程度上是可以改变的；二是受经济因素（如价格、成本、利润等）推动，粮食生产区域趋于向低成本或高利润的地区转移。鲁奇（1997）认为 20 世纪 90 年代以来，我国传统的"南粮北调"格局愈益明显地被"北粮南调"格局所取代。这一调运格局变化乃是生产地域重心由南向北逐渐推移的结果。粮食生产重心渐趋北上的原因是多方面的，其中粮食需求压力、生产知识和技术进步、经济体制变革是最基本的动力机制。伍山林（2000）对中国粮食生产区域特征与成因进行了研究，其结论是人均耕地资源情况和非农就业拉力是影响中国粮食生产区域特征形成的重要因素。罗万纯（2005）在分析中国粮食生产区域格局现状和变动的基础上，对影响粮食生产区域格局的因素进行实证研究。研究发现：人均耕地资源、非农收入比重、粮食单产、成灾面积、畜牧业发展状况、复种指数、经济效益比等都是影响中国粮食生产区域格局的因素，其中人均耕地面积、粮食单产和经济效益比的影响尤为突出。程叶青（2005）依据近十年的统计数据和实地调研资料，运用区域差异分析方法，对中国粮食生产的区域格局变化特征及其规律进行探讨。研究表明：中国粮食生产重心进一步由南方向北方和由东部向中部推移，北方和中部地区成为新的增长重心；粮食生产地域变化的差异明显，南北绝对差异和相对差异变化较大，八大产区和省份间变化较小。农业生产条件、技术、宏观经济环境和土地利用方式变化是粮食生产地域格局变化的主要原因。殷培红（2006）利用 2000—2003 年分县统计数据，以人均占有量为指标，重点研究 21 世纪初中国粮食主产区的空间格局及区域差异。研究结果表明：20 世纪 90 年代后期以来，中国粮食生产重心进一步北移，同时出现"西扩"趋势。刘玉杰（2007）从资源经济学的角度对中国粮食生产的区域格局变化及其可能影响进行了探讨。研究发现，全国主要的粮食调出区已由 20 世纪 70 年代初的松辽河区、长江区、珠江区和东南诸河区转移、集中到 21 世纪初的松辽河区和淮河区，传统的"南粮北运"的粮食生产格局已为"北粮南运"所取代。全国粮食生产重心的"北移"加剧了北方天然草地资源的大规模开垦和水资源的过度开采，可能引发严重的生态问题。应对策略是充分挖掘南方地区的粮食生产潜力，提高其满足自身粮食需求的自给能力，从而减轻"北粮南运"带来的北方地区的资源环境压力。赵春雨（2008）对我国粮食生产区域分布演变进行了系统描述与分析，指出影响我国粮食生产区域分布趋势变化的因素主要包括区域粮食生产自然条件、区域粮食生产投入要素的差异、粮食作物生产区域比较优势、种植制度与种植模式、区域粮食生产基础设施及技术进步与制度因素等。并在此基础上提出促进粮食生产区域分布合理化的发展方向。刘彦随、翟荣新（2009）基于区域粮食产量差异和比较优势指数模型，对我国粮食生产的区域变化进行了定量分析，其结果验证了我国粮食生产重心出现"北进中移"的态势，粮食产销格局已由"南粮北调"转变为"北粮南调"的总体特征。徐萌、展进涛（2010）研究表明，我国水稻生产区域布局已由传统的南方稻作区向"北兴南衰"的水稻生产布局趋势转变，但仍以南方为主。顾莉丽、郭庆海（2011）利用面板数据对影响中国粮食主产区空间格局变迁的因素进行了实证分析。研究结果表明：自然资源禀赋、种粮比较效益、农业科技进步、社会需求变化是影响中国粮食主产区空间格局变化的主要因素。汪希成、徐芳（2012）认为，水土资源的矛盾分布、经济发展与粮食生产重心的区域矛盾以及粮食生产的规模化、专业化水平和潜在生产能力是影响我国粮食生产区域结构变化的主要因素。邓宗兵等（2013）基于31个省市区粮食和3种主要粮食作物的产量数据，运用描述性统计分析、GIS、空间自相关分析等方法对1978—2010年中国粮食生产空间布局的时空特征进行了分析。分析结果表明：粮食产区逐渐向东北和中部集中；南方稻谷优势区域继续稳固的同时东北稻谷重要性逐渐凸显；小麦产区逐渐向北方和中部集中；玉米产区逐渐向东北、华北和华中集中；稻谷、小麦、玉米生产均存在显著空间相关性，其中小麦、玉米生产空间集聚效应增强，稻谷生产空间集聚效应减弱。以上研究成果为本研究的开展奠定了良好的基础。

1.2.2 国外研究述评

国外没有与中国相对应的粮食主产区概念，但是很多国家都存在着按农作物品种划分的生产带。目前，国外专门针对各种农作物主产带进行区域研究的文献比较少见，相关研究大多集中在粮食安全的保障层面上。事实上，粮食安全问题虽然存在于人类社会的整个历史进程中，但成为人们关注和研究的焦点和国际社会所追求的核心政策目标，则始于 20 世纪 70 年代，其直接动因是 1972—1974 年爆发的世界范围的粮食危机。正是在这个背景下，联合国粮农组织在罗马召开的世界粮食大会上将粮食安全定义为："保证任何人在任何时候都能够得到为了生存和健康所需要的足够食品。"此后关于粮食的大量研究都是沿此方向进行的。根据搜集和掌握的资料来看，与本书相关的研究成果主要包括粮食生产增长与影响因素问题的研究、粮农行为影响因素的研究和粮食发展的政策研究等。目前国外对粮食生产增长与影响因素问题的研究成果颇多。如 A. Dobermann（1994）分析了土壤肥力、氮肥、磷肥、后备土地资源和播种率五种因素对大米产量变化的贡献；J. Timsina（2001）探讨了大米和小麦之间种植制度、播种时间、机械化等方面的选择对产量增长的作用；S. samapundo（2005）定量分析了水资源和温度对产量增长的影响；等等。综观国外有关学者的研究成果，影响农户行为的主要因素包括农户个体特征、生产经营特征、政策与制度因素、市场因素等。如 Maria Maucer（2005）研究了农户户主教育程度与农户采纳新技术的关系；Rasmus heltberg（1998）研究了巴基斯坦农场规模对生产率的影响；Maria-pia mendola（2007）提出了制度因素是造成农户收入低的主要原因，也是影响农户生产决策的重要因素；Cook（2001）对农户家庭经济风险进行了分类，分析了其对农户生产经营的影响。国际上粮食宏观调控政策的制定和实施，一般包含在总的农业支持政策中。调控政策不仅与 WTO 贸易体制有关，也与各国的具体情况相关。总体上看，调控政策的主要内容包括直接补贴、价格支持、收入保障、基础设施建设和公共服务等五个方面。如 Joseph Glauber（1989）运用理性预期模型比较了四种可供选择的美国大豆价格稳定方案的效果。在政府支出既定的条件下对私人库存直接补贴是稳定市场的最佳方案；在损失既定的条件下，直接支出是有效维护产地农产品价格的最

佳稳定器，但这一方案在稳定销售市场价格方面收效甚微。Bruce
L. Gardner（1991）对美国大豆市场进行了模拟，结果表明，利率补贴对稳
定商品价格是无效的，降低价格波动幅度可以通过政府库存储备成本最小化
来实现。Ralph Cummings Jr.（2006）对6个亚洲国家粮食市场运行情况进
行了分析。研究结果表明，大多数亚洲国家政府都通过采取相关政策来确保
粮食市场价格的稳定，这种做法不仅成本很高，而且也不利于私营粮食企业
的成长和粮食市场的健康发展。因此，较有效的做法是以市场调节为主，辅
助政府对市场的干预。

从国内外相关文献来看，对粮食主产区的研究已经取得了大量丰硕的研
究成果，为本研究的开展提供了研究框架和研究方法上的借鉴。但仍存在以
下几个方面的不足：

第一，缺少对粮食主产区历史演变进程的系统研究和分析。现有的研究
成果主要集中在粮食主产区的界定方面，大部分研究只注意到粮食生产区位
变动的一些现象问题，没有对新中国成立以来粮食主产区布局变化特点及其
原因的深入理论探讨。

第二，现有对粮食主产区变动的研究仅局限于某个层面分析，缺少将宏
观、中观和微观（农户）三个层面联系起来分析并提供关于粮食生产区域变
动的动态或历史的、经济学解释的研究。

第三，对粮食主产区内部差异的研究还仅仅停留在按粮食作物品种或区
域位置进行分析的层面上，缺乏从综合经济实力、粮食生产能力、商品化程
度等方面进行综合分类与评价的研究。

第四，少有文献对工业化、城镇化背景下粮食主产区农户种粮行为进行
分析研究，更缺乏对粮食主产区农户种粮行为进行预期的数量分析。

所以，本书拟选择中国粮食主产区的演变与发展这一题目进行研
究。以确保中国未来粮食安全为落脚点，从中国粮食主产区的变迁、粮
食主产区的内在结构、发展中面临的问题研究入手，以工业化、城镇化
进程中农户"轻粮"行为分析为基础，分析粮食主产区农户种粮意愿的
影响因素，预测粮食主产区农户未来种粮行为的选择，进而构架粮食主
产区未来发展的整体思路和政策框架，以期为政府部门制定政策提供
参考。

1.3　基本概念与研究范围

1.3.1　研究概念的界定

1. 粮食概念

粮食的内涵随着社会和经济的发展而不断变化和发展，并且具有很强的地域特征，即由于种族、消费习惯以及气候条件的不同，对粮食有不同的解释。①中国的粮食概念。根据现代汉语词典，我国把粮食定义为：可供食用的谷物、豆类和薯类的统称。谷物类是指禾本科粮食作物的子实，主要有小麦、稻谷、玉米、高粱、大麦、燕麦等，也包括属于蓼科的荞麦。豆类是豆科作物的种子，如大豆、绿豆、蚕豆、豌豆、小豆等。薯类包括甘薯、马铃薯、木薯等生物的块根块茎以及用其制成的薯干，可作为人类食物、家畜饲料和轻工业原料。按照我国传统解释，粮食有广义和狭义之分。狭义的粮食是指谷物类，主要有稻谷、小麦、玉米、大麦、高粱等，相当于英文中Grain一词的含义，不包括豆类和薯类。广义的粮食是指谷物类、豆类、薯类的集合。这个概念的形成，是由于新中国成立初期人均谷物产量很低，需要实行高度集中的统购统销政策，因而把有助于实现温饱水平的豆类、薯类也加入谷物产量中加以统算，以确保人人有饭吃的低标准"粮食安全"。因此，从1953年起，国家修改农业统计口径，以后由国家统计局每年公布的粮食产量概念均按这个广义粮食的口径。自20世纪90年代起，国家统计局的年报、统计年鉴和统计摘要，均在粮食总产量的栏目中，另列谷物总产量指标。但一般公开采用的仍是包括豆类、薯类的广义粮食口径，其中豆类按去豆荚后的干豆计算；薯类（包括甘薯和马铃薯，不包括芋头和木薯）1963年以前按每4千克鲜薯折1千克粮食计算，从1964年开始改为按5千克鲜薯折1千克粮食计算。城市郊区作为蔬菜的薯类（如马铃薯等）按鲜品计算，并且不作粮食统计。②联合国粮农组织的粮食概念。联合国粮农组织（FAO）出版的生产年鉴所列的Food产品目录包括8大类，分别是：谷物类；块根与块茎类；豆类；油籽、油果和油仁作物；蔬菜和瓜类；糖料作物；水果、浆果；家畜、家禽、畜产品。粮农组织的粮食概念是指谷物，包括小麦、粗粮、稻谷，其中粗粮包括玉米、大麦、高粱等。可见，联合国粮农组织的粮食概念与我国传统的狭义粮食概念基本一致，这也是国际通用的粮食概念，与我国普遍流行的粮食概念（即广义的粮食）是有一定出入的。因此，在比较中国与世界粮食总产量时，应将我国广义的粮食总产量中所含的豆类和薯类剔除掉，这样才能与联合国粮农组织每年所公布的世界谷物总产量的统计口径一致。③外延更广的粮食概念。日本粮食专家根岸郎认为粮食是"生命资源"和"经济资源"。中国科学院植物研究所侯学煜教授于1981年在《人民日报》撰文《如何看待粮食增产问题》中，认为以往单纯地抓种植业、抓谷物类粮食，不仅解决不了粮食问题，而且会导致生态环境的破坏。故主张在经营好现有耕地的同时，必须充分利用山林、水面、草原的丰富资源，广辟食物来源，从而提出了"大粮食"概念，即"凡是能吃并为人体提供所需营养的物质都是粮食"。其后的张圣兵（2001）等则从生物和医学角度，发展了"大粮食"概念，他们认为：谷物、豆类和薯类，以及一切能维系人类生命、保证肌体正常发育、补充营养消耗的各种动植物产品、养料和滋补品等统称为"粮食"。虽然他们以更宽的视角把粮食和已经国际化的"食物"概念捆绑起来，但这种处理没有使他们的"大粮食"概念在经济学理论和实践操作中变得更加经济有效。"大粮食"概念的提出为确保我国粮食安全提供了一种新的思路，发展粮食生产可以广开渠道。本研究中所涉及的粮食，采用的是广义的粮食概念，即谷物类、豆类和薯类的集合。

2. 粮食主产区的界定

关于粮食主产区的内涵，国内有关机构和学者从不同角度对粮食主产区进行了界定。如国家统计局定义的粮食主产区是指地理、土壤、气候、技术等条件适合种植粮食作物并具有一定经济优势的专属经济区。粮食主产区的界定不仅取决于粮食总产量，还取决于能否提供较多的商品粮。大致标准，是以每年粮食总产量在1 000万吨以上、人均占有粮在300千克以上为指标来衡量的。李小军（2005）认为，一个地区作为粮食主产区，不仅应当在全国粮食生产中占有重要地位，同时对于该地区来说，粮食生产也占有重要地位。此外，作为一个粮食主产区，还应当在全国市场内扮演产品输出者的角色，至少应当能够自给并丰年有余。并指出应根据地区粮食总产量、地区主要粮食产品产值占该地区国内生产总值的比例及地区粮食净出口值，从地理区域上界定粮食主产区。张冬平、魏仲生（2006）认为，粮食主产区是指在特定的自然、经济、社会、历史和技术条件下所形成的，从粮食的生产地位、粮食的生产效率、粮食的经济地位、粮食生产的商品化水平和粮食生产的稳定程度等方面来看，较之其他农区均有着明显比较优势的经济区域。这些地区承担着全国大多数人口的粮食供给，为整个国家的粮食安全和稳定经济发展起着至关重要的作用。马静（2008）认为，粮食主产区是指以粮食生产及其相关产业作为专业化方向、以向社会提供商品粮为基本功能的农业区域。在大多数研究文献中，对粮食主产区范围的界定都是依据2003年12月财政部下发的《关于改革和完善农业综合开发政策措施的意见》提出的范围，即国家按照各地主要农产品的产量等标准，将黑龙江、吉林、辽宁、内蒙古、河北、河南、山东、江苏、安徽、江西、湖北、湖南和四川等13个省份确定为我国的粮食主产区。一般地，依据各省份粮食生产的比较优势，把黑龙江、吉林、辽宁和内蒙古划分为玉米主产区，河北、河南和山东为小麦主产区，江苏、安徽、江西、湖北、湖南和四川为水稻主产区。尽管不同学者界定粮食主产区的角度不同，但是我们可以看出粮食主产区通常具有以下特征：①具有得天独厚的粮食生产的自然资源条件。②农业生产以粮食生产为主或粮食的种植比例较大。③粮食综合生产能力和粮食商品率较高。④粮食收入是农民收入的主要来源。⑤在维护国家粮食安全中居于核心地位。

3. 农户

农户是迄今为止最古老、最基本的集经济与社会功能于一体的单位和组织，是农民生产、生活、交往的基本组织单元。它是以姻缘和血缘关系为纽带的社会生活组织，农民与社会、农民与国家、农民与市场的联系都是以户为单位进行。从目前国内外已有的关于农户的研究成果看，对农户的理解有以下几种观点：①农户指的就是农民家庭（韩明谟，2001）。②农户就是家庭农场。俄国的 A. V. 恰亚诺夫在关于小农经济的论述中指出，小农家庭农场在两个主要方面区别资本主义企业：它依靠自身劳动力而不是雇佣劳动力，它的产品主要满足家庭自身消费而不是市场上追求最大利润（Chayanov，1925）。这里的小农家庭农场实质上就是农户。黄宗智也将新中国成立前的小农户称作家庭农场（黄宗智，1986）。③农户是社会经济组织单位。

农户指的是"生活在农村的，主要依靠家庭劳动力从事农业生产的，并且家庭拥有剩余控制权的、经济生活和家庭关系紧密结合的多功能的社会组织单位"（卜范达，韩喜平，2003）。可见，农户的内涵十分丰富，由此可以理解为以下几个方面的含义：农户是从事农业为主的户；农户是居住在农村的户；农户是自给性很高的户；农户具有生产和消费的两重性质；农户是农村最基本的微观基础。对于大多数发展中国家而言，农户往往是政治经济地位相对低下的户。改革开放以来，我国农户的内涵和外延发生了巨大变化，一部分农户已经从过去的完全从事农业生产经营的纯农户转变成从事农业为主兼非农产业或从事非农业为主兼农业的兼业户，有的甚至是完全不从事农业的非农户。国家农村政策在更大程度上尊重农户的意愿，农户可以将劳动资源在农业经营和进城务工之间进行合理配置，以追求收益最大化，保留农村户籍居住在城镇的非农职业农户也分享部分城市文明成果。本书所提的农户是指户籍在农村从事粮食生产的纯农户或者非粮食生产与粮食生产兼顾的兼业户。

4. 工业化进程

工业化是现代化的一个方面，是任何国家或地区发展都必须经历并不可逾越的一个历史进程。工业化的概念有狭义和广义之分。狭义的工业化是指工业（特别是制造业）产值或第二产业产值占国民生产总值（或国民收入）的比重以及工业就业人数或第二产业就业人数占总就业人数的比重连续上升的过程。广义的工业化是指国民经济全面工业化，即国民经济中一系列基要"生产函数"连续发生由低级到高级不断升级的变化过程。工业化进程指的是这样一个经济发展阶段：资本和劳动力相对地或绝对地从农业向工业特别是制造业流动，与此同时，服务业的就业人数日益增加。因此，从农业经济向工业经济再向第三产业经济的过渡是工业化进程的一般规律。本书主要以工业化进程为背景，研究工业化进程中经济结构和社会结构的变化，对我国粮农供给行为进而对粮食安全的影响。

1.3.2 研究范围

本研究以中国粮食主产区的历史、现状和未来发展规划为考察和分析对象。2004 年以前的粮食主产区主要是指商品粮输出区域，2004 年以后的粮食主产区主要是依据 2003 年 12 月财政部下发的《关于改革和完善农业综合开发政策措施的意见》中划分的 13 个粮食主产省份。此外，本研究中南北地区划分大致以秦岭—淮河一线为界，其中北方，系指北京、天津、河北、山西、内蒙古、辽宁、吉林、黑龙江、山东、河南、陕西、甘肃、青海、宁夏、新疆 15 个省、自治区、直辖市；南方，系指上海、江苏、浙江、安徽、福建、江西、湖北、湖南、广东、海南、广西、四川、重庆、贵州、云南、西藏 16 个省（自治区、直辖市），其中海南省是 1988 年从广东省划出单独建省，这之前南方为 14 个省份，重庆市是 1997 年从四川省划出成为直辖市的，1988—1997 年，南方为 15 个省份。东部地区包括北京、天津、河北、辽宁、上海、江苏、浙江、福建、山东、广东、广西、海南 12 个省（自治区、直辖市）；中部地区包括山西、内蒙古、吉林、黑龙江、安徽、江西、河南、湖北、湖南 9 个省（自治区）；西部地区包括重庆、四川、贵州、云南、西藏、陕西、甘肃、宁夏、青海、新疆 10 个省（自治区、直辖市）。八大粮食产区包括东北区（黑龙江、吉林和辽宁）、黄淮海区（山东、河南、河北、北京和天津）、长江中游区（湖北、湖南、江西和安徽）、东南沿海区（江苏、上海、浙江、福建、广东和海南）、西北区（陕西、山西、甘肃和宁夏）、西南区（四川、重庆、云南、贵州和广西）、蒙新区（内蒙古和新疆）、青藏区（青海和西藏）。

1.4　理论基础

本书涉猎面较广，要综合运用区域经济学理论、微观经济学理论、宏观经济学理论、农业经济学理论、行为经济学理论等。

1.4.1　区域分工理论

区域分工亦称劳动地域分工或地理分工，是指人类经济活动按地域进行的分工，即各个地域依据各自的条件（自然、经济、社会诸条件）与优势，着重发展有利的产业部门，以其产品与外区交换，又从其他地区进口其所需要的产品。区域分工理论是区域经济关系与区域整体化发展理论中传承最悠久、影响最广泛的一种基本理论。

长期以来国际贸易理论一直是区域经济学者用来解释区域分工和经济活动区域分布的理论中最具影响性的。从亚当·斯密（Adam Smith）开始的古典贸易理论一直到以克鲁格曼（Paul R. Krugman）为代表的新贸易理论，从广义上看都可以视为区域分工理论。

亚当·斯密是最早提出有关国际分工与贸易理论的古典政治经济学家。在其1776年的经典著作《国富论》中，斯密对于国际贸易与经济发展的相互关系进行了系统阐述，提出了绝对成本优势理论。他认为任何区域都应该按照其绝对有利的生产条件去进行专业化生产，然后进行区域交换，这会使各区域的资源得到最有效的利用，从而提高区域劳动生产率，增进区域利益。

大卫·李嘉图（David Ricardo）是继亚当·斯密之后的另一位英国古典经济学家，他在1817年的著作《政治经济学及赋税原理》中，以劳动价值论为基础，用两个国家、两种产品的模型，提出和阐述了比较成本优势学说。他认为在资本和劳动不能在国家之间完全自由流动的前提下，只能按照比较成本进行国际分工与贸易，各国应集中生产优势较大或者劣势较小的商品。即由于两国劳动生产率的差距在各商品之间是不均等的，因此，在所有产品生产上处于绝对优势的国家和地区不必生产所有的商品，而只应生产并出口有最大优势的商品；而处于绝对劣势的国家和地区也不能什么都不生产，可以生产劣势较小的商品。这样，彼此都可以在国际分工和贸易中增加各自的利益。长期以来，比较优势理论成为指导国家（区域）分工的基本原则。

新古典贸易理论中最具有代表性的是瑞典经济学家赫克歇尔（F. Heckscher）和俄林（C. Ohlin）的要素禀赋理论（简称 H－O 模型）。H－O 模型把区域分工、区域贸易与生产要素禀赋紧密地联系起来，认为区域分工及区域贸易产生的主要原因是各地区生产要素相对丰裕程度的差异，并由此决定了生产要素相对价格和劳动生产率的差异。他们认为，贸易过程实际上是商品供求趋于平衡的过程，这个过程可以消除不同地区之间商品价格差异，进而消除生产要素的价格差异。两国或两个地区在同一产品生产上的成本差异，是由于各自的要素价格不同，而后者又是由于要素存量比率的差异造成的；不同产品生产的要素配置比率不同，从而导致不同产品对不同要素使用的密集程度不同。由于各国或各地区的要素资源禀赋相对而言是不同的，每个国家或地区分工生产相对密集地使用其较充裕的生产要素的产品，便具有比较优势。因此，在生产要素使用具有替代性的前提下，一国或地区密集使用相对低廉的生产要素就拥有由成本优势所决定的国家或区域竞争优势，通过国际贸易或区际贸易，各自都可以获得比较利益。发达国家和地区资本充裕，适合专业化生产资本密集产品；发展中国家和落后地区缺乏资本，而劳动力或自然资源充裕，适合生产劳动密集或资源密集产品。在此基础上可以形成发达国家和地区与不发达国家和地区之间的贸易。在政策建议上，他们也主张应实行自由贸易，按照要素禀赋条件进行区域分工和专业化生产，从而有利于消除区域经济发展的差距和提高整体的福利水平。

20 世纪 80 年代后期，由赫尔普曼（Helpman）、克鲁格曼（Paul R. Krugman）、格罗斯曼（Grossman）等人为代表提出了"新贸易理论"。新古典贸易理论认为，区域优势是指能够提供价格低廉、具有市场竞争力的产品生产活动门类。在贸易格局的决定上，新贸易理论认为"历史和偶然"也起重要作用；历史和偶然埋下了空间分工与差异的种子，递增报酬则不断强化着既定的贸易格局。

上述资源禀赋差别和区域比较优势是区域之间进行劳动地域分工、优势互补与发展的重要依据。在一个可以发展多种作物的地区，总有某种作物，或因生产条件最适宜，或因市场需求最多而得到高于同一地区其他作物生产的利益，这是农业生产区位形成和变化的最主要原因。在资源禀赋差异与比较优势清晰或可预见的基础上，就可以科学合理组织区际分工，进行区之间优势互补的资源整合，实现区际"共同体"效益或利益的同向增加及走向"最大化"。

劳动地域分工理论为粮食主产区的合理布局，区域充分发挥资源、要素、区位等方面的优势，扬长避短、挖掘发展潜力，实现主产区经济效益和社会效益的最大化以及提高整个国民经济发展的总体效益奠定了坚实的理论基础。

1.4.2　区域经济非均衡发展理论

本研究的理论基础之一是区域经济发展理论中的区域经济非均衡发展理

论。区域经济非均衡发展理论是各个国家制定区域经济政策的基础理论，对世界各国区域经济的发展和规划起到了重要的指导作用。各个国家的不同地区由于自然资源禀赋的差异性以及社会资源配置的非均匀性，客观上存在着经济发展空间上的差异。因此，区域经济非均衡发展是一个客观规律。西方经济学家在研究这一规律时提出了一些有价值的理论，其中与本研究有关的理论主要包括循环积累因果理论和倒 U 模型。

1. 循环积累因果理论

循环积累因果理论是由美国经济学家缪尔达尔（G. Myrdal）提出的。该理论认为，经济发展是一个动态的过程，各种因素在这一过程中相互作用、互为因果、循环积累。这种循环因果发展趋势产生了两种效应，即扩散效应和回流效应。扩散效应概括和表述的是所有那些导致发展刺激向空间扩散的机制。它对相邻区域形成积极的推动，把发展的刺激在空间上向外扩散。相反，回流效应包括所有这样一些效应，即积极的发展刺激本身对它的周边施加了消极的影响。在一个区域经济体系中，发展的进程是趋向均衡还是极化取决于扩散占优势还是回流效应占优势。缪尔达尔认为，在市场经济体制中"自由市场力量的作用使经济向区域不均衡方向发展是一个内在的趋势"，此外，"这种趋势越强化，农村也就越穷"。

按照上述理论的观点，发展与不均衡或不平等是密不可分的。市场机制的作用不是导致均衡，而是导致发展差距的加大，因此应通过国家的经济政策实现区域经济发展的均衡，或者至少不能使区域之间发展的差距过大。一个国家区域经济政策的目标是必须阻止极化力量，努力克服和消除区域发展差距。一方面要强化扩散效应，削弱回流效应；另一方面要阻断消极的循环累积过程。为此可以采取诸如促进资本向落后区域转移或者限制这些区域资本流出等措施；通过有选择的贸易壁垒防止自由贸易带来的消极影响。国家可以通过向落后区域进行投资，一方面强化了扩散效应，另一方面也刺激了需求，从而使经济发展进入一个积极的循环累积过程。

2. 倒 U 模型

所谓倒 U 模型曲线，是指经济增长与区域平衡之间呈现出的倒 U 形曲线。这一观点是威廉姆逊（J. G. Williamson）于 1965 年发表论述经济增长与区域收益差异的著名论文《区域不平衡与国家发展过程》中提出的。他指出：在国家经济发展的早期阶段，区域间成长的差异将会扩大，则倾向不平衡成长。之后随着经济成长，区域间不平衡程度将趋于稳定；当到达发展成熟阶段，区域间成长差异将渐趋缩小，则倾向均衡成长。这一过程可以用图1-1表示。

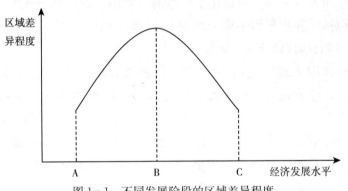

图1-1　不同发展阶段的区域差异程度

倒U模型将时间序列问题引入区域空间结构变动分析，具有了长期动态均衡的特征。模型证明，在经济欠发展的时点上（A点），区域经济不均衡程度较低；在经济开始起飞的初期阶段（A-B点），区域差异逐渐扩大；当经济发展进入成熟阶段，随着全国统一市场的形成，发达地区投资收益递减，资本等生产要素向欠发达地区回流，区域差距趋于缩小。据此，威廉姆逊得出结论说明：国家发展水平与区域不平衡之间存在倒U形的关系。亦即在发展初期，区域间以收入差距扩大和"南北"二元性增强为特征；在国家成长和发展较为成熟阶段，则以区域间趋同和"南北"问题消失为特征。

这一研究结果揭示了经济增长与区域发展不平衡之间的依存关系，在国家和地区发展的早期阶段，为求得经济发展顺利起飞，应扶持某一条件较佳的地区优先发展，将公共投资适度集中于此，并通过贸易、关税等政策来保护该地区产业的稳定成长；等到国家发展逐渐成熟，政府应积极鼓励区域间的互动，并将公共投资转向落后区域，以促使区域差距的缩小，实现国家经济发展的全面起飞。

一直以来，我国经济的发展是以牺牲粮食主产区利益为代价的。粮食主销区，特别是一些发达地区依靠粮食主产区的原料得到了迅速发展，与此同时，由于循环积累因果理论，产销区之间的差距也在加大，由此衍生出一系列经济和社会问题。区域经济非均衡发展理论为我国制定区域发展支持政策，消除区域经济发展的失衡现象提供了科学合理的依据。

1.4.3 区域经济干预理论

任何区域的经济都具有开放性特点，在一个国家的区域系统中，每个区域都是国民经济功能网络中的一个环节，因而区域经济发展与区域经济关系在很大程度上会受到区域外部因素的影响。在区域经济发展过程中，各级政府或公共机构通常会为实现一定的社会经济目标而对区域经济运行进行有目的的干预。无论如何，政府干预事实上已经成为作用于区域经济系统，也就是影响区域经济发展与区域经济关系格局演变的一个重要因素。政府在区域经济中的作用在凯恩斯主义出现后才被理论所承认。许多国家政府干预区域经济的实践证明，在区域经济发展过程中，中央政府与地方政府的作用不尽一致。中央政府需要从全国整体发展的全局角度来考虑其对各个区域的影响，而地方政府主要考虑的是提高辖区内经济发展水平与人民生活水平。因而，可以认为，地方政府干预区域经济主要是为了促进辖区内的经济发展，而中央政府干预区域经济除了要促进区域经济发展外主要着眼于处理好区域经济关系。

美国哈佛商学院教授迈克尔·波特（Michael E. Porter）认为，政府在经济发展中的合理作用主要包括五个方面：①建立一个稳定的、可预见的宏观与政治环境；②改善一般投入物、基础设施与制度的可获得性、质量与效率；③制订一般规则与奖励措施以引导促进生产力增长的竞争；④促进企业集群的发展与调整；⑤为促进经济结构调整而建立与实施一种积极的长期机制，调动中央政府、地方政府、企业社会团体与公民的积极性。

粮食主产区是我国商品粮的主要提供者，长期以来，由于体制、政策等方面的因素，粮食主产区以损失自己的经济利益为代价，为国家贡献了大量的商品粮，以支撑着国家工业的发展和城市的繁荣。要实现粮食主产区的可持续发展，政府必须要统筹粮食主产区与粮食主销区的协调发展，给粮食主产区以一定的政策支持。区域经济干预理论为政府制定区域经济发展政策提供了有益的启示。

1.4.4 经济人假设理论

经济人假设是西方经济学大厦的理论基石。它认为，在经济活动中，经济主体所追求的唯一目标是自身经济利益的最优化即消费者追求效用最大化，生产者追求利润最大化，生产要素所有者追求收入最大化。从亚当·斯密开始，经过"古典经济人"、"新古典经济人"和"新经济人"三大发展阶段，经济人假设的内涵和外延日益成熟，主要包含了这样一些内容：一是人的自利性，即每个人都为自己打算，总是在追求自己认为有价值的东西。二是利益最大化原则，即人们总是寻求对自身利益的最大限度满足。两害相权取其轻，两利相权取其重。经济人能够通过成本—收益分析，权衡比较每种方案的利弊得失，采取最有利的行动，从而最大化自身利益。三是人的理性假定，即人具有理性的知识和计算能力，能够收集必要的信息，对备选方案进行比较，会做出能更好地满足自身偏好的选择。经济人假设是在经济分析中使用科学的抽象分析方法，对现实复杂的经济现象进行简化而提出的一个理论假设和分析前提。其目的是为了在影响人类经济行为的众多复杂因素中，抽出最基本因素，在此基础上推导出一些重要的理论结论，并据此对人们的经济行为作出解释和预测，提供行为方针和政策建议。

在市场经济条件下，农户经济行为以增加纯收入为主要目标，农户会通过比较各种竞争性作物的收益情况以及通过农业与非农业产业的收益情况来安排生产并调整其投入水平，实现收益的最大化。经济人假设理论对解释工业化进程中粮农经济行为选择并据此对农民种粮行为进行预期提供了重要依据。

1.4.5 计划行为理论

计划行为理论（Theory of planned Behavior，TPB）是社会心理学领域中解释和预测人类行为的理论，该理论为解释不同的人类行为提供了一个有效的分析框架。计划行为理论认为，行为的产生直接取决于一个人执行某种特定行为的行为意向。行为意向反映出个体愿意付出多大努力、花费多少时间去执行某种行为。个体行为意向越强，采取行动的可能性越大；反之，行为意向越弱，采取行动的可能性越小。行为意向是个体的行为态度、主观规范和控制认知共同作用的结果。行为态度是指个体对执行某种行为的积极或消极的评价，它主要受行为信念的影响。行为信念来源于个体预期执行某种行为的结果。决定行为意向的第二个因素是主观规范，它是个体感知到的身边重要的人或组织或制度对他执行或不执行某种行为所造成的压力，主要指影响个体行为意图的社会因素，比如法律法规、市场制度、组织制度等。主观规范的形成取决于规范性信念，它有两层含义：一是个体感知到的某些重要的人对个体执行某种行为的期望程度或某种制度对个体某种行为的约束程度；二是个体对这些观点或制度的遵从程度。个体感知到的执行某种行为的控制能力称作为行为控制认知。控制认知是决定行为意向的第三个因素。行为控制认知受控制信念的影响。控制信念指的是促进或阻碍执行某种行为的因素。当个人感觉拥有的资源与机会越多，控制信念越坚定，从而行为控制认知也越强。计划行为理论认为，个体的行为态度、主观规范越积极，感知到的行为控制力越强，则执行某种行为的意向越强，而这种意向越强，越可能最终执行某种行为。TPB 的基本要点如图 1-2 所示。

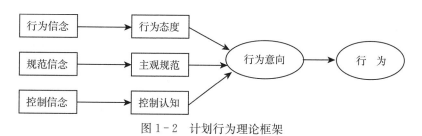

图 1-2 计划行为理论框架

计划行为理论框架为分析农户种粮意愿的影响因素提供了理论基础。农户种粮行为的产生直接取决于农户执行某一行为的行为意向。而农户种粮行为意向是农户的行为态度、主观规范和控制认知共同作用的结果。农户行为态度是农户对种粮的预期收益、风险因素的主观评价。决定农户种粮行为意向的第二个因素是农户的主观规范，它是直接受社会舆论和农业经营制度的影响。农户的控制认知是农户种粮行为意向的第三个因素，它主要受控制信念的影响，即农户资源禀赋、政策评价等都影响着农户种粮的行为意向。

1.4.6 外部性理论

外部性是指一个经济主体的经济活动对其他经济主体产生的外部影响。有些经济主体的经济活动，如生产或消费某些产品会给他人带来收益或损失，而那些得到收益的人无需付费，而蒙受损失的人也无法得到补偿，这种情况就是外部性。如果一些人的生产或消费使另一些人受益而后者无需向前者付费，这种情况就是正外部性。相反，如果一些人的生产或消费使另一些人蒙受损失而前者没有给后者予以合理的补偿就叫负外部性。许多经济活动都存在着外部性，例如农户粮食生产活动就表现出明显的外部性特征。其外部性主要表现在两个方面：一是粮食生产的收益外溢，其突出表现是工农产品价格的"剪刀差"。"剪刀差"所反映的是在农业尤其是粮食生产与工业的交换过程中，粮食生产的一部分收益通过价格交换附带流入了工业部门，工业部门无偿取得了该部分收益。而且该收益的流动并不以工业部门对粮食生产部门的直接损害为前提，这种流动具有自愿自发性。同时，这种"剪刀差"收益是粮食生产活动的结果，在粮食价格形成中没有得到反映。二是粮食生产能够维护国家和社会的稳定。粮食生产活动的经济效益低，但粮食产品维系着人们的基本生活，维系着国家和社会的稳定，社会效益大。虽然农户生产销售粮食获得了一定经济效益，但给社会带来稳定而产生的社会效益远大于自身的经济效益。

外部性理论为政府加大对农户粮食生产的扶持力度，综合运用价格、财政、信贷等经济手段的杠杆作用，并辅助于行政手段、法律手段，提高粮食生产比较效益，从而激发农户粮食生产的积极性，维护国家粮食安全提供了理论依据。

1.5 研究目标与内容

1.5.1 研究目标

1. 研究总目标

综合运用经济学理论，从确保国家粮食安全的角度对新中国成立以来中国粮食主产区的演变与发展进行全方位的分析研究。力争为巩固和提高粮食综合生产能力，确定粮食主产区今后发展方向，促进粮食主产区的发展提供实证依据及相应的政策建议。

2. 研究具体目标

包括：①分析粮食主产区的演变；②分析粮食主产区的内在结构差异；③分析目前粮食主产区发展面临的问题；④分析工业化进程中农户的种粮行为；⑤分析粮食主产区的支持政策。

1.5.2 研究内容

鉴于以上对相关概念、研究范围和研究目标的阐述，本书研究内容包括：

（1）阐述中国粮食主产区演变的历史进程，分析中国粮食主产区空间格局变化的特征及原因。对中国粮食主产区演变的历史进程进行分析时，主要采用描述性统计方法从中国粮食生产格局的变迁和中国粮食流通格局的变迁两个方面进行研究。关于中国粮食生产格局的变迁主要是利用粮食生产集中度指标分析新中国成立以来中国各省份粮食生产区域格局变化趋势，分改革开放前、改革开放至20世纪90年代中期和20世纪90年代中期至今三个阶段分别探讨。关于中国粮食流通格局的变迁主要是分南粮北调、南粮北调向北粮南运转变过渡、北粮南运、北粮南运和北出南进并存四个时期分析中国粮食流通格局的变化。在此基础上，运用地理联系率、区位熵等区域差异分析方法归纳总结中国粮食主产区空间格局变化的特征，并从自然、经济、科技等角度探讨中国粮食主产区空间格局变化的原因。

（2）采用因子分析方法，从经济发展与增长、城市化程度、产业结构、社会发展、粮食生产能力、商品化程度、农民收入等方面对13个粮食主产区进行划分和评价。并运用比较分析方法分别从粮食生产能力、商品化程度和农民收入三个方面对目前中国13个粮食主产区的差异进行深入探讨。其中，粮食生产能力的分析包括主产区粮食生产的战略地位、粮食生产的比较优势、粮食产量的波动情况等。对粮食生产的比较优势进行分析时，使用综合优势指数法。对粮食产量波动情况进行分析时，采用粮食产量波动系数法。商品化程度的分析主要运用人均粮食占有量作为衡量商品化程度的指标对13个粮食主产区的商品化程度差异及成因进行探讨，进而对未来中国商品粮供给形势做出判断。农民收入的差异分析主要从收入增长速度和收入来源结构两个方面进行探讨。

（3）从粮食主产区利益流失、区域经济发展滞后、粮食流通体系不顺

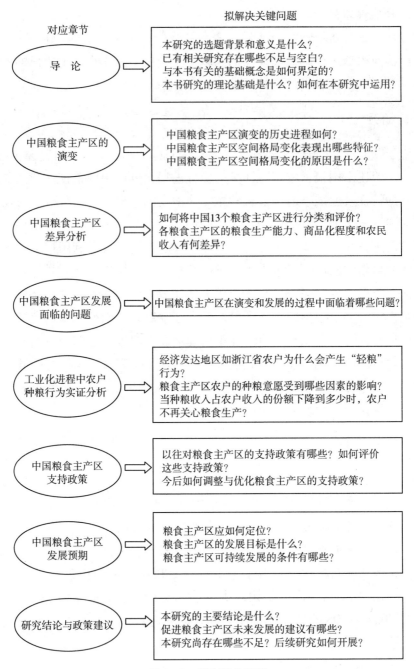

对应章节

拟解决关键问题

导　论

本研究的选题背景和意义是什么？
已有相关研究存在哪些不足与空白？
与本书有关的基础概念是如何界定的？
本书研究的理论基础是什么？如何在本研究中运用？

中国粮食主产区的演变

中国粮食主产区演变的历史进程如何？
中国粮食主产区空间格局变化表现出哪些特征？
中国粮食主产区空间格局变化的原因是什么？

中国粮食主产区差异分析

如何将中国13个粮食主产区进行分类和评价？
各粮食主产区的粮食生产能力、商品化程度和农民收入有何差异？

中国粮食主产区发展面临的问题

中国粮食主产区在演变和发展的过程中面临着哪些问题？

工业化进程中农户种粮行为实证分析

经济发达地区如浙江省农户为什么会产生"轻粮"行为？
粮食主产区农户的种粮意愿受到哪些因素的影响？
当种粮收入占农户收入的份额下降到多少时，农户不再关心粮食生产？

中国粮食主产区支持政策

以往对粮食主产区的支持政策有哪些？如何评价这些支持政策？
今后如何调整与优化粮食主产区的支持政策？

中国粮食主产区发展预期

粮食主产区应如何定位？
粮食主产区的发展目标是什么？
粮食主产区可持续发展的条件有哪些？

研究结论与政策建议

本研究的主要结论是什么？
促进粮食主产区未来发展的建议有哪些？
本研究尚存在哪些不足？后续研究如何开展？

图 1-3　研究结构安排

畅、土地经营规模狭小和粮农种粮行为的工业化"效应"凸显几个方面分析中国粮食主产区发展面临的问题。对于这部分的研究主要运用已有和调研资料采用描述性分析方法。

（4）分析工业化进程中农户种粮行为选择。首先以浙江为例，研究工业化进程中农户的"轻粮"行为。此部分建立 VAR 模型进行脉冲响应函数分析和方差分解分析，探讨农户"轻粮"行为对工业化的响应程度。在此基础上，以吉林为例，利用实地调查数据，运用 Logistic 模型对粮食主产区农户种粮意愿的影响因素进行计量分析。最后运用双对数计量经济模型对粮食主产区农户种粮行为进行预期。

（5）粮食主产区的发展离不开国家的政策支持，因此，有必要对粮食主产区的支持政策进行回顾、梳理和评价，提出调整与优化粮食主产区支持政策的措施。

（6）基于以上分析，对粮食主产区未来发展进行预期，包括粮食主产区的战略定位、发展目标及可持续发展条件。

结合研究目的和主要研究内容，本书的章节设计及拟解决的关键问题如图 1-3 所示。

1.6 研究方法与技术路线

1.6.1 研究方法

结合研究目标及内容，本书将综合运用区域经济学理论、微观经济学理论、宏观经济学理论、农业经济学理论、行为经济学理论构建本书的理论框架，以国内外已有的相关研究成果作为研究基点，主要采用以实证分析为主，规范分析与实证分析相结合；以定量分析为主，定性分析与定量分析相结合；问卷调查研究与专家咨询相结合的综合研究方法开展研究。具体包括文献检索法、描述性分析法、比较分析法、专家访谈法、问卷调查法、区域差异分析法、因子分析法、弹性分析法、VAR 模型和 Logistic 模型等研究方法。

1.6.2 技术路线

本研究的技术路线如图 1-4 所示。

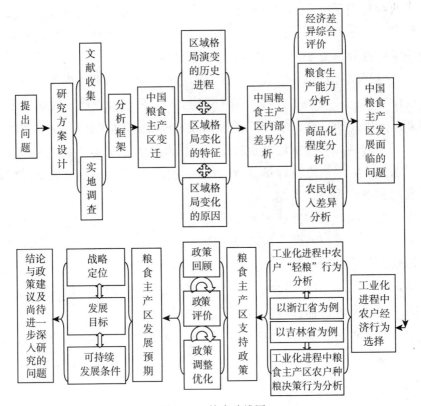

图 1-4　技术路线图

1.6.3　数据来源

本研究所采用的数据主要来自于以下几个方面：

（1）统计年鉴。中国统计年鉴、中国农业统计年鉴、中国农村统计年鉴、中国农业统计资料、中国农村住户调查年鉴、新中国 50 年统计资料汇编、中国物价年鉴、全国农产品成本收益资料汇编、各省统计年鉴。

（2）官方网站。中华人民共和国国家统计局网站、中国学术期刊网、中国优秀博硕论文网、EBSCO 等相关网络。

（3）相关资料。文献资料、会议资料以及政府部门内部资料。

（4）实地调研。如对粮食生产者种粮意愿的实地调查。本书对吉林省 9 个市（自治州）的 500 个农户展开相关问题的调研，农户入户调查由吉林农业大学经济管理学院农林经济管理专业的本科生和研究生进行。

第二章　中国粮食主产区的演变

2.1　中国粮食主产区演变的历史进程分析

2.1.1　中国粮食生产格局的变迁

　　粮食关系到整个国民经济发展和社会稳定。新中国成立以来，我国粮食生产取得了举世瞩目的成就，尤其自实行农村家庭土地承包经营制度以来，全国粮食总产连攀高峰。经过几十年的农业发展与农村改革，中国粮食供给在20世纪90年代后期实现了从长期短缺到总量基本平衡、丰年有余的历史性转变。然而，随着我国农业市场化改革的不断深入及农村经济的发展，我国粮食生产的区域格局也发生了重大变化。南方过去的主要商品粮基地现在不少已经成为粮食净调入区，而一些原来生产条件较差的北方低产地区却崛起为新的商品粮生产基地。因此，研究粮食生产区域格局的变化将有助于深入把握我国粮食生产的区域变化趋势及其对我国粮食供求区域均衡的影响，为建立粮食安全战略布局提供有益的参考依据。

　　本书利用粮食生产集中度作为分析新中国成立以来中国各省份粮食生产区域格局变化趋势的指标，分三个阶段探讨中国粮食生产格局的变迁。

　　1. 改革开放前中国粮食生产变化情况分析（1950—1977 年）

　　改革开放前，我国处于计划经济时期，且是农业为工业提供积累的重要时期。1958 年我国开始了人民公社化运动，之后的 20 年间农民被束缚在土地上，基本没有任何个人经济行为的选择。这一时期，我国粮食生产发展缓慢，波动频繁且剧烈。1950 年我国粮食总产量为 13 213 万吨，1977 年达到 28 273 万吨，增长 15 060 万吨，年均增长率为 4.22%。1950—1977 年这 27 年间，我国粮食生产经历了五次波动，其中有三次是超常性波动。1950—1952 年是新中国成立后的三年国民经济恢复时期，这三个年度粮食连续增产，1952年全国粮食总产比1950年增长24.06％。1953—1954年出现了第一次粮食生产超常性波动，这两年虽然粮食总产量都比1952年有所增长，但是粮食增长率大幅度下降，分别比1952年下降了12.29和12.50个百分点。第二次粮食生产超常性波动发生在1957—1961年，这五年粮食增长率大幅度降低，在−15.59％～2.79％徘徊。其中1959年和1960年全国粮食增长率分别比1956年降低了19.78和20.37个百分点。1972年出现了第三次粮食生产超常性波动，这一年全国粮食增长率比1970—1971年平均粮食增长率下降了12.86个百分点（图2-1）。上述粮食生产超常性波动是自然灾害、政策导向和生产投入等多种因素综合作用的结果。例如，1959—1961年由于大跃进和人民公社化运动，使国民经济遭到严重的破坏，加上三年自然灾害，粮食产量明显下滑，发生了这一时期波幅最大的一次超常性波动。

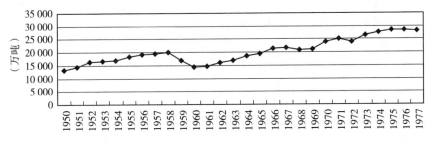

图2-1　1950—1977年中国粮食产量变化情况

　　从中国粮食生产的南北区域布局看，1950—1977年，南方粮食生产集中度基本在60％左右，北方粮食生产集中度基本在40％左右，南方粮食产量一直大于北方（图2-2）。这一时期南方是国内粮食主要产区，实现粮食供求平衡主要依靠南方。

　　按照东部、中部和西部三大区域分析，东部地区和中部地区粮食产量比重略有上升，西部地区粮食产量比重略有下降。总体看，三大区域粮食生产对全国的贡献变化不大。东部地区和中部地区粮食生产集中度均高于西部地区，分别都在40％左右。且自1963年以来，东部地区粮食产量占全国比重一直略高于中部地区（图2-3）。可见，这一时期全国粮食生产重心在东部和中部，东部粮食生产更具优势。

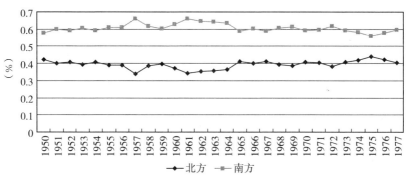

图 2-2　1950—1977 年中国南北方粮食生产集中度指标变化情况

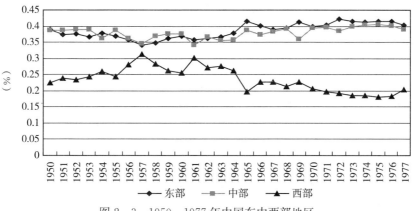

图 2-3　1950—1977 年中国东中西部地区
粮食生产集中度指标变化情况

　　根据中国自然经济特点和粮食生产状况，基本形成了东北、黄淮海、长江中游、东南沿海、西北、西南、蒙新和青藏等主要生产区域格局。表 2-1 为中国八大粮食产区粮食生产集中度变化趋势的计算分析结果。从表 2-1 可以看出：1950—1977 年八大粮食产区的粮食生产集中度基本上没有发生什么变化。其中，长江中游区、蒙新区、东南沿海区和青藏区的粮食生产集中度略有增加，东北区、西南区、黄淮海区和西北区的粮食生产集中度略有下降，但是这种增减变化非常微小，除东北区粮食生产比重下降 1.55 个百分点外，其他各区的变化均未超过 1%。这一时期，长江中游区、东南沿海区、黄淮海区和西南区对全国粮食总产量的贡献近 80%，基本支撑了中国的粮食生产，形成了决定性的粮食生产和供给地位。在上述四大粮食产区中，长江中游区的贡献最大，平均为 21.08%，其次是东南沿海区，粮食产量占全国粮食产量的比重平均为 20.37%，两个区域在全国粮食生产中的主体地位十分明显。

表 2 - 1　1950—1977 年中国八大区域粮食生产集中度指标变化值

单位：%

年份	东北区	黄淮海区	长江中游区	东南沿海区	西北区	西南区	蒙新区	青藏区
1950	11.99	20.24	20.90	19.90	7.59	16.93	2.08	0.37
1955	11.45	19.07	20.18	19.14	8.09	18.11	3.52	0.44
1960	9.63	18.24	21.53	21.56	7.43	17.00	4.16	0.45
1965	10.60	18.86	20.97	21.55	7.78	16.48	3.28	0.48
1970	11.93	19.35	21.26	20.82	6.82	16.12	3.29	0.41
1975	12.02	20.89	20.99	19.33	7.84	15.54	2.91	0.48
1977	10.44	20.12	21.75	20.27	7.49	16.57	2.87	0.49
1977 比 1950 变化值	−1.55	−0.12	0.84	0.36	−0.10	−0.35	0.79	0.13

资料来源：根据历年《中国统计年鉴》计算整理得出。

从粮食生产的细分省份层次来看，1950—1977 年中国各省（自治区、直辖市）的粮食产量占全国粮食总产量比重基本稳定，比重略增加的省（自治区、直辖市）有北京、河北、山西、内蒙古、辽宁、上海、江苏、江西、山东、湖北、湖南、广东、广西、贵州、西藏、青海、宁夏、新疆。天津、吉林、黑龙江、浙江、安徽、福建、河南、四川、云南、陕西、甘肃 11 个省（直辖市）粮食生产集中度略有下降。粮食生产集中度位于前十位的省份分别是四川、江苏、山东、河南、湖南、广东、湖北、安徽、河北和浙江（表 2 - 2、图 2 - 4）。

综上分析，改革开放前中国粮食生产的区域格局基本稳定，从南北方看，南方粮食产量一直高于北方；从三大地区看，东部地区是全国粮食生产的重心；从八大粮食产区划分看，长江中游区和东南沿海区是我国最主要的粮食产区；从省份层次看，这一时期粮食产量占全国粮食总产量的平均值位于前十位的省份分别是四川、山东、江苏、河南、湖南、广东、湖北、安徽、河北和黑龙江。

表 2 - 2　1950—1977 年中国各省份粮食生产集中度指标变化值

单位:%

年份	1950	1955	1960	1965	1970	1975	1977	1977 比 1950 变化值
北京	0.46	0.32	0.41	0.61	0.60	0.64	0.54	0.08
天津	0.33	0.32	0.35	0.60	0.50	0.45	0.32	−0.01
河北	4.25	3.85	4.65	4.92	5.41	5.40	4.72	0.47
山西	2.34	2.45	2.52	2.36	2.21	2.69	2.57	0.23
内蒙古	1.29	2.63	2.68	1.95	2.00	1.82	1.71	0.42
辽宁	3.40	4.19	2.69	3.42	3.70	3.92	3.73	0.33
吉林	3.43	2.79	2.95	2.68	3.14	3.17	2.62	−0.81
黑龙江	5.16	4.47	3.99	4.50	5.09	4.93	4.09	−1.07
上海	0.63	0.69	0.86	0.89	0.90	0.81	0.76	0.13
江苏	6.82	6.11	7.17	7.36	7.25	7.20	6.95	0.13
浙江	4.58	4.24	4.97	4.70	4.78	3.93	4.40	−0.18
安徽	6.43	5.13	5.04	4.93	5.37	5.37	5.40	−1.03
福建	2.47	2.50	2.46	2.32	2.41	2.24	2.40	−0.07
江西	3.14	3.66	4.53	4.09	4.19	3.70	3.92	0.78
山东	7.50	7.75	6.20	6.79	6.23	7.60	7.55	0.05
河南	7.71	6.83	6.63	5.94	6.61	6.80	7.00	−0.71
湖北	5.23	5.55	5.96	6.33	5.39	5.47	5.81	0.58
湖南	6.10	5.84	5.99	5.62	6.30	6.45	6.62	0.52
广东	5.41	5.60	6.10	6.28	5.48	5.16	5.76	0.35
广西	3.50	3.33	3.72	3.40	3.49	3.94	4.01	0.51
四川	8.03	8.64	7.26	7.59	7.47	6.92	7.54	−0.49
贵州	2.34	2.75	2.36	2.50	2.20	1.89	2.40	0.06
云南	3.06	3.39	3.66	2.99	2.97	2.80	2.63	−0.43
西藏	0.11	0.09	0.15	0.15	0.13	0.16	0.18	0.07
陕西	3.11	3.07	3.06	3.10	2.56	2.84	2.79	−0.32
甘肃	1.84	2.14	1.50	1.89	1.75	1.93	1.78	−0.06
青海	0.25	0.34	0.31	0.34	0.28	0.33	0.31	0.06
宁夏	0.31	0.43	0.35	0.42	0.31	0.38	0.36	0.05
新疆	0.78	0.89	1.48	1.33	1.29	1.09	1.16	0.38

资料来源：根据历年《中国统计年鉴》计算整理得出。

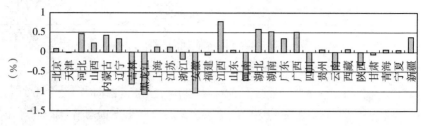

图 2-4 1950—1977 年中国各省份粮食生产集中度变化情况

2. 改革开放至 20 世纪 90 年代中期中国粮食生产变化情况分析（1978—1995 年）

改革开放的 1978—1995 年这一时期，我国粮食生产快速发展，粮食产量跨越了 3 亿吨、3.5 亿吨、4 亿吨和 4.5 亿吨四个台阶（图 2-5）。1978—1984 年，我国粮食产量增长迅速，连续于 1978 年、1982 年和 1984 年分别登上了 3 亿吨、3.5 亿吨和 4 亿吨三个台阶，年均增长率为 4.81%。这期间粮食产量快速增长的原因在于一方面以家庭联产承包责任制为核心的农业经营体制改革，使农户成为相对独立的微观经济主体，有效的激励机制为粮食生产的迅速发展提供了制度保障。另一方面，20 世纪 70 年代末至 80 年代中期，国家大幅度提高粮食收购价格，极大地调动了农民生产的积极性。此外，20 世纪 50—70 年代，国家在农业基础设施建设方面的长期积累，也为政策效应的释放提供了必要的物质基础。但是，在粮食连年增产的形势下，从 1985 年开始，国家采取了取消粮食统购，改为合同定购，定购粮食实行

图 2-5 1978—1995 年中国粮食产量变化情况

"倒三七"比例价等抑制粮食生产的政策，加之农资价格持续上涨，农业投资比重下降，严重挫伤了粮农的生产积极性，造成了我国粮食产量在1985—1989年出现了连续徘徊的局面，有3年粮食总产量低于4亿吨。从1990年起，我国粮食生产结束了在4亿吨左右徘徊的局面，于1993年跨上了4.5亿吨的新台阶。到1995年，全国粮食总产量达到了4.67亿吨。这一期间，粮食生产持续发展的主要原因是政府高度重视发展粮食生产，从投入和政策等方面采取多种办法鼓励粮食生产的发展。例如，国务院从1989年起开始建立农业发展基金；在粮食定购上，国家采取了"三挂钩"政策；1994年开始实行"粮食省长负责制"并大幅度提高粮食收购价格等。

从中国粮食生产的南北区域布局看，1978—1995年南方产量仍然一直大于北方（图2-6）。但是，随着经济的发展，工业化、城市化进程的加快和农业结构调整的深入，南方粮食生产呈现了减少趋势，南方与北方粮食生产集中度的差距越来越小。1978—1995年，南方粮食产量占全国的比重从57.41%下降到53.95%，下降了3.46个百分点。同期，北方粮食产量占全国的比重从42.59%上升到46.05%，上升了3.46个百分点。

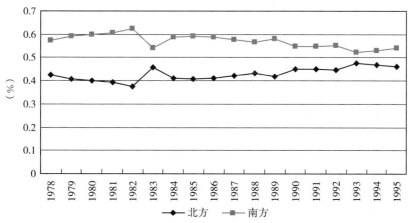

图2-6　1978—1995年中国南北方粮食生产集中度指标变化情况

按照东部、中部和西部三大区域分析，东部地区粮食比重有所下降，中部地区比重有所提高，西部地区比重变化不大。1978—1995年，东部地区粮食生产集中度下降了2.97%，中部地区粮食生产集中度上升了2.03%，西部地区粮食产量基本维持在 20% 左右（图 2-7）。从图 2-7 可以看出，自 1984 年以来，除 1991 年外，这一时期中部地区粮食产量占全国的比重均大于东部地区。与改革开放前相比，这一时期全国粮食生产重心呈现出了向中部地区转移的趋势。

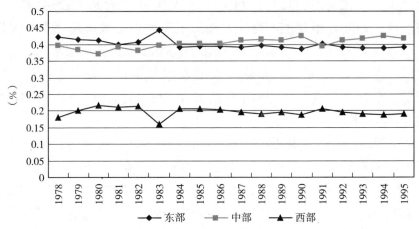

图 2-7　1978—1995 年中国东中西部地区粮食生产集中度指标变化情况

从八大粮食产区粮食生产变化情况看，东南沿海区对全国粮食总产量的贡献呈现出显著的下降趋势，特别是 20 世纪 80 年代中期以后，其粮食生产集中度已经下降到了 20% 以下，由 1985 年的 20.03% 降至 1995 年的17.15%，下降了 2.88 个百分点。黄淮海区和东北区的粮食生产集中度在波动中上升，其中黄淮海区粮食生产发展迅猛，粮食生产集中度由 1978 年的20.69% 升至 1995 年的 23.73%，上升了 3.04 个百分点，成为对全国粮食生产贡献最大的区域。东北区粮食生产集中度上升的幅度仅次于黄淮海区，从1978 年的 11.39% 上升到 1995 年的 13.06%，上升了 1.67 个百分点。这一期间，蒙新区粮食生产集中度不断上升，由 1978 年的 2.82% 上升到 1995 年的 3.88%，上升了 1.06 个百分点，但其在全国粮食总量中的份额仍然较小。长江中游区、西北区、西南区粮食生产呈现出萎缩的态势。20 世纪 80年代中期以前，长江中游区始终保持着全国最为重要的粮食产区地位，80年代中期以后，其粮食生产的主导地位明显下降，自 1985—1995 年，长江中游区粮食生产集中度下降 2.32 个百分点。1978—1995 年西北区和西南区粮食生产集中度分别下降 1.15 和 0.73 个百分点。青藏区粮食产量在全国粮食产量中所占的份额较小，其比重基本上没有发生什么变化（表2-3）。可见，改革开放开始至20世纪90年代中期，东南沿海区的粮食生产急剧萎缩，黄淮海区成为全国最重要的粮食产区。

表2-3　1978—1995年中国八大区域粮食生产集中度指标变化值

单位：%

年份	东北区	黄淮海区	长江中游区	东南沿海区	西北区	西南区	蒙新区	青藏区
1978	11.39	20.69	20.84	20.74	6.93	16.13	2.82	0.46
1980	11.39	20.51	20.43	21.01	6.61	17.05	2.52	0.47
1985	9.80	22.21	22.91	20.03	6.64	15.00	2.99	0.42
1890	13.29	21.80	21.21	18.28	6.63	14.65	3.74	0.40
1995	13.06	23.73	20.59	17.15	5.78	15.40	3.88	0.40
1995比1978变化值	1.67	3.04	−0.25	−3.59	−1.15	−0.73	1.06	−0.06

资料来源：根据历年《中国统计年鉴》计算整理得出。

从各省份粮食生产变化情况看，1978—1995年粮食产量占全国粮食总产量比重增加的省（自治区、直辖市）有天津、河北、内蒙古、吉林、黑龙江、安徽、山东、河南、宁夏和新疆。其中吉林与山东的粮食总产量占全国粮食总产量比重呈现出明显的上升趋势。北京、山西、辽宁、上海、江苏、浙江、福建、江西、湖北、湖南、广东、广西、四川、贵州、云南、西藏、陕西、甘肃和青海19个省（自治区、直辖市）的粮食生产集中度出现不同程度的下降趋势，尤其值得关注的是浙江省的粮食生产集中度下降的幅度最大，下降了1.65个百分点。粮食生产集中度位于前十位的省份包括山东、江苏、四川、河南、湖南、湖北、安徽、河北、广东和黑龙江。与改革开放以前相比，浙江省退出了前十位，黑龙江省进入了前十位。四川省由第一位下降到第三位，山东省由第三位上升到第一位，广东省由第六位下降到第九位（表2-4、图2-8）。可见，这一时期粮食生产地位显著下降的省份基本是位于沿海东南部地区，即经济相对发达地区，而粮食生产地位上升的省份多是经济相对落后地区。

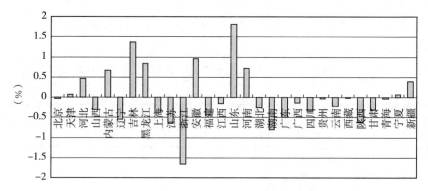

图 2-8 1978—1995 年中国各省份粮食生产集中度变化情况

表 2-4 **1978—1995 年中国各省份粮食生产集中度指标变化值**

单位:%

年份	1978	1980	1985	1990	1995	1995 比 1978 变化值
北京	0.60	0.60	0.60	0.60	0.56	−0.04
天津	0.38	0.44	0.38	0.43	0.45	0.07
河北	5.48	4.90	5.34	5.17	5.95	0.47
山西	2.29	2.20	2.24	2.20	1.99	−0.30
内蒙古	1.62	1.27	1.64	2.21	2.29	0.67
辽宁	3.63	3.93	2.65	3.39	3.09	−0.54
吉林	2.97	2.76	3.33	4.65	4.33	1.36
黑龙江	4.79	4.70	3.82	5.25	5.63	0.84
上海	0.85	0.60	0.58	0.55	0.48	−0.37
江苏	7.79	7.77	8.49	7.41	7.14	−0.65
浙江	4.76	4.62	4.40	3.60	3.11	−1.65
安徽	4.81	4.67	5.89	5.72	5.77	0.96
福建	2.42	2.58	2.16	2.00	2.00	−0.42
江西	3.65	3.99	4.17	3.76	3.49	−0.16
山东	7.42	7.67	8.52	8.10	9.23	1.81
河南	6.81	6.91	7.36	7.50	7.53	0.72
湖北	5.60	4.94	6.02	5.62	5.35	−0.25
湖南	6.78	6.83	6.83	6.11	5.98	−0.80

（续）

年份	1978	1980	1985	1990	1995	1995 比 1978 变化值
广东	4.92	5.44	4.39	4.72	4.42	−0.50
广西	3.51	3.83	3.04	3.18	3.38	−0.13
四川	7.73	8.36	7.81	7.42	7.38	−0.35
贵州	2.09	2.08	1.62	1.64	2.06	−0.03
云南	2.80	2.78	2.54	2.41	2.58	−0.22
西藏	0.17	0.16	0.14	0.14	0.16	−0.01
陕西	2.60	2.43	2.59	2.43	1.99	−0.61
甘肃	1.66	1.58	1.44	1.56	1.36	−0.30
青海	0.29	0.31	0.27	0.26	0.25	−0.04
宁夏	0.38	0.39	0.38	0.44	0.44	0.06
新疆	1.20	1.24	1.35	1.54	1.59	0.39

注：为保持数据的完整性和前后一致性，这里将海南省数据加总到广东省。

资料来源：根据历年《中国统计年鉴》计算整理得出。

　　综上分析，改革开放开始至 20 世纪 90 年代中期中国粮食生产的区域格局已经发生了明显的变化，从南北方看，南方粮食产量虽然依旧一直高于北方，但南方粮食生产呈现了减少趋势，南方与北方粮食生产集中度的差距越来越小；从三大地区看，这一时期全国粮食生产重心呈现出了向中部地区转移的趋势；从八大粮食产区划分看，东南沿海区的粮食生产急剧萎缩，长江中游区粮食生产的主导地位明显下降，黄淮海区成为全国最重要的粮食产区；从省份层次看，这一时期吉林与山东的粮食总产量占全国粮食总产量比重呈现出明显的上升趋势，浙江省的粮食生产集中度下降的幅度最大。1978—1995 年中国粮食生产区域格局之所以发生上述变化是由于 20 世纪 80 年代中期以后中国经历了第一次工业化浪潮，在国家特殊政策的支持下工业化主体是乡镇企业和最早发生在浙江温州一带的私营经济。浙江农民能够较早地放弃耕地，弃粮务工经商，主要有两个原因，一是户均耕地太少，不足以满足其生存的需要；二是农村工业化开始发展，改变了农户的收入结构。这就导致了浙江粮食生产集中度在此阶段出现了大幅度下降。随着经济的发展和工业化进程的加快，东南沿海等经济发达地区的粮食生产出现了萎缩。

而位于中部经济欠发达地区的吉林、安徽、黑龙江、河南和内蒙古的粮食生产地位凸显。

3. 20 世纪 90 年代中期至今中国粮食生产变化情况分析（1996—2012年）

从 1996 年开始，随着我国主要农产品供给能力的不断增强，我国农业和农村经济进入了一个战略性结构调整的时期，并取得了显著成效。与此同时，国家也采取了一系列稳定粮食生产的措施。这使得我国粮食产量在1996—1999 年一直高位运行，达到 5 亿吨的阶段性水平。但从 2000 年开始，我国粮食产量出现了滑坡迹象。2000—2003 年，全国粮食生产进入了徘徊回落期。2003 年以后，国家不断加大强农、惠农政策措施，转变粮食支持政策方式，在一系列粮食支持政策"组合拳"的激励下，2004—2012 年，我国粮食生产不断恢复上升，于 2007 年再次跃上 5 000 亿千克台阶，2012 年全国粮食产量超过 5 800 亿千克创历史新高（图 2 - 9）。

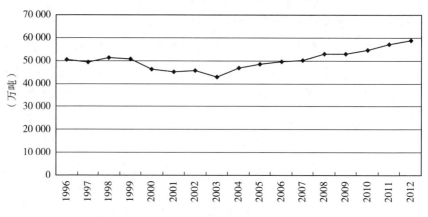

图 2 - 9　1996—2012 年中国粮食产量变化情况

从中国粮食生产的南北区域布局看，2000 年以来，南方粮食生产集中度总体呈下降趋势，相应地北方粮食生产集中度呈上升趋势。2005 年以后，南方粮食产量开始低于北方，其粮食产量占全国的比重下降到了 50% 以下。1996—2012 年，南方粮食生产集中度从 51.86% 下降到 44.45%，下降了7.41 个百分点。同期，北方粮食粮食生产集中度从 48.14% 上升到55.55%，上升了 7.41 个百分点（图 2 - 10）。可见，这一时期中国粮食生产区域持续向北方转移。这种位移实际上是北方粮食综合生产能力提高的表现，是优化粮食生产布局的结果，同时，也是满足市场需求，实现全国范围内粮食供需平衡的内在要求。

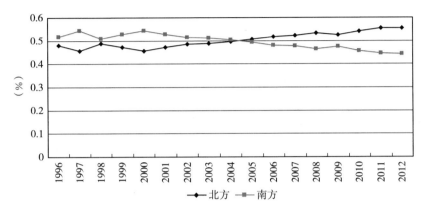

图 2-10　1996—2012 年中国南北方粮食生产集中度指标变化情况

按照东部、中部和西部三大区域分析，东部地区粮食比重下降明显，中部地区比重提高较快，西部地区比重变化不大。1996—2012 年，东部地区粮食生产集中度下降了 7.20 个百分点；中部地区粮食生产集中度上升了 7.01 个百分点，2012 年中部地区粮食产量占全国总产量的近一半；西部地区粮食生产集中度基本维持在 20% 左右（图 2-11）。可见，这一时期全国粮食生产重心由东、西部向中部推移。

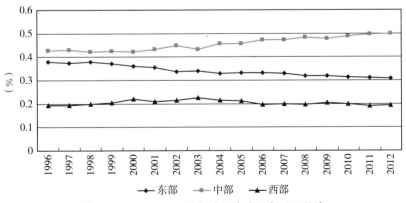

图 2-11　1996—2012 年中国东中西部地区粮食
生产集中度指标变化情况

从八大粮食产区粮食生产变化情况看，东北区、黄淮海区和蒙新区的粮食生产集中度不断上升，其中东北区粮食生产集中度由 1996 年的 14.13％升至 2012 年的 18.95％，上升了 4.82 个百分点。黄淮海区粮食生产集中度上升的幅度不大，从 1996 年的 22.92％上升到 2012 年的 23.19％，仅上升了 0.27 个百分点。但是，黄淮海区对全国粮食总产量的贡献近 1/4，仍然是我国最重要的粮食产区。近年来，蒙新区粮食增产较快，粮食生产集中度由 1996 年的 4.73％上升到 2012 年的 6.45％，上升了 1.72 个百分点，但其在全国粮食总量中的份额依然较小，不足 7％。西南区粮食产量占全国粮食产量的比重先上升后下降。东南沿海区的粮食生产集中度不断下降，已经由 1996 年的 16.67％降至 2012 年的 11.06％，下降了 5.61 个百分点。长江中游区的粮食生产集中度呈现下降趋势。1996—2012 年下降了 1.28 个百分点。西北区和青藏区粮食产量在全国粮食产量中所占的份额较小，其比重基本没有发生什么变化。可见，这一时期东南沿海区粮食生产继续加速萎缩，东北区和黄淮海区共同形成了全国粮食增长中心，北移倾向更加明显。

表 2-5　1996—2012 年中国八大区域粮食生产集中度指标变化值

单位：％

年份	东北区	黄淮海区	长江中游区	东南沿海区	西北区	西南区	蒙新区	青藏区
1996	14.13	22.92	19.63	16.67	6.78	14.74	4.73	0.40
1997	12.48	21.92	20.36	16.97	5.95	17.40	4.50	0.41
1998	14.19	22.50	18.24	16.00	6.86	17.14	4.65	0.41
1999	13.83	22.90	19.04	16.30	5.92	17.24	4.38	0.39
2000	11.52	23.28	19.63	15.82	6.29	18.69	4.38	0.39
2001	13.25	23.38	19.75	14.98	5.96	17.78	4.46	0.45
2002	14.59	22.23	19.39	14.03	6.60	17.85	4.90	0.41
2003	14.56	22.22	18.64	13.26	6.93	19.00	4.96	0.43
2004	15.40	22.26	19.48	12.97	6.81	17.78	4.90	0.39
2005	15.33	23.41	19.05	12.43	6.52	17.63	5.25	0.39
2006	15.66	24.15	19.36	12.69	6.59	15.94	5.24	0.36

（续）

年份	东北区	黄淮海区	长江中游区	东南沿海区	西北区	西南区	蒙新区	青藏区
2007	15.45	24.89	19.30	12.10	6.42	16.09	5.34	0.40
2008	16.88	24.22	18.94	11.62	6.35	15.82	5.79	0.37
2009	15.83	24.30	19.37	11.89	6.26	16.09	5.90	0.36
2010	17.60	23.83	18.66	11.50	6.52	15.43	6.09	0.35
2011	18.87	23.50	18.41	11.26	6.58	14.70	6.32	0.35
2012	18.95	23.19	18.36	11.06	6.79	14.87	6.45	0.33
2012 比 1996 变化值	4.82	0.27	−1.28	−5.61	0.01	0.13	1.72	−0.07

资料来源：根据历年《中国统计年鉴》计算整理得出。

从各省份粮食生产变化情况看，1996—2012 年间粮食产量占全国粮食总产量比重增加的省份有内蒙古、辽宁、吉林、黑龙江、安徽、河南、四川、云南、甘肃、宁夏、新疆。其中黑龙江、河南、内蒙古与吉林的粮食总产量占全国粮食总产量比重呈现出明显的上升趋势。山西和西藏的粮食生产集中度几乎没有变化。北京、天津、河北、上海、江苏、浙江、福建、江西、山东、湖北、湖南、广东、广西、贵州、陕西与青海 16 个省份粮食生产集中度出现不同程度的下降趋势，尤其值得关注的是浙江、广东两省的粮食生产集中度下降的幅度最大，浙江下降了 1.74 个百分点，广东下降了 1.54 个百分点。同时值得说明的是，尽管江苏和湖北的粮食产量占全国的比重在下降，但这一时期两省仍然分别位于全国各省份粮食生产的第五位和第十一位。粮食生产集中度位于前十一位的省份分别是黑龙江、河南、山东、四川、江苏、吉林、安徽、河北、湖南和内蒙古。与 20 世纪 90 年代中期以前相比，广东和湖北退出了前十位，吉林和内蒙古进入了前十位（表 2-6、图 2-12）。

表 2-6 1996—2012 年中国各省份粮食生产集中度指标变化值

单位:%

	1996	2000	2005	2009	2012	2012 比 1996 变化值
北京	0.48	0.31	0.20	0.24	0.19	−0.28
天津	0.42	0.27	0.28	0.29	0.27	−0.14
河北	5.60	5.52	5.37	5.48	5.51	−0.10
山西	2.16	1.85	2.02	1.77	2.16	0.00
内蒙古	3.08	2.69	3.43	3.73	4.29	1.20
辽宁	3.34	2.47	3.61	3.00	3.51	0.18
吉林	4.67	3.54	5.33	4.63	5.67	1.00
黑龙江	6.12	5.51	6.39	8.20	9.77	3.65
上海	0.47	0.38	0.22	0.23	0.21	−0.26
江苏	6.98	6.72	5.86	6.09	5.72	−1.26
浙江	3.05	2.63	1.68	1.49	1.31	−1.74
安徽	5.43	5.35	5.38	5.78	5.58	0.15
福建	1.91	1.85	1.48	1.26	1.12	−0.79
江西	3.55	3.49	3.63	3.77	3.54	−0.01
山东	8.71	8.30	8.09	8.13	7.65	−1.05
河南	7.71	8.87	9.47	10.15	9.56	1.85
湖北	4.99	4.80	4.50	4.35	4.14	−0.85
湖南	5.67	5.99	5.53	5.47	5.10	−0.57
广东	4.25	4.24	3.20	2.83	2.71	−1.54
广西	3.23	3.31	3.07	2.76	2.52	−0.71
四川	7.00	9.69	9.05	8.16	7.55	0.56
贵州	2.01	2.51	2.38	2.20	1.83	−0.18
云南	2.50	3.18	3.13	2.97	2.97	0.46
西藏	0.16	0.21	0.19	0.17	0.16	0.00
陕西	2.45	2.36	2.15	2.13	2.11	−0.33
甘肃	1.65	1.54	1.73	1.71	1.88	0.23
青海	0.25	0.18	0.19	0.19	0.17	−0.08
宁夏	0.52	0.55	0.62	0.64	0.64	0.12
新疆	1.64	1.70	1.81	2.17	2.16	0.52

注：为保持数据的完整性和前后一致性，这里分别将重庆、海南数据加总到四川和广东省。

资料来源：根据历年《中国统计年鉴》计算整理得出。

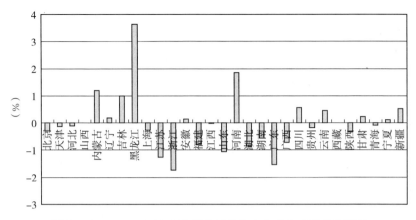

图 2-12　1996—2012 年中国各省份粮食生产集中度变化情况

　　综观 1996 年至今中国粮食生产总量按照南北区域划分，南方粮食生产
在全国粮食生产中的地位在逐渐下降，北方粮食生产的地位在稳步上升。
2005 年以后，南方粮食产量开始低于北方，全国粮食生产持续向北方集中。
从三大地区看，这一时期东部地区粮食生产比重明显下降，全国粮食生产重
心由东、西部向中部推移；从八大粮食产区划分看，东南沿海区粮食生产继
续加速萎缩，东北区和黄淮海区共同形成了全国粮食增长中心，北移倾向更
加明显；从省份层次看，这一时期浙江和广东的粮食生产集中度下降的幅度
最大，吉林和内蒙古粮食生产比重进入了全国前十位。1996—2012 年中国
粮食生产区域格局发生上述变化的原因主要在于自 1993 年我国开始了第二
次工业化浪潮，邓小平南方谈话进一步打破了 1989 年以后的沉闷状态，推
动了全国尤其是东南沿海地区经济的快速发展。此阶段的工业化主体开始转
向私营经济，全国各地的工业化进程开始加快，是我国整体上由工业化初期
向工业化中期迈进的重要时期。正是这个时期的发展，使我国国民经济结构
发生了重要转变，也使得东南沿海等经济发达地区的粮食生产继续加快萎
缩。2006 年全国全面取消农业税。农业税的取消是国民经济整体上进入工
业化中期的表现。但就吉林、黑龙江、安徽、江西这类省份来说，则与全国
有所不同，是工业化进程明显滞后的省份。例如吉林工业化的快速发展主要
是在"十一五"之后，从产业结构分析，吉林目前尚未达到工业化中期，还
是处于从初期到中期的转变阶段。正是由于此，吉林到目前为止农民种粮积

极性仍未见下降趋势，当然这也包括其较好的土地资源禀赋。因此，像吉林这样的省份在全国粮食生产中的地位得到强化。工业化发生时期较滞后，再加上资源禀赋的因素，会使工业化对农民种粮积极性的影响比较滞后地反映出来。但随着工业化进程的深入，这类在中国商品粮供给中占据主导性地位的省份迟早也会进入农民种粮积极性下降的阶段。

4. 改革开放以来中国主要粮食作物生产变化情况分析

我国粮食作物种类繁多，不同的粮食品种，其生产区域格局有所不同。为了进一步分析粮食生产区域格局的变化，本书分别对我国最主要和最具有代表性的粮食作物稻谷、小麦和玉米进行分析。

改革开放以来，我国不同的粮食作物生产呈现出差异性的变化特征（表2-7）。

从稻谷生产情况来看，改革开放以来，我国稻谷产量由1978年的13 693万吨上升至2012年的20 423.59万吨，增长49.15%。30多年来，我国稻谷总体生产布局并没有发生太大的变化。南方稻谷的生产地位虽然有所弱化，但其相对于北方的绝对优势始终未发生改变。从各区看，长江中游区、东南沿海区和西南区是中国的稻谷主产区，2012年占了全国稻谷总产的80%。其中长江中游区是我国第一大稻谷集中产区，稻谷产量占全国稻谷总产量的比重在35%~39%波动。1978年以来，尽管作为产稻大省的湖北和湖南稻谷生产都出现了减产态势，但由于江西的稻谷生产集中度明显提高，安徽略有扩大，使得长江中游区稻谷产量在全国稻谷总产中的份额上升了0.81个百分点。东南沿海区是我国第二大稻谷集中产区，1978年稻谷产量占全国稻谷总产量的34.24%，受城镇化、工业化及稻谷种植比较效益不稳定等因素影响，东南沿海区在全国稻谷生产中的重要性出现了明显弱化的趋势，2012年其稻谷产量占全国产量比重仅为21.46%，下降了12.78个百分点。江苏、上海、浙江、福建、广东的稻谷产量都出现了不同程度的下降，其中浙江、广东的减产程度十分显著，浙江稻谷生产集中度下降了5.72个百分点。西南区稻谷地位相对稳定，除2003年达到26.6%外，其余年份均为20%~24%。受优质大米需求增长的拉动，东北区稻谷生产地位持续上升，其稻谷生产集中度从1978年的2.95%升至2012年的15.72%，增产十分明显，其中黑龙江占了近70%，其他各省份稻谷生产形势没有出

表 2-7 1978—2012 年全国各省份 3 种主要粮食作物的生产集中度

单位:%

地区	省份	稻谷 1978	1985	1995	2009	2012	小麦 1978	1985	1995	2009	2012	玉米 1978	1985	1995	2009	2012
东北	黑龙江	0.54	0.97	2.54	8.07	10.63	5.20	4.39	2.65	1.01	0.58	11.12	6.45	10.83	11.71	14.05
	吉林	0.89	1.09	1.60	2.59	2.60	0.46	0.12	0.19	0.01	0.00	10.39	12.43	13.20	11.04	12.54
	辽宁	1.52	1.56	1.41	2.59	2.49	0.28	0.03	0.62	0.04	0.03	10.78	7.02	7.36	5.87	6.92
	合计	2.95	3.62	5.55	13.25	15.72	5.93	4.54	3.46	1.06	0.61	32.28	25.90	31.39	28.62	33.51
黄淮海	山东	0.44	0.37	0.49	0.57	0.51	14.92	17.44	20.16	17.78	18.01	10.94	14.69	13.78	11.72	9.70
	河南	1.42	1.34	1.60	2.31	2.41	16.12	17.81	17.16	26.55	26.25	8.38	8.42	8.55	9.97	8.50
	河北	0.40	0.46	0.49	0.29	0.24	11.91	8.67	10.37	10.68	11.05	9.23	10.64	10.57	8.94	8.02
	北京	0.17	0.15	0.09	0.00	0.00	1.21	0.85	0.98	0.27	0.23	1.08	1.67	1.19	0.55	0.41
	天津	0.09	0.10	0.21	0.06	0.05	0.89	0.51	0.64	0.47	0.46	0.56	0.86	0.72	0.54	0.45
	合计	2.52	2.42	2.88	3.23	3.22	45.05	45.28	49.31	55.75	56.00	19.25	21.59	21.03	31.72	27.08
长江中游	湖北	8.82	9.32	9.34	8.16	8.09	4.23	4.03	3.56	2.88	3.06	1.84	1.81	1.34	1.49	1.37
	湖南	13.70	13.87	13.16	13.22	12.89	0.71	0.34	0.27	0.06	0.07	0.39	0.32	0.35	0.98	0.96
	江西	7.88	8.75	8.03	9.77	9.68	0.19	0.12	0.07	0.02	0.02	0.02	0.02	0.08	0.04	0.06
	安徽	6.26	6.90	6.86	7.20	6.82	5.18	7.06	6.84	10.23	10.69	0.68	1.03	2.43	1.86	2.08
	合计	36.66	38.84	37.39	38.35	37.47	10.31	11.55	10.74	13.19	13.85	2.93	3.18	4.20	4.37	4.47
东南沿海	江苏	9.36	9.72	9.71	9.24	9.30	7.22	9.67	8.73	8.73	8.67	2.20	3.47	2.42	1.32	1.12
	上海	1.39	0.91	0.86	0.46	0.44	0.30	0.25	0.23	0.19	0.19	0.10	0.06	0.04	0.01	0.01
	浙江	8.70	8.05	6.58	3.42	2.98	1.06	1.05	0.53	0.20	0.22	0.50	0.21	0.13	0.07	0.14
	福建	4.43	4.04	3.91	2.64	2.47	0.47	0.20	0.18	0.01	0.01	0.00	0.00	0.06	0.09	0.09
	广东	10.36	9.26	8.81	6.17	6.28	0.94	0.09	0.07	0.00	0.01	0.11	0.11	0.23	0.50	0.44
	合计	34.24	31.98	29.87	21.93	21.46	9.99	11.26	9.74	9.13	9.08	2.91	3.85	2.88	1.99	1.80

（续）

地区	省份	稻谷 1978	稻谷 1985	稻谷 1995	稻谷 2009	稻谷 2012	小麦 1978	小麦 1985	小麦 1995	小麦 2009	小麦 2012	玉米 1978	玉米 1985	玉米 1995	玉米 2009	玉米 2012
西北	陕西	0.00	0.00	0.00	0.42	0.43	0.35	0.14	0.24	3.33	3.60	0.00	0.01	0.01	3.21	2.76
	山西	0.04	0.03	0.02	0.00	0.00	2.40	3.44	2.64	1.83	2.14	4.84	3.29	3.60	3.99	4.40
	甘肃	0.60	0.52	0.35	0.02	0.02	4.66	4.93	4.02	2.27	2.30	5.22	4.57	2.52	1.91	2.45
	宁夏	0.20	0.25	0.25	0.33	0.35	0.90	0.68	0.67	0.64	0.51	0.11	0.22	0.54	0.95	0.93
	合计	0.84	0.80	0.62	0.77	0.80	8.31	9.19	7.57	8.07	8.55	10.17	8.09	6.67	10.06	10.53
西南	四川	10.45	11.43	11.33	10.41	9.96	8.11	7.29	7.15	4.13	3.93	7.84	9.06	5.62	5.41	4.66
	云南	3.01	2.87	2.76	3.26	3.16	1.60	0.72	1.35	0.80	0.73	4.16	3.90	3.03	3.31	3.40
	贵州	2.44	1.92	2.30	2.32	1.97	0.82	0.34	1.05	0.39	0.43	3.11	2.47	2.13	2.47	1.66
	广西	6.66	5.85	6.80	5.87	5.59	0.20	0.01	0.03	0.01	0.00	1.84	1.44	1.39	1.37	1.22
	合计	22.56	22.07	23.19	21.86	20.68	10.73	8.36	9.58	5.33	5.09	16.95	16.87	12.17	12.56	10.94
蒙新	内蒙古	0.00	0.05	0.21	0.33	0.36	0.96	1.73	2.57	1.49	1.56	0.34	2.50	4.63	8.18	8.68
	新疆	0.20	0.18	0.25	0.25	0.29	3.34	3.67	3.85	5.45	4.76	2.40	2.18	2.13	2.46	2.88
	合计	0.20	0.23	0.46	0.58	0.65	4.30	5.40	6.42	6.94	6.32	2.74	4.68	6.76	10.64	11.56
青藏	青海	0.00	0.00	0.00	0.00	0.00	0.99	0.73	0.68	0.34	0.29	0.00	0.00	0.00	0.03	0.08
	西藏	0.01	0.01	0.03	0.00	0.00	4.39	3.67	2.49	0.21	0.20	1.81	1.17	1.12	0.02	0.01
	合计	0.01	0.01	0.03	0.00	0.00	5.38	4.40	3.17	0.55	0.49	1.81	1.17	1.12	0.05	0.10

注：为保持数据的完整性和前后一致性，这里分别将重庆、海南数据加总到四川和广东省。

资料来源：根据历年《中国统计年鉴》计算整理。

现明显的变化。上述情况表明，30 多年来中国稻谷生产区域变化的主要表现是浙江、广东、湖南、湖北等南方传统产稻区的稻谷生产显著缩减，东北地区尤其是黑龙江及长江中游区的江西在全国稻谷总产中所占的份额出现了明显的扩大态势，而其他省份基本上保持原有的稻谷生产格局。

从小麦生产情况来看，改革开放以来，我国小麦产量由 1978 年的 5 384 万吨上升至 2012 年的 12 102.32 万吨，增长了 1.25 倍，期间 1997 年产量达到 12 329 万吨的历史最高水平。1978 年以来，东北区和青藏区在全国小麦总产中所占的份额呈现不同程度的下降，分别由 1978 年的 5.93% 和 5.38% 下降到 2012 年的 0.61% 和 0.49%。东南沿海区和西南区在全国小麦生产中的比重虽有所波动，但整体上均表现出下降趋势。西北区小麦生产变化不大。黄淮海区和蒙新区在全国小麦总产中所占的份额呈现不同程度的上升，分别由 1978 年的 45.05% 和 4.30% 上升到 2012 年的 56.00% 和 6.32%。长江中游区在全国小麦生产中的比重虽有所波动，但整体上表现出上升趋势。从省份层次上考察，黑龙江、北京、湖北、浙江、广东、四川和西藏是小麦生产集中度下降的主要省份，其中广东、浙江和北京等经济发达地区目前已几乎不种植小麦，而河南和安徽的小麦生产集中度提高十分明显，2012 年比 1978 年分别提高了 10.13 个和 5.51 个百分点。从全国来看，小麦生产表现出持续向黄淮海区集中的特点。黄淮海区是我国传统的小麦产区，其小麦产量占全国小麦总产量的比重从 1978 年的 45.05% 上升至 1985 年的 45.28%、1995 年的 49.31%、2009 年的 55.75%，2012 年已达 56.00%。目前，冀鲁豫三省加上京津二市和苏皖二省的小麦产量已占到全国小麦总产量的 70% 以上。

从玉米生产情况来看，改革开放以来，我国玉米产量由 1978 年的 5 595 万吨上升至 2012 年 20 561.41 万吨的历史最高水平，增长了 2.67 倍。从 20 世纪 80 年代中后期开始，尽管南方大力发展玉米生产，但南方玉米生产地位并未明显上升。北方玉米产量占全国玉米总产量的比重由 1978 年的 75.39% 上升至 1990 年的 81.60%，1995 年后比重降至 77% 左右，2005 年后又恢复到 80% 以上。我国三大玉米生产带是东北区、黄淮海区和西南区，1978 年其产量分别占全国玉米总产量的 32.28%、19.25% 和 16.95%，2012 年比重分别为 33.51%、27.08% 和 10.94%。2003 年后，黄淮海区和东北区玉米产量排位经常更替，近年来，东北区玉米生产呈现出明显优势。1978年以来西南区的玉米生产集中度呈现出一定的下降趋势，其四省份的玉米生产均有所缩减，尤以四川缩减程度最大。西北区在中国玉米生产中的地位略有下降，主要是因为甘肃玉米生产明显减少。蒙新区玉米生产集中度上升相当明显，主要原因在于内蒙古玉米生产规模的明显扩大，1978—2012年内蒙古玉米生产集中度上升了8.34个百分点。此外，长江中游区、东南沿海区和青藏区在全国玉米生产中所占份额较小，1978年它们的玉米产量在全国玉米总产量中的比重分别为2.93%、2.91%和1.81%，到2012年，这一比重变为4.47%、1.80%和0.10%。从整体上看，北方玉米生产继续保持绝对优势。

通过以上对中国粮食生产格局变迁的分析可以看出，新中国成立以来，在不同的经济社会发展背景下，我国粮食生产的区域格局发生了相应的变化。从整体上看，我国粮食总体生产表现出由南方向北方集中，由东部向中部推进的趋向。北方粮食生产地位的加强主要得益于东北区和黄淮海区粮食产量在全国粮食总产量中所占比重的上升，而南方粮食生产地位的弱化主要是由东南沿海区粮食产量在全国粮食总产量中所占比重下降造成的。从主要粮食品种看，南方稻谷的生产地位有所弱化，但绝对优势没有动摇；北方玉米生产继续保持绝对优势；小麦生产持续向黄淮海区集中。

2.1.2 中国粮食流通格局的变迁

新中国成立以来，中国粮食流通经历了计划调拨到市场调节的变化过程，在这一变化过程中，中国的粮食流向流量发生了重大的历史性转变。本书将1949年以来中国粮食流向流量演变历程大致划分为四个时期，即南粮北调时期、南粮北调向北粮南运转变过渡时期、北粮南运时期、北粮南运和北出南进并存时期。

1. 南粮北调时期

南粮北调时期即主要是南方粮食流向北方，而北方粮食流向南方数量较少的时期。南方粮食流向北方开始的时间可以追溯到古代，漕运是当时南方粮食流向北方的主要运输渠道。漕运是一种由于封建社会地区间经济发展不平衡，商品交换不发达，以致封建政府为了供应国家政治中心的大量粮食需要而不得不采取地区间调拨的办法。漕运的赋役压榨性质与新中国成立后南粮北调性质完全不同，因此，本书所指的南粮北调时期大致是新中国成立初期至 20 世纪 70 年代中期。

　　总体上看，20 世纪 50 年代南北方粮食均是净调出，调出的粮食主要是对外出口。这一时期我国工业化进程处于初期阶段，工业化资金积累困难，粮食和其他农产品的出口是外汇收入的主要来源，正是由于我国经济发展阶段以及农业为工业提供原始积累等因素的作用，使得在这一时期南北方粮食均是净调出。南方出口的粮食主要是稻谷，北方出口的粮食主要是大豆，南北方之间粮食流动量较小，南方有少量粮食流向北方。1953—1959 年，北方净调出粮食 174 万吨，其中 1953—1955 年和 1959 年为净调出，1956—1958 年为净调入。南方净调出粮食 2 330.8 万吨，7 年均为净调出。7 年中，北方净调出粮食仅为南方净调出粮食的 7.47%。在此期间，南北方粮食净调入调出量合计为 2 504.8 万吨，粮食净进出口 1 679 万吨，两者差额为 825.8 万吨，表明这一时期区际调拨即南北方粮食区际流动的量很小（表 2-8）。20 世纪 50 年代，中国南北方各省份粮食调入调出的具体情况是：南方 14 省份中，有 12 个净调出粮食，净调入的只有上海，西藏无统计，四川、湖南、江西 3 省的调出量最多，浙江、安徽、贵州、广东、广西 5 省份的调出量也较多。北方 15 省份中，有 10 个净调出粮食、5 个净调入粮食。净调出粮食的省份包括山西、内蒙古、吉林、黑龙江、山东、河南、陕西、甘肃、宁夏、新疆，其中黑龙江的粮食调出量最多，其次是吉林，内蒙古位居第三。净调入粮食的省份包括辽宁、北京、河北、天津、青海，其中辽宁的粮食调入量最多，其次是北京市，河北和天津分别位居第三和第四，青海有少量调入。综上分析，20 世纪 50 年代，南方作为粮食主产区，为新中国粮食出口和 50 年代中后期调剂北方缺粮省份作出了巨大贡献。这一时期，全国粮食流通主要以南北同出为主，出现了南粮北调的初步态势。

　　20 世纪 60 年代，受"大跃进"和农村人民公社化运动的影响，中国粮食生产在 1959 年开始下降，全国粮食供求关系极度紧张，从 1961 年开始中国由粮食净出口国转变为净进口国。在整个 60 年代，南方粮食仍然是净调出，但净调出量显著减少。1960—1969 年，南方粮食累计净调出 1 727.9 万吨，年均净调出 172.8 万吨，比 50 年代年平均净调出少 61.6%。北方粮食由净调出转变为净调入，10 年累计净调入 2 750 万吨，年均净调入 275 万吨。南方粮食年净调出量比北方粮食净调入量少 102.2 万吨，同期全国粮食净进口量为 2 760 万吨（表 2 - 9）。

表 2 - 8 1953—1959 年南北方粮食净调入调出量和全国粮食净进出口量

单位：万吨

年份	南北方粮食净调入调出量			全国粮食净进出口量
	南方	北方	全国	
1953	257.3	43.2	300.5	182
1954	165.9	106.5	272.4	168
1955	265.3	54.7	320	205
1956	345.1	−8.7	336.4	250
1957	426.4	−161.1	265.3	192
1958	432.5	−12.1	420.4	266
1959	438.3	151.5	589.8	416

注：负值为调入、进口，正值为调出、出口。

资料来源：南北方粮食净调入调出量根据原国家商业部资料整理；全国粮食净进出口量根据历年《中国统计年鉴》整理。

表 2 - 9 1960—1969 年南北方粮食净调入调出量和全国粮食净进出口量

单位：万吨

年份	南北方粮食净调入调出量			全国粮食净进出口量
	南方	北方	全国	
1960	308.3	−138.8	169.5	265
1961	19.1	−428.5	−409.4	−445
1962	26.2	−359.4	−333.2	−389
1963	130.3	−428.1	−297.8	−446
1964	230.8	−351.5	−120.7	−475
1965	263.1	−446.1	−182.9	−399
1966	201	−179.6	21.4	−355
1967	164.6	11.7	176.3	−171
1968	197.5	−173.5	24	−200
1969	187	−256.3	−69.3	−145

注：负值为调入、进口，正值为调出、出口。

资料来源：南北方粮食净调入调出量根据原国家商业部资料整理；全国粮食净进出口量根据历年中国统计年鉴整理。

在此期间，南方净调出粮食主要是调拨到北方，北方粮食缺口一部分来自南方，一部分由进口解决。1960—1969年，中国南北方各省份粮食调入调出的具体情况是：南方粮食净调出的省份由50年代的12个减少到11个，其中福建变为净调入；北方粮食净调入的省份由50年代的5个增加到10个，其中山东、河南、甘肃、山西、陕西5省份由净调出转变为净调入，净调出省份只剩下黑龙江、吉林、内蒙古、宁夏、新疆。这一时期，北方净调入粮食的量较大，南粮北调是基本态势，全国粮食流通呈现出南粮北调与北方进口并存的局面。

1970年国务院召开了北方地区农业会议，要求加快北方缺粮地区农业生产的发展，提出尽快扭转南粮北调的战略目标。此后随着北方农业生产条件改善以及农业生产技术水平的提高，使得小麦、玉米单产水平有较大提高，进而使北方粮食自给率有了一定的上升。1970—1975年，南方粮食仍然是净调出，净调出量为1 144.2万吨，年均净调出量为190.7万吨，比60年代的年均净调出量提高10.3%，但仍未达到50年代的水平。北方粮食仍然是净调入，但净调入粮食的总量减少到1 357.6万吨，年均净调入量为226.3万吨，比60年代的年均净调入量少17.7%，同期全国粮食净进口量为1 528万吨（表2-10）。这一时期南方粮食净调出量仍少于北方净调入量，不足部分仍由进口解决。20世纪70年代前期，南方粮食净调出的省区进一步减

表2-10　1970—1975年南北方粮食净调入调出量和全国粮食净进出口量

单位：万吨

年份	南北方粮食净调入调出量			全国粮食净进出口量
	南方	北方	全国	
1970	191.7	−198.7	−7	−324
1971	239	−150	89	−55
1972	181.5	−392	−210.5	−184
1973	159.4	−390.1	−230.7	−424
1974	227.5	−281.5	−54	−448
1975	145.1	54.7	199.8	−93

注：负值为调入、进口，正值为调出、出口。

资料来源：南北方粮食净调入调出量根据原国家商业部资料整理；全国粮食净进出口量根据历年中国统计年鉴整理。

少到 10 个，其中贵州由净调出变为净调入，北方粮食净调出省区仍然是 5 个，净调入省区仍然是 10 个，但变化较大的是河北、山东、河南，由粮食净调入转变为净调出，而内蒙古、宁夏、新疆由粮食净调出转变为净调入。

通过以上分析可以看出，南粮北调时期，南方调往北方的粮食基本为稻谷，主要用作口粮，流向主要是北方京、津等大中城市、重工业基地、少数经济作物集中产区以及部分粮食生产条件较差的地区。这一时期，南粮北调的数量经历了由少到多的演变过程，20 世纪 50 年代流量较小，60 年代开始流量加大，但总体而言，调出量非常少，粮食输出水平不高。这从根本上说是由当时的生产力水平决定的。当时中国基本上是传统农业阶段的生产力水平，化肥、农药、良种和农机极少在农业中应用。

南粮北调是中国历史发展和经济发展的产物，其形成的主要原因有两个方面：第一，南北方自然地理条件差异形成了粮食生产过程中南方具有的区域比较优势。这一时期粮食的综合生产能力南方比北方高，全国粮食增产重心在南方，人均粮食产量南方高于北方。就作物结构而言，南方以种植水稻为主，从生物学特性来看，水稻单产是粮食作物中最高的。相反，由于受自然条件限制和科技水平低的影响，此阶段北方主要农作物小麦和玉米的单产水平较低。另外，南方增产的限制因子较少。在 20 世纪 80 年代以前，以传统技术进行粮食生产必然依赖自然条件的优劣，我国南方雨热资源丰富，历代开发形成了良好的水利设施，同时南方又是降水较多的富水区域，而北方则经常受到旱灾和涝灾的侵扰，产量不稳。20 世纪 70 年代中期，南方在全国粮食增产总量中的贡献份额近 60%。由于南北方粮食生产水平的差异，使得南北方人均粮食产量水平也呈现出差异。20 世纪 50 年代中期至 70 年代中期，南方人均粮食产量均比北方高，但南北方人均粮食产量都很低，处在温饱线水平之下。第二，南粮北调是在传统计划经济体制下为解决北方商品粮需求集中地区口粮短缺的矛盾而采取行政手段实现的。在计划经济体制下，国家从保障全国粮食供求紧平衡、维护社会的稳定和从农业中获取积累以推进工业化进程等政策目标出发，在全国人均粮食占有水平均较低的情况下，对粮食实行统购统销和全国范围内的统一计划调拨制度。这一时期南方粮食也并不富裕，例如，1953—1975 年浙江人均粮食占有量一直在 300 千克水平上徘徊，在如此低的水平下，浙江仍然年年净调出粮食，其外调粮食占粮食总产量的 4.4％。毋庸置疑，如果没有行政手段的干预，浙江粮食外调量不会这么多，也不会年年呈净调出。

2. 南粮北调向北粮南运转变过渡时期

南粮北调向北粮南运转变过渡时期是指南方粮食流向北方的量与北方粮食流向南方的量都较大的时期。这一时期大致从 20 世纪 70 年代中期开始至 20 世纪 80 年代中期结束。在此期间，南北方之间粮食流动主要表现为数量较大的品种调剂，即南方稻谷继续流入北方，北方玉米流向南方的量逐渐增大。

1976—1984 年，南方粮食流向流量发生了重大变化。1976—1977 年，虽然南方粮食仍然是净调出，但净调出量大幅度减少。从 1978 年开始，南方粮食流向转变为净调入，1978—1984 年，南方累计净调入粮食 1 509.8 万吨，年均净调入 215.7 万吨。同期北方粮食仍是净调入，但净调入量明显增大，9 年累计净调入 5 749.1 万吨，年均净调入量为 638.8 万吨，是 60 年代年均净调入量的 2.32 倍，是 70 年代前期年均净调入量的 2.82 倍。这期间，国家为进行农村产业结构调整，减轻国内粮食生产压力，制定并实施了大量进口粮食的政策。1976—1984 年，全国共净进出口粮食 8 418 万吨，年均 935.3 万吨（表 2 - 11）。

表 2 - 11 1976—1984 年南北方粮食净调入调出量和全国粮食净进出口量

单位：万吨

年份	南北方粮食净调入调出量			全国粮食净进出口量
	南方	北方	全国	
1976	70.8	−125.5	−54.7	−60
1977	11.5	−406	−394.5	−569
1978	−105.2	−574.9	−680.1	−695
1979	−87	−507.5	−594.5	−1 071
1980	−266	−786.7	−1 052.7	−1 181
1981	−301.7	−793.2	−1 094.9	−1 348
1982	−221.4	−1 019.2	−1 240.6	−1 534
1983	−302.4	−807.4	−1 109.8	−1 238
1984	−226.1	−728.7	−954.8	−722

注：负值为调入、进口，正值为调出、出口。

资料来源：南北方粮食净调入调出量根据原国家商业部资料整理；全国粮食净进出口量根据历年中国统计年鉴整理。

从南北方各省份粮食流向上看，1976—1984年，南方粮食净调出省份由70年代前期的10个减少到7个，分别是江苏、江西、安徽、浙江、湖南、湖北和广西，而且这些省份的净调出量都有所减少。四川、广东、云南由净调出转变为净调入，尤其值得关注的是，一直是粮食调出大省的四川在这一时期转变为粮食净调入，这一变化对南北方之间粮食流向流量演变影响很大。这一时期，北方吉林、辽宁、河南、河北等玉米主产区的玉米大量流向南方地区，其中吉林玉米流出量最大，河南次之。

3. 北粮南运时期

北粮南运时期是指北方粮食流向南方的量比南方粮食流向北方的量多的时期。进入20世纪80年代中后期，南北方之间粮食流向流量发生了重大的历史性转折，逐步形成了北粮南运的新格局。至20世纪90年代中前期，中国粮食区际流动基本完成了北粮南运的历史性变化。从南北方粮食流动的品种看，主要是稻谷和玉米，即南方主要输出稻谷，北方主要输出玉米。随着北方粮食生产能力的提高，南方粮食生产的徘徊，20世纪80年代中期开始，北方玉米流向南方的量已远大于南方稻谷流向北方的量。1985年，南方稻谷流向北方的量为135.4万吨，同期北方玉米流向南方的量为187.8万吨，两者相差52.4万吨，到1990年这一差额已接近150万吨。1990年，南方净调入玉米271.4万吨，只有安徽净调出少量玉米，其余省份均是净调入，其中上海、四川、广西、浙江的调入量较多。自1991年开始，南方由粮食净调出地区转变为粮食净调入地区。1994年全国有13个省份调入粮食，其中有2个省份在东南沿海地区，约占全国粮食调入省份的53%，成为全国粮食的最大调入区。1995年，中国南方粮食生产23 805万吨，粮食需求27 331万吨，粮食缺口3 526万吨；同期北方粮食生产22 019万吨，粮食需求20 056万吨，剩余1 963万吨。北方的粮食供给远远超过了自身的消费需要，而且剩余的粮食主要是玉米，这为南方的饲料用粮提供了充足的粮源。与南粮北调相比，北粮南运的品种主要是玉米，其目的是适应畜牧业发展对饲料用粮的需求，这反映了我国人均粮食占有水平的明显提高、居民的消费结构发生了质的变化。北粮南运时期，粮食输出量较大。1990年北方净调出玉米319.5万吨，1995年黑龙江、吉林、辽宁和内蒙古四省份一次性向南方调运玉米就达200万吨。从粮食调运的体制背景看，南粮北调是在计划经济体制下进行的，北粮南运是在经济体制的市场化改革中进行的。

"南粮北调"转变为"北粮南运"的直接原因是南北方粮食生产发展与消费增长及结构不适应。其深层次原因是随着农村市场化改革的深化，市场成为资源配置的主导力量，在南北方社会、经济和技术条件不同的背景下，南北方区域经济发展中粮食生产的比较优势呈现出差异，南北方按照各自区域的利益格局重组资源的结果。具体原因分析如下：

第一，北方粮食综合生产能力显著提高，粮食增长速度加快。20世纪80年代中后期以来，南北方的粮食生产在发展速度上呈现出明显的差异，南方徘徊、北方稳步发展。从粮食播种面积看，1994年与1984年相比，南方粮食播种面积减少了333.53万公顷，而北方基本持平。从粮食单产看，这一时期虽然南北方粮食单产都有很大提高，但由于北方原来生产条件差和单产基数低，加之北方粮食生产技术的提高，品种的改良及推广，其粮食综合生产能力显著提高，使得北方粮食单产增长幅度明显高于南方。1985—1994年南方粮食单产年均增长速度仅为0.5%，而北方则达到了2.1%，南方比北方低1.6个百分点。从粮食总产量看，1984—1994年南方粮食减产153.7万吨，年均增长−0.06%；北方粮食增产3 933.4万吨，年均增长2.13%。这一时期全国粮食增产重心由南方转移到北方。从人均粮食占有量看，1984—1994年南方人均粮食占有量由402.4千克下降到347.1千克，下降了13.7%；与此同时，北方人均粮食占有量则由385.1千克上升到411.8千克，增长了6.9%。

第二，南北方粮食生产结构和消费结构的差异以及南方流动人口的急剧增加，推动了北粮南运的进程。随着南方经济的快速发展，南方饲料用粮比北方增多。1984—1994年南方猪牛羊肉产量比北方增加311万吨，若按肉料比1∶3.5、饲料中粮食占60%计算，南方粮食消耗量比北方多650余万吨，其中饲料用粮主要是玉米。南方由于缺少适合当地的高产优质品种和农民没有种植玉米的习惯以及农技推广力度不够等因素，只有丘陵山区种植玉米，大城市郊区种少量玉米供鲜食，因而南方玉米生产发展缓慢，20世纪90年代以来一直徘徊不前。在这种情况下，南方需要从北方调进大量玉米。从这个层次的意义上说，"北粮南运"的实质是"北饲南运"。与此同时，南方饲料加工业和食品加工业的发展速度也比北方快，工业用粮所需的玉米一部分也需要从北方调入。这一时期由于南方特别是东南沿海地区二、三产业的快速发展，吸引了大量来自全国各地的就业人口，使得南方流动人口急剧增加，这又加重了南方粮食和禽肉产品供给的压力。这些都形成了北方粮食剩余南方不足的格局，从而推动了北粮南运的进程。

第三，南北方农村产业结构及资源报酬率不同，导致南北方对粮食生产要素投入形成差异。改革开放以来，南方二、三产业发展迅速，尤其是东南沿海的乡镇企业发展较快，南北方农村产业结构差异明显。例如，1984—1994年浙江农业总产值占农村社会总产值的比重下降了26.6个百分点，1994年非农产业产值占农村社会总产值的比重高达87.4%，比全国平均水平高13.1个百分点，比吉林高35.4个百分点。非农产业就业拉力的增强使粮食生产的机会成本升高，农民更愿意从事二、三产业进而代替粮食生产。而北方非农产业相对南方尤其是东南沿海地区要逊色得多，农民在非农部门就业门路狭窄，投资空间狭小。例如1994年河南农民来自非农产业的经营收入仅占10.67%，近40%的收入来源于粮食生产。就资源报酬率而言，南北方各自区域中粮食与农业其他各业在比较效益上存在着差异。南方气候资源具有多宜性，生产条件较好，加上价格政策因素作用，种植经济作物效益高于种植粮食作物，即种粮在农业内部各业中比较效益低；相反，北方种粮在农业内部各业中仍有一定优势，农民即使面对种粮效益下降也难有其他选择，导致北方的粮食生产逐渐形成了一定的区域比较优势。同时，南北方投入一、二、三产业的资源报酬率也存在较大差异，受利益驱动，南方农业资源向非农产业转移现象比北方严重，投入粮食生产的耕地、资金、劳动力等减少较多。这一时期南方粮食生产与二、三产业的发展发生了利益冲突，有着高资源报酬率的二、三产业必然要挤占粮食生产的资源。北方粮食生产的比较优势与南方经济发展过程中所形成的产业比较优势结合起来，迫使南方不得不通过空间资源置换来寻求其区域粮食安全保障。

第四，南北方粮食种植规模和规模效益的不同，致使南北方农民种粮劳均收入呈现出差异。南方人多地少，经营规模狭小。北方特别是东北地区人均耕地相对较多。人均经营耕地的差异使得南北方粮食劳动生产率存在差异，从而构成南北方每一劳动者粮食收益的差异，进而形成农户粮食生产经营行为的差异。东南沿海等南方部分经济发达地区不少农户种粮是保口粮，把种粮当作副业、当作福利保障，发展商品粮生产的积极性不高；而在北方，粮食增产是实现增收的重要途径，农户仍然有发展粮食生产的驱动力，这在一定程度上表现为商品生产行为，因而北方粮食生产能稳步发展。

4. 北粮南运和北出南进并存时期

自 20 世纪 90 年代中期以来，我国粮食流动格局发生了新的重大变化，由计划经济条件下的南粮北调和市场经济条件下的北粮南运演变为北粮南运为主导配合北出南进的流通格局。这一变化反映了我国粮食流通由以南北粮食双向互动为主的格局转变为国内国际联动的格局。这是我国进一步融入全球经济一体化的新形势下由市场主导充分利用国际国内两种资源和市场的结果，是粮食生产资源由国内空间转换向国际空间转换的结果。入世后，由于国内外粮食价格和质量方面的差异，在巨大的粮食调运成本的压力下，北方余粮减少了南运的数量，增加了出口，同时南方原有的对北方粮食的需求转向了国际市场，出现了北方粮食大量出口而南方粮食适量进口的变化（表 2-12）。尽管如此，北粮南运仍是我国在加入 WTO 后国内粮食流通的主导格局。

表 2-12　1996—2012 年中国粮食进出口变化情况

单位：万吨

	粮食进出口总量	粮食净进出口量	稻谷和大米	玉米	小麦
1996	124 (1083)	-959	27 (76)	16 (44)	(825)
1997	833 (417)	416	94 (33)	661	(186)
1998	888 (388)	500	374 (24)	469 (25)	(149)
1999	738 (339)	399	271 (17)	431 (7)	(45)
2000	1 378 (315)	1063	295 (24)	1047	(88)
2001	876 (344)	532	186 (27)	600	(69)
2002	1 482 (285)	1197	199 (24)	1167	(63)
2003	2 194 (208)	1986	262 (26)	1639	(45)
2004	473 (974)	-501	91 (76)	232	(726)
2005	1 014 (627)	387	69 (52)	864	(354)

（续）

	粮食进出口总量	粮食净进出口量	稻谷和大米	玉米	小麦
2006	605 (358)	247	124 (73)	310	(61)
2007	986 (155)	831	134 (49)	492	(10)
2008	181 (154)	27	97 (33)	27	(4)
2009	132 (315)	−183	79 (36)	13	(90)
2010	120 (571)	−451	62 (38.82)	13	(123.07)
2011	116 (545)	−429	51.57 (59.78)	13.61	(125.81)
2012	96 (1398)	−1 302	27.92 (236.86)	25.73	(370.10)

注：此处的粮食仅指谷物，括号内为进口数量。

资料来源：《中国统计年鉴》（1997—2013）。

2.2 中国粮食主产区空间格局变化的特征分析

2.2.1 粮食主产区在空间上相对集中

20 世纪 50 年代以来，中国粮食种植面积在不同区域发生了消长不同的变化。以浙江为例，粮食种植面积在 20 世纪 50 年代为 326.35 万公顷（1950—1959 年平均），到了 20 世纪 90 年代下降到 293.99 万公顷，到了 2012 年粮食种植面积进一步下降到 125.16 万公顷。广东等省的粮食种植面积变化与浙江具有相同的趋势。与此相反，北方的一些省份粮食种植面积则呈增长的趋势。以黑龙江为例，粮食种植面积在 20 世纪 50 年代为 604.76 万公顷，到了 90 年代扩大到 767.27 万公顷。2000 年以后，黑龙江的粮食种植面积继续呈扩大趋势，2012 年粮食种植面积达到了 1 151.95 万公顷，是 20 世纪 50 年代的 1.90 倍。在半个多世纪中，粮食种植面积呈增加趋势的省份有 9 个，包括内蒙古、吉林、黑龙江、江西、贵州、云南、西藏、宁夏、新疆。在种植面积增加的省份中，增幅也呈现较明显差别。例如，贵州、云南、宁夏等省份的种植面积与自身相比呈现较大增幅，但由于原来起点较低，所以增长后的种植面积占全国的比例相比不大，原来起点较高且增幅较大的省份主要位于东北地区（表 2-13）。

表 2 - 13　中国各省份粮食播种面积情况

单位：千公顷

	20 世纪 50 年代	20 世纪 60 年代	20 世纪 70 年代	20 世纪 80 年代	20 世纪 90 年代	2000—2012 年	2012 年
北京	547.57	505.38	566.21	513.52	444.85	205.81	193.87
天津	557.65	538.26	614.82	484.34	441.72	302.14	322.92
河北	7 502.66	7 252.20	7 846.54	6 871.11	6 970.19	6 294.81	6 302.37
山西	4 133.70	3 878.28	3 647.60	3 289.87	3 226.07	3 084.14	3 291.50
内蒙古	4 338.60	4 681.90	4 284.90	3 709.60	4 314.80	4 821.35	5 589.40
辽宁	4 235.85	3 824.55	3 513.45	3 101.94	3 057.42	2 989.75	3 217.35
吉林	4 238.83	3 984.30	3 758.00	3 476.91	3 557.23	4 189.76	4 610.30
黑龙江	6 047.60	6 294.40	7 040.30	7 237.90	7 672.70	9 620.97	11 519.54
上海	402.29	440.99	552.11	452.10	368.87	183.29	187.61
江苏	7 887.53	6 563.42	6 381.95	6 416.68	5 992.69	5 084.24	5 336.56
浙江	3 263.52	3 175.70	3 446.66	3 330.50	2 939.89	1 480.69	1 251.55
安徽	8 440.16	6 554.39	6 295.96	6 082.12	5 977.92	6 143.16	6 622.00
福建	1 982.69	1 897.80	2 206.84	2 017.77	2 035.10	1 405.97	1 201.13
江西	3 549.77	3 828.41	3 881.68	3 691.69	3 516.77	3 453.23	3 675.93
山东	11 261.10	9 735.40	9 189.50	8 073.70	8 107.03	6 956.32	7 202.33
河南	11 977.21	10 059.14	9 227.40	9 117.74	8 973.06	9 347.25	9 985.15
湖北	5 130.94	5 603.79	5 563.40	4 897.17	4 897.17	3 972.59	4 180.05
湖南	4 778.51	5 295.55	5 723.34	5 171.71	5 171.71	4 789.16	4 908.04
广东	5 164.64	4 678.57	4 903.09	4027.06	4 027.06	2 826.65	2 978.79
广西	3 853.36	3 658.82	4 153.75	3 649.42	3 649.42	3 253.45	3 069.10
四川	11 037.97	10 468.61	10 507.61	9 928.02	9 928.02	8 876.05	8 727.81
贵州	2 183.80	2 397.27	2 538.99	2 827.11	2 827.11	3 035.54	3 054.28
云南	2 954.53	3 373.91	3 508.60	3 700.71	3 700.71	4 194.86	4 399.57
西藏	133.44	172.24	194.22	193.61	193.61	179.53	170.86
陕西	4 659.74	4 738.66	4 410.70	4 016.50	4 016.50	3 276.66	3 127.53
甘肃	3 065.14	3 120.58	3 048.42	2 891.40	2 891.40	2 686.20	2 839.40
青海	361.74	467.68	438.18	388.38	388.38	276.89	280.18
宁夏	590	753.50	760.50	945.50	945.50	921.28	828.30
新疆	1 242.76	2 250.61	2 289.41	1 653.14	1 653.14	1 628.11	2 131.17

注：为保持数据的完整性和前后一致性，这里分别将重庆、海南数据加总到四川和广东省。

资料来源：根据各省份历年统计年鉴计算整理得出。

从粮食种植区划上看，粮食生产主要分布于长江中游区、黄淮海区和东北区，其中种植面积在 400 万公顷以上的省份有河北、内蒙古、吉林、黑龙江、江苏、安徽、山东、河南、湖南、四川；另外辽宁、江西、湖北 3 个省份的粮食种植面积也超过了 300 万公顷。这 13 个省份的粮食种植面积占全国粮食种植面积的 71.84%，产量占全国的 75.50%，成为中国的粮食主产区。

2.2.2 粮食生产与人口分布的地域分异加剧

粮食消费与人口分布密切相关，因此，对粮食生产与人口分布的空间格局进行对比，有助于理解粮食生产与粮食消费的空间差异。本书采用"粮食—人口"地理联系率指标来反映粮食生产与人口分布的空间集中度。地理联系率是反映两经济要素在地理分布上联系情况的指标。其计算公式如下：

$$G = 100 - \frac{1}{2}\sum_{i=1}^{n}|S_i - P_i| \qquad (2-1)$$

式中，G 为地理联系率；S_i 为第一要素占全国或全区同类要素的百分比；P_i 为第二要素占全国或全区同类要素的百分比。当 S_i 与 P_i 在地理上的分布较为一致时，G 较大，表明两要素的地理联系率较高；反之，当 S_i 与 P_i 的地理分布差异较大时，G 值较小，表明两要素地理联系不太密切。

从图 2-13 可以看出，20 世纪 60—80 年代初，中国"粮食—人口"的地理联系率基本都在 90% 以上，总体上呈波动上升的趋势。改革开放至 21 世纪初，中国"粮食—人口"地理联系率呈现出阶梯式下降的变化，于 2003 年左右开始持续下降，这表明粮食生产和人口分布的地理差异加大，即部分地区人口比重上升，而粮食产量比重下降。粮食生产与人口分布的地

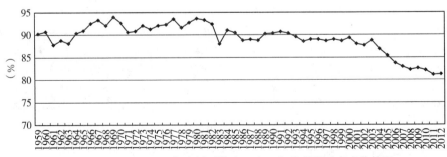

图 2-13　1959—2012 年中国"粮食—人口"地理联系率变化情况

域分异加剧，揭示了粮食生产与粮食消费的区域不平衡性，表明了粮食跨省区运输的客观要求，其结果势必影响粮食获取能力和获取成本。

2.2.3　粮食主产区向经济滞后区域集中

粮食生产是自然再生产与经济再生产交织的过程。一个地区粮食生产的变化是一个十分复杂的经济现象，会受到多种因素的影响。随着中国工业化与城市化的发展，农民非农收入与种粮收入差距而产生的比较收益的扩大正影响着农民的粮食生产行为。在经济发达的地区，由于当地农民的非农就业机会较多，农民从事粮食生产的劳动力机会成本较大，这就降低了农民的种粮积极性，致使这些发达地区粮食生产能力下降；反之，在经济欠发达地区，因农业劳动力的非农就业机会较少，农民种粮的机会成本较低，使得经济发展滞后区域呈现出粮食生产能力相对较强的特征。本书采用区位熵指标来分析粮食生产与经济发展的区域分化和集中状况。区位熵又称专门化率。所谓熵，就是比率的比率。它由哈盖特（P. Haggett）首先提出并运用于区位分析中。区位熵在衡量某一区域要素的空间分布情况，反映某一产业部门的专业化程度，以及某一区域在高层次区域的地位和作用等方面，是一个很有意义的指标。其计算公式如下：

$$I = \frac{G_i/G}{P_i/P} \qquad (2-2)$$

式中：G_i 为 i 省份粮食总产量；G 为全国粮食总产量；P_i 为 i 省份人口总量；P 为全国人口总量。

从图 2-14 可以看出，2012 年粮食区位熵大于 1 的省份包括河北、内蒙古、辽宁、吉林、黑龙江、安徽、江西、山东、河南、湖南、宁夏、新疆。说明这些省份的粮食除自给外，还可以输出到其他地区。图 2-14 将 2012年中国各省份的粮食区位熵与地区生产总值区位熵进行了对比，不难看出，粮食区位熵较高的地区，地区生产总值区位熵相对较低。例如黑龙江的粮食区位熵为 3.45，但地区生产总值区位熵只有 0.93，还没有达到全国的平均水平；吉林的粮食区位熵为 2.79，但地区生产总值区位熵只有 1.13，刚刚达到全国的平均水平。地区生产总值区位熵较高的地区，粮食区位熵相对较低。例如浙江的地区生产总值区位熵为 1.65，但粮食区位熵仅为 0.32；广东的地区生产总值区位熵为 1.40，但粮食区位熵仅为 0.30。

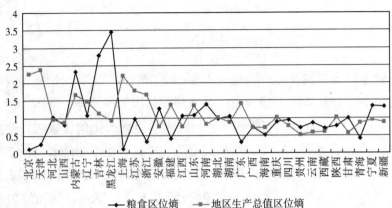

图 2-14　2012 年中国各省份粮食区位熵和地区生产总值区位熵情况

2.2.4　粮食主产区与主销区的空间距离加大

　　20 世纪 70 年代中期以来，粮食主产区的变化呈现出"南退北进"的态势，跨区域远距离运输问题凸显，致使粮食主产区和主销区的空间距离加大，该特征在玉米这种粮食作物中表现得尤为突出。目前，玉米种植面积减少的省份都位于长江中下游以南，而玉米增长幅度比较大的区域都位于北方的春玉米种植区域，玉米种植呈现了向高纬度产区集中的格局。玉米集粮经饲三种功能于一身，随着玉米主食功能的削弱，饲料成为主要的消费用途。2012 年，南方玉米产量在全国玉米总产量中的比重仅为 17.24%，这与猪牛羊肉产量占全国猪牛羊肉总产量比重 58.02% 的构成不适应，与此同时，20世纪 90 年代以来，南方早稻种植面积下降，产量减少，使得南方饲料用粮更为紧张。玉米生产区域的集中性与消费市场的广布性，使中国的玉米形成了较大的跨区域商品流量。从稻谷的情况看，粳米相对于籼米口感好，由于消费结构升级的示范效应，我国粳米的消费群体将会进一步扩大，稻谷消费中"以粳代籼"的倾向也会进一步发展。目前，我国不仅东北、华北、京津沪、江浙大部分地区以粳米为主食，就连中南、华南等地的大城市也出现了这种趋向，甚至在传统的以籼米为主食的南方地区，随着人民生活水平的提高和外来人口的增加，"以粳代籼"的趋势也会进一步强化。这种变化会加大稻谷产销区域分布的不均衡性，使稻谷跨区域远距离运输的需求进一步强烈起来。我国小麦的分布极为广泛，小麦生产主要集中于河南、山东、河北三省，2012 年三省小麦产量占全国小麦总产量的 55.32％，三省与全国大多数省份之间的空间距离较短，因此小麦跨区域远距离运输问题相对较小。总体看，粮食产销区空间距离的加大在客观上会激化粮食区域产销结构矛盾，增加粮食主产区流通成本，影响粮食市场竞争力。

2.3 中国粮食主产区空间格局变化的影响因素分析

2.3.1 理论框架与研究假设

中国粮食主产区空间格局变动是自然、经济与科技多种因素综合作用的结果。从理论上讲，影响中国粮食主产区空间格局发生变化的因素主要有以下几个方面。

1. 自然资源禀赋

这里主要指人均耕地资源对粮食主产区区域格局变化的影响。人均耕地面积代表将劳动和资本吸引到粮食生产上的力量。农村人均耕地资源丰富的省份，劳动与资本投在粮食生产上的报酬率比较高，农民有投资粮食生产的积极性，粮食产量会以比较快的速度增长。反之，农村人均耕地资源短缺的省份，劳动与资本投在粮食生产上的报酬率比较低，农民缺乏投资粮食生产的动力，粮食产量增长缓慢，甚至出现负增长。

2. 种粮比较效益

种粮比较效益影响农民的种粮积极性。种粮比较效益对粮食主产区空间格局变化的影响可以从非农收入比重和粮食与其他农作物的经济效益比两个方面进行分析。从非农收入比重看，非农产业就业拉力代表将劳动和资本脱离开粮食生产的力量。非农收入比重越高，农民种粮的机会成本越高，越缺乏投资粮食生产的积极性。反之，非农产业就业拉力小的省份，农户非农收入比重较小，由于受非农就业机会的限制和市场资源条件的制约，种粮收入仍将是其收入的主要来源，农户在粮食生产上仍然有投资的积极性，粮食产量会较快增长。从粮食与其他农作物的经济效益比看，在其他条件不变的情况下，根据收益最大化原则，农民会选择种植经济效益较高的农作物。

3. 农业科技进步

农业科技进步对粮食主产区演变的影响主要包括两个方面。一是粮食单产。粮食产量是粮食播种面积与粮食单产共同作用的结果，是影响粮食产量的一个重要因素。粮食单产水平能够反映粮食生产的物质（包括种子、化肥、农药、农膜、农业基础设施等）投入水平。即粮食单产的差异反映了农业科技进步的差异，这在一定程度上将影响到粮食生产的区域格局。二是复种指数。随着新科技的推广，特别是塑料薄膜的普遍使用，北方不少一年一熟的地区已经形成了一年两熟的新型耕作制度。可见，复种指数的提高能够扩大我国北方地区粮食生产的时间跨度，进而影响粮食主产区区域格局的重塑。

4. 社会需求的变化

改革开放以前，由于粮食供给不足，在多数情况下，农民用作物秸秆饲养牲畜，用于发展畜牧业的粮食非常有限。改革开放以来，随着人们生活水平的提高，市场需求有力拉动了畜牧业的快速发展。畜牧业的发展需要有粮食生产的强力支撑，需要不断拓展粮食的生产空间。

根据以上分析，本书提出以下 7 个研究假设：

假设 1：人均耕地面积对粮食生产集中度具有正效应。

假设 2：非农收入比重与粮食生产集中度呈负相关。

假设 3：粮食经济效益与粮食生产集中度呈正相关。

假设 4：粮食单产水平越高的地区，粮食生产集中度高的可能性越大。

假设 5：复种指数越高的地区，粮食生产集中度高的可能性越大。

假设 6：畜牧业越发达的地区，粮食生产集中度高的可能性越大。

2.3.2 模型构建及数据说明

1. 模型构建

根据上述理论分析框架和研究假设，构建粮食主产区空间格局变化的影响因素模型如下：

$$lcj_{it} = f(rgm_{it}, fns_{it}, jxb_{it}, ldc_{it}, fzz_{it}, rcl_{it}) \quad (2-3)$$

式中，lcj 表示粮食生产集中度；rgm 表示人均耕地面积；fns 表示非农收入比重；jxb 表示经济效益比；ldc 表示粮食单产；fzz 表示复种指数；

rcl 表示肉类产量；i 表示第 i 省；t 表示第 t 年。

2. 数据说明

鉴于数据的可得性，估计模型所采用的数据为 1988—2008 年分省的面板数据。为保持数据的完整性和前后一致性，分别将重庆、海南数据加总到四川和广东。分析中使用的粮食生产集中度用某地区粮食产量占全国粮食总产量的比重来表示；人均耕地面积用每乡村人口拥有的耕地面积来表示；非农收入比重用劳动者报酬收入占基本收入的比重来表示；由于部分地区粮食作物与其他农作物的经济效益数据缺失比较严重，本书用粮食播种面积占农作物播种面积的比重来间接反映经济效益比；粮食单产用各地区粮食产量除以粮食播种面积来求得；复种指数由农作物播种面积除以耕地面积得到。本书所使用的数据除耕地面积和乡村人口数来自《中国农村统计年鉴》外，其余均来自《中国统计年鉴》。

2.3.3　实证分析结果与讨论

本书运用 EViews6.0 经济计量软件对 1988—2008 年中国分省的面板数据进行处理。对于面板数据的分析，通常可以采用两种方法：一种是固定效应模型，即把截距项当作一个固定的未知参数，并且对不同地区赋予不同的截距（$\alpha_{it}=\alpha_i$；$E(\alpha_i\mu_{it})\neq0$）；一种是随机效应模型，即把截距项当作一个随机变量（$\alpha_{it}=\alpha+v_i$；$E(v_i\mu_{it})\neq0$），其中 v_i 是第 i 地区的特殊干扰项。根据经验判断（当不能把样本个体作为从一个大总体中随机抽样的结果时应采用固定效应模型）和经过豪斯曼检验（Hausman test），本书选择固定效应模型，其模型形式为：

$$lcj_{it}=\alpha_i+c_1 rgm_{it}+c_2 fns_{it}+c_3 jxb_{it}+c_4 ldc_{it}+c_5 fzz_{it}+c_6 rcl_{it}+\mu_{it}$$

$$(2-4)$$

估计结果见表 2-14。从表 2-14 可以看出，模型的拟合优度比较高，每一个解释变量都是显著的。各解释变量的系数与我们的预期比较相符。在固定效应模型中，人均耕地面积的系数为 1.339 702，表明在其他条件不变的情况下，人均耕地面积每增加 1 个单位，粮食生产集中度会增加 1.339 702；非农收入的系数为 -0.842 983，表明在其他条件不变的情况下，非农收入比重每增加 1 个单位，粮食生产集中度会减少 0.842 983；经济效益比的系数为 0.108 214，表明在其他条件不变的情况下，粮食作物播种面积占农作物播种面积的比重每增加 1 个单位，粮食生产集中度会增加 0.108 214；粮食单产的系数为 0.000 231，表明在其他条件不变的情况下，粮食单产每增加 1 个单位，粮食生产集中度会增加 0.000 231；复种指数的系数为 0.469 676，表明在其他条件不变的情况下，复种指数每增加 1 个单位，粮食生产集中度会增加0.469 676；肉类产量的系数为 0.000 742，表明在其他条件不变的情况下，肉类产量每增加 1 个单位，粮食生产集中度会增加0.000 742。总体来看，人均耕地面积、非农收入比重、经济效益比、粮食单产、复种指数、肉类产量所反映的自然资源禀赋、种粮比较效益、农业科技进步、社会需求变化都是影响中国粮食主产区空间格局变化的因素。从影响方向看，非农收入比重的影响是负向的，即随着非农收入比重的上升，粮食生产集中度不断下降，其余因素的影响是正向的。从影响程度看，人均耕地面积和非农收入比重的影响尤为突出。

表 2-14　固定效应模型估计结果

解释变量	系　数	t 检验值
人均耕地面积	1.339 702	5.579 885
非农收入比重	−0.842 983	−6.895 206
经济效益比	0.108 214	4.571 559
粮食单产	0.000 231	10.022 05
复种指数	0.469 676	7.497 316
肉类产量	0.000 742	3.538 425
调整后 R^2	0.985 249	
F 检验值	1 195.425	

注：固定效应模型中的系数都在 1% 水平下显著。

根据上述中国粮食主产区空间格局变化影响因素的实证分析结果，本书进一步深入研究中国粮食主产区空间格局变化的主要原因，将其归纳如下：

1. 种粮比较效益相对低下是粮食主产区萎缩的基本原因

改革开放以来，随着我国计划经济体制向市场经济体制转型的不断深入，南方沿海诸省发展外向型经济的区位条件优势日益凸显，获得国家丰厚政策资源的南方粮产区在土地以外的投资领域扩大，非农获利机会增加，农业比较收益下降，致使农民的资源配置行为发生了变化。经济发达的沿海地区尤其是东南沿海、长江三角洲地区在国家特殊优惠政策的支持下，非农产业特别是乡镇企业迅速发展，使农民家庭收入结构发生了重大变化。以浙江为例，近 30 年来浙江农民农业收入在纯收入中所占的比重大幅度下降，1978 年为 93.00％，2008 年减少至 17.83％，下降了 75.17 个百分点（图 2-15）。2008 年浙江农民人均纯收入为 9 257.93 元，远远高出全国平均 4 760.62 元的水平，然而从种植业生产中获得的收益仅占 9.97％，粮食生产在农民家庭纯收入中的地位已变得"微不足道"。与此同时，北方非农产业相对南方要逊色得多，就业水平低，农民投资空间选择狭小。以吉林为例，2008 年吉林农民家庭平均每人纯收入 4 932.74 元，农民来自非农产业的经营收入仅占 4.03％，种植业收入 2 593.31 元，占 28.01％。同时，由于投入第一、第二、第三产业土地的报酬率存在较大差异，土地用于粮食生产的机会成本越来越高，受利益驱动，南方沿海粮产区用于粮食生产的土地大量转用于利润更高的其他产业。如浙江 2008 年比 1978 年农作物总播种面积减少 227.77 万公顷，粮食作物播种面积减少 220.06 万公顷，分别以 1.59％和 2.11％的年均递减率快速下降。

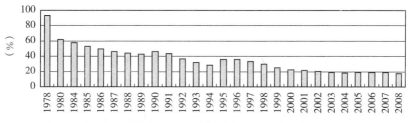

图 2-15　1978—2008 年浙江农村居民人均农业收入占纯收入的比重

从农业内部比较收益分析，粮食作物收益大大低于经济作物，1995 年全国粮食平均每亩减税纯收益为 251.28 元，2003 年仅有 97.27 元，下降了 61.29％。1990—2008 年粮食每亩收益与油料、棉花、烤烟、甘蔗、甜菜、桑蚕茧的比值为 1：1.11：3.10：2.28：2.42：1.56：4.91（表 2-15）。由于种植经济作物效益高于种植粮食作物，不可避免地会出现粮经作物争地的现象。但这种现象在南北方之间也存在差异。南方水热资源充足，气候资源具有多宜性，生产条件较好，加之价格政策因素的影响，种植经济作物的收益比种植粮食作物高出许多，导致粮食播种面积下降较多。北方受特定的自然条件、市场因素、加工规模等条件限制，种植经济作物往往不如种粮，农民即使面对种粮效益下降的困扰，但从总的趋势看，种植粮食不失为农民资源配置中的最基本的选择，即北方种粮在农业内部各业中尚有一定优势，因而粮食播种面积较稳定。

表 2 - 15　粮食生产比较利益

年份	粮食	油料	棉花	烤烟	甘蔗	甜菜	桑蚕茧
1990	1	1.37	4.42	2.89	5.96	2.37	8.25
1995	1	0.47	1.82	1.20	2.20	1.43	0.89
1998	1	0.59	2.14	0.20	2.58	1.25	2.39
2000	1	1.27	6.46	2.65	4.61	2.96	13.51
2001	1	0.51	1.39	1.87	3.22	1.41	7.22
2002	1	1.58	5.30	4.72	0.96	1.97	2.08
2003	1	1.38	5.59	2.42	1.09	1.06	3.19
2004	1	1.05	1.65	2.07	1.09	1.04	3.73
2005	1	0.97	2.46	2.54	2.25	1.35	5.05
2006	1	1.15	2.33	2.12	2.06	1.21	6.34
2007	1	1.61	2.33	1.95	1.74	1.20	3.48
2008	1	1.31	1.35	2.69	1.29	1.47	2.85
1990—2008	1	1.11	3.10	2.28	2.42	1.56	4.91

资料来源：根据历年《全国农产品统计汇编》计算整理得出。

2. 市场化、国际化、工业化和城镇化进程的区域差异性是粮食主产区空间格局变迁的重要原因

在计划经济年代长江三角洲、珠江三角洲地区和浙江、广东等东部沿海地区都是我国的粮食主产区。改革开放以来，这些地区率先成为市场化、国际化、工业化和城镇化快速推进的区域，大量的粮田转为工业和城镇建设用地，再加上外向型农业和高效经济作物的发展，使得这些地区的粮食种植面积锐减。同时随着市场化、国际化、工业化和城镇化进程的加快，这些地区成为吸纳中西部外来劳动力的主要区域，也成为中央财政收入的主要来源地。以广东为例，广东是我国最大的劳动力吸纳地，吸纳了全国跨省流动劳动力的 1/3 以上，而且流动人口的 90％以上集中在珠江三角洲地区，这些流动人口主要来源于湖南、四川、江西、重庆、湖北、贵州、河南等中西部地区。广东财政收入总量连续 20 年居全国首位，2010 年中央财政收入的 12％来源于广东。综上分析，这种粮地的减少和人口的增加，必然使这些市场化、国际化、工业化和城镇化快速推进的地区退出粮食主产区的行列。

3. 人地矛盾是粮食主产区空间格局变迁的客观原因

从耕地资源的地区分布来看，北方地域广阔，土地资源丰富，南方尤其是东南沿海人多地少。2008 年全国耕地最多的黑龙江有耕地 1 183.01 万公顷，占全国耕地总面积的 9.72％，超过了耕地面积最少的 10 个省份的总和。人均耕地面积前三位的省份分别是黑龙江、内蒙古、吉林，其人均耕地面积分别达到 0.309 公顷、0.296 公顷、0.202 公顷。人均耕地面积在 0.067 公顷以下的 9 个省份主要集中在东南沿海地区。东南沿海地区工业化和城市化进程较快，城镇扩展、交通建设占用了大量耕地。2008 年上海年内减少耕地占年末耕地总量的 6.39％，经济发达的广东和浙江人均耕地面积分别仅有 0.030 公顷和 0.038 公顷。北方与南方相比，具有人均耕地数量较多的优势，土地能够成为农民收入的主要来源，使得粮食增长具备了较充分的主体条件。

4. 社会需求的拉动是粮食主产区空间格局变迁的市场动因

我国的粮食需求主要来自于两个方面，一是人口的增长，二是膳食结构的不断改善。新中国成立以来，我国人口由 1949 年的 5.4 亿人增至 2008 年的 13.28 亿人，增加 7.88 亿人。即使不考虑经济增长带来的粮食需求增长的变化，全国粮食需求总量也为 1949 年的 2.46 倍。如考虑人们膳食结构改善因素，粮食总需求量的增长则更大。随着人民生活水平提高和膳食结构改善，城乡居民对动物性食品的消费需求不断增长。1957 年我国城乡居民主要动物性食品人均年消费量为猪肉 5.08 千克、牛羊肉 1.11 千克、家禽 0.5 千克、鲜蛋 1.26 千克；2008 年我国城乡居民主要动物性食品人均年消费量为猪肉 19.26 千克、牛羊肉 3.44 千克、家禽 8.00 千克、鲜蛋 10.74 千克，分别是 1957 年的 3.79 倍、3.10 倍、16.00 倍、8.52 倍（图 2 - 16）。城乡居民人均动物性食品消费量的增加从需求上拉动了我国饲料用粮的增长。1978 年我国饲料粮消费量为 4 575 万吨，2007 年达到 17 150 万吨，年均增长率为 4.7%。其中，饲料玉米为 9 800 万吨，占饲料粮的 57.1%。1978 年饲料粮占粮食总产量的比重仅为 15.0%，1990 年为 24.4%，1995 年为 31.2%，2007 年为 34.2%，29 年来，饲料粮占粮食总产量的比重提高了 19.2 个百分点。综上分析，粮食需求刚性增长态势明显，巨大的粮食需求压力势必推动粮食生产寻求更大的地域空间。

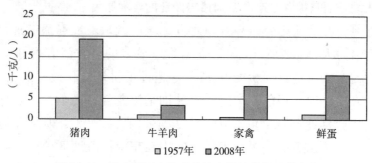

图 2-16　城乡居民人均动物性食品消费量及其变化

5. 农业科技进步为粮食主产区空间格局变迁提供了推动力

新中国成立以来，特别是改革开放以来，我国粮食主产区空间格局之所以发生变迁与农业科学技术的进步是密不可分的。其中最主要的是地膜技术的广泛应用和作物品种的更新换代。首先，随着植物保护技术和地膜的应用，北方许多地区的耕作制度得以改善，复种指数明显提高，在一定程度上克服了生长期较短的限制条件。如河南复种指数 1978 年为 153%，2008 年提高到 178%，30 年间提高了 25 个百分点。新的耕作制度的形成扩大了我国北方地区粮食生产的时间跨度，对北方地区扩大粮食面积起到了强有力的推动作用。同期，南方大多数多熟制地区复种指数降低，上海由 230% 降到 159%，江苏由 184% 降到 158%，浙江由 259% 降到 129%。同时，北方地区还大力引进推广玉米、小麦等优良品种，特别是玉米育种取得了突破性进展，杂交玉米品种在生产中广泛应用，1978—1998 年种植面积在 66.7 万公顷以上的玉米杂交种共 20 个，其中 20 年累积种植面积超过 667 万公顷的有 7 个。优良品种的技术支撑使北方地区的单产水平大为提高，北方粮食单产 1950 年为 898.24 千克/公顷，2008 年达到 4 828.73 千克/公顷，增加 4.38 倍（图 2-17）。总之，农业科学技术的发展与应用，农业生产条件的改善，显著提高了北方的土地生产率，为粮食主产区的演变提供了动力和保障。

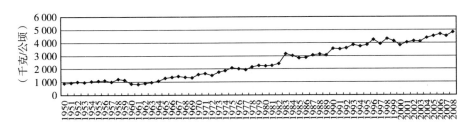

图 2-17　1950—2008 年北方粮食单产情况

2.4　本章小结

　　本章分析了中国粮食主产区演变的历史进程，概括总结了中国粮食主产区空间格局变化的特征，实证研究了中国粮食主产区空间格局变化的影响因素，探寻了带来这种变化的主要原因，得到以下结论：

　　（1）新中国成立以来，在不同的经济社会发展背景下，我国粮食生产的区域格局发生了相应的变化。从整体上看，我国粮食总体生产表现出由南方向北方集中，由东部向中部推进的趋向。北方粮食生产地位的加强主要得益于东北区和黄淮海区粮食产量在全国粮食总产量中所占比重的上升，而南方粮食生产地位的弱化主要是由东南沿海区粮食产量在全国粮食总产量中所占比重下降造成的。从主要粮食品种看，南方稻谷的生产地位有所弱化，但绝对优势没有动摇；北方玉米生产继续保持绝对优势；小麦生产持续向黄淮海区集中。

　　（2）新中国成立以来，中国粮食流向流量演变历程大致经历了南粮北调时期、南粮北调向北粮南运转变过渡时期、北粮南运时期、北粮南运和北出南进并存时期。新中国成立初期至 20 世纪 70 年代中期属于南粮北调时期。在这一时期，南粮北调的数量经历了由少到多的演变过程，50 年代流量较小，60 年代开始流量加大，但总体而言，调出量非常少，粮食输出水平不高。南方调往北方的粮食基本为稻谷，主要用作口粮，流向主要是北方京、津等大中城市、重工业基地、少数经济作物集中产区以及部分粮食生产条件较差的地区。这从根本上说是由当时的生产力水平决定的。南粮北调向北粮南运转变过渡时期大致从 20 世纪 70 年代中期开始至 20 世纪 80 年代中期结束。在此期间，南北方之间粮食流动主要表现为数量较大的品种调剂，即南方稻谷继续流入北方，北方玉米流向南方的量逐渐增大。进入 20 世纪 80 年代中后期，南北方之间粮食流向流量发生了重大的历史性转折，逐步形成了北粮南运的新格局。至 20 世纪 90 年代中前期，中国粮食区际流动基本完成了北粮南运的历史性变化。从南北方粮食流动的品种看，主要是稻谷和玉米，即南方主要输出稻谷，北方主要输出玉米。随着北方粮食生产能力的提高，南方粮食生产的徘徊，20 世纪 80 年代中期开始，北方玉米流向南方的量已远大于南方稻谷流向北方的量。"南粮北调"转变为"北粮南运"是多种因素共同作用的结果。其直接原因是南北方粮食生产发展与消费增长及结构不适应。其深层次原因是随着农村市场化改革的深化，市场成为资源配置的主导力量，在南北方社会、经济和技术条件不同的背景下，南北方区域经济发展中粮食生产的比较优势呈现出差异，南北方按照各自区域的利益格局重组资源的结果。自 20 世纪 90 年代中期以来，我国粮食流动格局由计划经济条件下的南粮北调和市场经济条件下的北粮南运演变为北粮南运为主导配合北出南进的流通格局。

（3）中国粮食主产区空间格局变化呈现出如下特征：一是粮食主产区在空间上相对集中；二是粮食生产与人口分布的地域分异加剧；三是粮食主产区向经济滞后区域集中；四是粮食主产区与主销区的空间距离加大。

（4）本书运用 EViews6.0 经济计量软件采用固定效应模型对中国粮食主产区空间格局变化的影响因素进行了实证分析。研究结果表明人均耕地面积、非农收入比重、经济效益比、粮食单产、复种指数、肉类产量都是影响中国粮食主产区空间格局变化的因素。从影响方向看，非农收入比重的影响是负向的，即随着非农收入比重的上升，粮食生产集中度不断下降，其余因素的影响是正向的。从影响程度看，人均耕地面积和非农收入比重的影响尤为突出。

（5）根据中国粮食主产区空间格局变化影响因素的实证分析结果，归纳出这种空间格局变化的原因。其中种粮比较效益相对低下是粮食主产区萎缩的基本原因，市场化、国际化、工业化和城镇化进程的区域差异性是粮食主产区空间格局变迁的重要原因，人地矛盾是粮食主产区空间格局变迁的客观原因，社会需求拉动是粮食主产区空间格局变迁的市场动因，农业科技进步为粮食主产区空间格局变迁提供了推动力。

第三章 中国粮食主产区差异分析

3.1 中国粮食主产区区域经济差异综合评价

2003 年 12 月财政部下发的《关于改革和完善农业综合开发政策措施的意见》中，依据各地主要农产品的产量等主要指标确定了黑龙江、吉林、辽宁、内蒙古、河北、河南、山东、江苏、安徽、江西、湖北、湖南、四川等 13 个省份为我国的粮食主产区。这些省份是我国农业生产特别是粮食生产的主体，在保障国家粮食有效供给、稳定大局中具有决定性的作用。粮食主产区多以经济欠发达为主要特征，但随着改革开放的不断深入，区域内各省份的经济发展状况出现了差异，导致经济发展相对较快的地区粮食商品化程度下降。评价区域内各省份的经济差异，根据自然条件、市场区位、产业发展基础等综合因素，因地制宜地制定扶持政策，对确保国家粮食安全，提升区域整体实力，打造坚实可靠的粮食主产区十分必要。

3.1.1 中国粮食主产区区域经济发展评价指标体系的确立

在遵循科学性、全面性、可比性和可操作性的原则下，本书以粮食主产区 13 个省份经济发展情况为样本，从经济发展与增长、城市化程度、产业结构、社会发展等方面入手，选取了 9 项主要评价指标（图 3-1）。

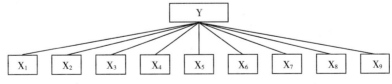

图 3-1 粮食主产区区域经济发展水平评价指标体系

Y 表示区域经济发展水平；X_1 表示人均地区生产总值，反映区域经济发展一般水平；X_2 表示城镇人口占总人口比重，反映区域的城市化水平；

表 3-1 2008 年中国粮食主产区区域经济发展水平评价指标数据

	人均地区生产总值（元）X₁	城镇人口占总人口比重（%）X₂	地方财政一般预算收入（亿元）X₃	全社会固定资产投资额（亿元）X₄	人均第三产业产值（元）X₅	城乡居民人民币储蓄存款（亿元）X₆	社会消费品零售总额（亿元）X₇	卫生机构数（个）X₈	人均邮电业务总量（元）X₉
河北	23 239.0	41.9	947.6	8 866.6	7 692.9	11 434.7	4 880.4	15 632.0	1 513.7
内蒙古	32 214.0	51.7	650.7	5 475.4	10 703.4	3 211.7	2 363.3	7 162.0	1 932.5
辽宁	31 259.0	60.1	1 356.1	10 019.1	10 770.5	10 154.7	4 917.5	14 627.0	1 915.9
吉林	23 514.0	53.2	422.8	5 038.9	8 934.6	3 923.1	2 484.3	9 659.0	1 685.6
黑龙江	21 727.0	55.4	578.3	3 656.0	7 464.1	5 545.1	2 838.6	7 928.0	1 583.0
江苏	39 622.0	54.3	2731.4	15 300.6	15 042.3	16 718.7	9 661.4	13 357.0	2 060.5
安徽	14 485.0	40.5	724.6	6 747.0	5 409.5	5 647.5	2 965.5	7 837.0	917.2
江西	14 781.0	41.4	488.6	4 745.4	4 557.0	4 166.2	2 082.8	8 229.0	1 122.2
山东	33 083.0	47.6	1 957.1	15 435.9	11 009.1	14 382.2	10 381.2	14 973.0	1 592.4
河南	19 593.0	36.0	1 008.9	10 490.6	5 590.3	9 515.8	5 662.5	11 683.0	1 192.7
湖北	19 860.0	45.2	710.8	5 647.0	8 031.5	6 745.4	4 965.8	10 305.0	1 250.7
湖南	17 521.0	42.2	722.7	5 534.0	6 608.4	6 549.5	4 119.7	14 455.0	1 205.9
四川	15 378.0	37.4	1 041.7	7 127.8	5 345.3	9 646.7	4 800.8	20 738.0	1 148.1

资料来源：《中国统计年鉴》（2009）。

X_3 表示地方财政一般预算收入，反映区域经济实力与公益实施建设能力；X_4 表示全社会固定资产投资额，反映区域第一、第二、第三产业和基础设施项目投入情况；X_5 表示人均第三产业产值，反映区域产业结构；X_6 表示城乡居民人民币储蓄存款，反映区域人民生活水平；X_7 表示社会消费品零售总额，反映区域内居民消费水平和购买能力；X_8 表示卫生机构数，反映城市舒适度；X_9 表示人均邮电业务总量，反映区域内信息产业和高新产业发展水平。原始资料如表 3-1 所示。

3.1.2 中国粮食主产区区域经济发展的因子分析

因子分析法（Factor Analysis）是探讨在存在相关关系的变量之间是否存在不能直接观察到但对可观察变量起支配作用的潜在因子的分析方法。具体地说，因子分析就是用较少个数的公共因子的线性函数和特定因子之和来表达原来观测的每个变量，从研究相关矩阵内部的依赖关系出发，把一些具有错综复杂关系的变量归纳为少数几个综合因子的多变量统计分析方法。因子分析法因子模型为：

$$\begin{cases} X_1 = a_{11}F_1 + a_{12}F_2 + \cdots + a_{1m}F_m + \varepsilon_1 \\ X_2 = a_{21}F_1 + a_{22}F_2 + \cdots + a_{2m}F_m + \varepsilon_2 \\ \cdots\cdots \\ X_p = a_{p1}F_1 + a_{p2}F_2 + \cdots + a_{pm}F_m + \varepsilon_p \end{cases} \quad (3-1)$$

其矩阵形式：

$$\begin{pmatrix} X_1 \\ X_2 \\ \vdots \\ X_p \end{pmatrix} = \begin{pmatrix} a_{11} & a_{12} & \cdots & a_{1m} \\ a_{21} & a_{22} & \cdots & a_{2m} \\ \vdots & & & \\ a_{p1} & a_{p2} & \cdots & a_{pm} \end{pmatrix} \begin{pmatrix} F_1 \\ F_2 \\ \vdots \\ F_m \end{pmatrix} + \begin{pmatrix} \varepsilon_1 \\ \varepsilon_2 \\ \vdots \\ \varepsilon_p \end{pmatrix}$$

简记为：　　$\underset{(p \times 1)}{X} = \underset{(p \times m)}{A} \times \underset{(m \times 1)}{F} + \underset{(p \times 1)}{\varepsilon}$　　　$(3-2)$

$X = (X_1, X_2, \cdots, X_p)$ 是可实测的 p 个指标所构成的 p 维随机向量。$(F_1, F_2, \cdots, F_m)$ 叫做公共因子（或称为主因子），它们是在各个原观测变量的表达式中都共同出现的因子，是相互独立不可观测的理论变量。矩阵 $A = a_{ij}$ 称为因子载荷矩阵，其中元素的绝对值越大表明 X_i 与 F_j 相依程度越大。ε＝（ε₁，ε₂，…，εₚ）称为特殊因子，在模型中起着残差的作用。为了使 X_i 与 F_j 相关关系更醒目、突出，可进一步进行因子旋转，使 X_i 与 F_j 中某些因子相关关系更强，而与 F_j 中其他因子相关更弱。经过因子旋转后的因子负载阵可以大大提高因子的可解释性。根据与某 n 个相关关系较强的指标给该因子赋予的综合经济意义，用一定的方法可计算因子得分系数阵和主因子的得分。因子得分值可以用来代替原来的变量用于后续的分析。

因子分析的主要应用有两个方面：一方面是寻求基本结构，简化观测系统，即构造一个因子模型，确定模型的参数，然后根据分析结果进行因子解释；另一方面是对变量或样本进行分类，对公共因子进行估价并进一步分析。

为了消除由观测量纲的差异所造成的影响，本书对所选指标数据进行标准化，使标准化后的变量均值为 0，方差为 1，然后对标准化后的数据利用 spss 统计分析软件进行数据计算，该组数据 KMO＝0.735，显然适合做因子分析。

1. 确定解释因子

方差贡献率是衡量公共因子相对重要程度的指标，方差贡献率越大，表明该公共因子相对越重要，或者说方差越大表明公共因子对变量的贡献越大。据表 3-2，前 2 个因子的累计方差贡献率达到 89.624%，表明前 2 个主因子反映了原来 9 个指标的 89.624% 的信息量，前 2 个因子已经足够描述经济发展的总体水平。各因子旋转后的方差贡献率说明，因子 1 和因子 2 可以解释原始信息的能力分别是 47.740% 和 41.884%。

表 3-2　最终因子特征根值与贡献率

最终因子	特征根值	方差贡献率（%）	累积方差贡献率（%）
1	4.297	47.740	47.740
2	3.770	41.884	89.624

2. 建立因子载荷矩阵

本书采用主成分分析法计算因子载荷矩阵，取前两个特征值及相应的特征向量，建立因子载荷阵并对其实行方差最大旋转（表 3-3）。由表 3-3 中旋转后的因子载荷矩阵可以看出，第一个主因子在 X_6、X_7、X_4、X_3、X_8 上有较大的载荷值，这几个指标分别从经济规模、经济结构、人民生活和基础设施方面来反映经济发展状况，可将其定义为综合实力因子。第二个主因子在 X_9、X_2、X_5、X_1 上有较大载荷值，该因子从一定程度上反映了城市经济水平、城市化进程水平和产业结构协同状况，可将其定义为发展潜力因子。

表 3-3　旋转后因子载荷矩阵表

	1	2
城乡居民人民币储蓄存款（X_6）	0.961	0.199
社会消费品零售总额（X_7）	0.932	0.243
全社会固定资产投资额（X_4）	0.910	0.299
地方财政一般预算收入（X_3）	0.870	0.428
卫生机构数（X_8）	0.727	−0.254
人均邮电业务总量（X_9）	0.149	0.949
城镇人口占总人口比重（X_2）	−0.148	0.922
人均第三产业产值（X_5）	0.407	0.893
人均地区生产总值（X_1）	0.429	0.856

3. 计算因子得分

为了考察各地区的发展状况，并对其进行分析和综合评价，根据主因子得分系数矩阵，采用回归方法求出因子得分函数。由系数矩阵将两个公因子表示为 9 个指标的线性形式，因子得分函数为：

$$F_1 = 0.013X_1 - 0.152X_2 + 0.191X_3 + 0.217X_4 + 0.006X_5 +$$
$$0.243X_6 + 0.230X_7 + 0.233X_8 - 0.072X_9 \qquad (3-3)$$

$$F_2 = 0.229X_1 + 0.310X_2 + 0.031X_3 - 0.014X_4 + 0.234X_5 -$$
$$0.052X_6 - 0.035X_7 - 0.168X_8 + 0.283X_9 \qquad (3-4)$$

以各公因子对应的方差贡献率为权数计算如下综合统计量：

$$F = \frac{\lambda_1}{\lambda_1 + \lambda_2}F_1 + \frac{\lambda_2}{\lambda_1 + \lambda_2}F_2 = 0.533F_1 + 0.467F_2 \qquad (3-5)$$

4. 综合评价

通过上述公式得出各省份经济发展水平综合得分（表 3-4）。由表 3-4 数据可见：在第一主因子——综合实力因子上，山东得分最高，其次为江苏，两省得分值远远高于其他粮食主产省份。山东和江苏作为中国改革开放的前沿，由于其得天独厚的地理和人文条件以及国家政策上的支持，社会经济发展迅速。2008 年两省全社会固定资产投资额分别位居全国第一位和第二位；江苏的地方财政一般预算收入和城乡居民人民币储蓄存款仅次于广东，位居全国第二位，山东的这两项指标分别位于全国第四位；山东和江苏的社会消费品零售总额分别位于全国的第二位和第三位。在第二主因子——发展潜力因子上，江苏得分居榜首，其人均地区生产总值居全国最高水平之列，第一产业产值占地区生产总值的比重为粮食主产区最低。表明江苏城市发展水平好，产业结构比较合理。总体来看，评价值为正，高于平均水平的有 4 个省份，评价值由高到低依次为江苏、山东、辽宁和河北，说明这些省份经济发展水平高于粮食主产区平均水平；评价值为负，低于平均水平的有 9 个省份，评价值由高到低依次为内蒙古、河南、四川、吉林、湖北、黑龙江、湖南、安徽和江西，这些省份基础设施相对落后，工业和第三产业欠发达，农业人口占据了很大的比重。其中位于第一位的江苏与最后一位的江西相比，两者相差 2.48。综上所述，粮食主产区内部区域经济差异显著，地区经济发展水平总体不平衡，经济发达地区第一产业比重不断下降，人均收入高，生活条件相对优越，粮食商品化程度低，随着工业化、城市化进程的不断推进，种粮农户会因为种粮经济效益低而失去粮食种植的动力。因此，十分有必要根据粮食主产区内部经济发展梯度特征，有针对性地实施不同的区域政策，遏制粮食主产区不断缩小的趋势，确保中国粮食的有效供给。

表 3-4　因子得分及排名

地区	F_1	排名	F_2	排名	F	排名
河北	0.512 91	5	−0.411 31	8	0.081 30	4
内蒙古	−1.218 74	12	1.297 58	2	−0.043 62	5
辽宁	0.142 55	6	1.185 76	3	0.629 73	3
吉林	−1.110 62	11	0.655 15	4	−0.286 00	8
黑龙江	−1.146 78	13	0.558 05	5	−0.350 63	10
江苏	1.676 67	2	1.589 64	1	1.636 03	1
安徽	−0.503 21	9	−0.941 89	11	−0.708 07	12

（续）

地区	F_1	排名	F_2	排名	F	排名
江西	−0.885 63	10	−0.794 14	10	−0.842 90	13
山东	1.688 06	1	0.362 82	6	1.069 18	2
河南	0.520 66	4	−0.994 56	12	−0.186 94	6
湖北	−0.332 07	8	−0.271 34	7	−0.303 71	9
湖南	−0.116 59	7	−0.767 65	9	−0.420 64	11
四川	0.772 78	3	−1.468 23	13	−0.273 77	7

3.2　中国粮食主产区粮食生产能力差异分析

3.2.1　中国粮食主产区粮食生产的战略地位

1. 我国粮食安全的国际环境

　　粮食安全问题虽然存在于人类社会的整个历史进程中，但成为人们关注和研究的焦点和国际社会所追求的核心政策目标，则始于 20 世纪 70 年代，其直接动因是 1972—1974 年爆发的世界范围的粮食危机。正是在这个背景下，联合国粮农组织于 1974 年 11 月在罗马世界粮食大会上提出了粮食安全的概念，即"保证任何人在任何时候都能够得到为了生存和健康所需要的足够食品"。要求各国采取措施，保证世界谷物年末最低安全系数，即当年末谷物库存量至少相当于次年谷物消费量的 17%～18%，其中 6% 为缓冲库存、11%～12% 为周转库存，周转库存相当于两个月左右的口粮消费，以便衔接下一季度的谷物收成。凡一个国家谷物库存安全系数低于 17% 则为谷物不安全，低于 14% 则为谷物处于紧急状态。随着全球社会、经济的发展，以及粮食供求状况的变化，1983 年联合国粮农组织又对粮食安全的概念进行了修正，即"粮食安全的最终目标是确保所有人在任何时候既能买得到又能买得起他们所需要的基本食品"。这一定义主要包括三层含义："一是确保生产足够数量的粮食；二是最大限度地稳定粮食供应；三是确保所有需要粮食的人都能获得粮食。"1996 年 11 月，联合国粮农组织在罗马召开的第二次世界粮食首脑会议上通过了《世界粮食安全罗马宣言》和《世界粮食首脑会议行动计划》，对粮食安全的定义作了新的表述："只有当所有人在任何时候都能在物质上和经济上获得足够、安全和富有营养的食物，来满足其积极和健康生活的膳食需要及食物喜好时，才实现了粮食安全。"包括个人、家庭、国家、区域和世界各级实现粮食安全。这一概念又在之前基础上加入了质量上的需求。粮食安全概念的变化说明，粮食安全的内涵和外延与不同时期的国际情况紧密相连，是一个动态的、发展变化的国际性概念。然而，无论是以国际组织所祈盼的目标还是实践所收获的效果来衡量，目前全球粮食安全依然没有解除危机，甚至某些指标还在恶化。

(1) 全球粮食问题严峻。21 世纪以来，全球粮食供求关系发生了两个关键性变化：一是进入 21 世纪以来，世界粮食产量的增长明显低于粮食需求量的增长。经合组织和联合国粮农组织联合研究报告《2007—2016 农业展望》指出，2001/2002 年度至 2005/2006 年度，世界大米的平均产量为 40 360 万吨，而同期大米的平均消费量达到 41 820 万吨，大米的消费量明显超过了大米的生产量；当期小麦的生产量为 59 450 万吨，小麦的消费量达 60 880 万吨，小麦消费量明显大于生产量；当期粗粮的平均产量为 95 020 万吨，同期粗粮平均消费量为 94 870 万吨，粗粮消费量略低于粗粮生产量。在这五年期间，以小麦、玉米和其他粗粮为主的粮食平均生产量为 194 830 万吨，而同期的粮食平均消费量为 197 570 万吨，粮食消费量明显超过了粮食生产量。根据美国农业部测算，近 10 年全球谷物消费需求增加 220 百万吨，而谷物产量仅增加 100 百万吨，2007/2008 年度，全球谷物产需缺口达 20 百万吨，粮食供求紧张，粮食危机短期内难以取得实质性缓解。二是全球粮食库存储备不足，库存消费比下降，粮食库存对粮食安全的保障能力降低。21 世纪以来，随着世界粮食需求超过粮食供给，一些国家动用粮食储备较多，很快导致世界粮食库存下降，年均下降 3.4%。1999 年世界粮食储备量约 6 亿吨，相当于 115 天的世界粮食消费量。2007 年，世界粮食储备量降至 3.09 亿吨，仅相当于 54 天的世界粮食消费量。根据联合国粮农组织的数据显示，2007/2008 年度世界粮食储备只有 4.05 亿吨左右，降至 1980 年以来的最低水平，仅够全球人食用 8~12 周，库存消费比低于 15%，跌破国际社会公认的世界粮食库存消费比 17%~18% 的安全线，世界已缺乏运用粮食储备来调控粮食市场的能力。

(2) 粮食价格仍处于较高水平。借助于需求增加和大宗资源价格上升的力量，国际市场粮价最近几年一路扶摇直上。虽然金融危机的爆发让粮食价格发生"夭折"，但目前仍处于历史高位。2007 年国际市场具有代表性的玉米、大米和小麦的年均价格分别为 164 美元/吨、334 美元/吨和 264 美元/吨，比 2000 年分别上涨了 86％、62％和 120％。2008 年国际市场粮价出现了加速上涨的趋势，与 2007 年同期相比，芝加哥商品交易所小麦价格涨幅达到 140％，稻米价格涨幅达到 80％。据 OECD 和 FAO 联合发布的《2009—2018 农业展望》报告，粮价总体水平目前远高于 10 年平均水平，一些粮食的价格比 1998—2008 年的水平高出了一倍。2011 年世界主要粮食价格指数的平均值为 228，创下 1990 年以来的新高。但主要粮食价格指数在 2010 年 2 月达到历史最高值的 238 之后，已经呈现了下降的态势。2011 年 12 月的指数为 211，环比下降 2.4％，跌至 2010 年 10 月以来的最低点，较 2010 年 2 月份的空前高位下跌约 11％。全球粮食价格微降主要是由于谷物丰收，但整体来看，国际粮食价格仍滞留于高位。

（3）饥饿人口依然处于高位。长期以来，饥饿问题一直困扰着人类。尽管 1996 年世界粮食首脑会议和 2000 年的联合国千年峰会都确立了在 2015 年之前将世界饥饿人口减半的目标，但 21 世纪以来，全球饥饿人口依然处于高位。根据联合国粮农组织资料表明：2000 年全球有 8 亿人处于饥饿状态，2007 年达到 9.23 亿人，2009 年达到 10.23 亿人，比 2008 年增加了 11％，创历史新高。2010 年由于世界范围内特别是发展中国家出现的经济复苏以及粮价从 2008 年的高位滑落等因素，全球饥饿人口出现了 15 年来的首次下滑，由 2009 年超过 10 亿人的峰值回落至 9.25 亿人，比 2009 年减少了 9 800 万人。但世界上每 7 个人中仍有 1 人在挨饿。由于人口的非均衡增长造成了粮食分配与消费的结构性失衡，目前世界饥饿人口的 98％分布在发展中国家，特别是亚洲、太平洋和南部非洲地区。据粮农组织发布的《2010 年世界粮食不安全状况》报告，2010 年饥饿人口在所有发展中地区均有所下降，但亚太地区依然是饥饿人口最多的地区，饥饿人口约为 5.78 亿人；非洲撒哈拉以南地区的饥饿人口约为 2.39 亿人；拉丁美洲和加勒比地区的饥饿人口约为 5 300 万人；近东和北非地区饥饿人口约为 3 700 万人（图 3-2）；发达国家饥饿人口约为 1 900 万人。目前，全球饥饿人口仍占世界人口的 16％。消除极端贫困和饥饿，实现千年发展目标仍面临巨大困难。

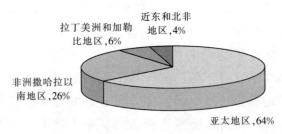

图 3-2　2010 年世界饥饿人口在发展中国家的地区分布情况

综上所述，在全球人口增长、耕地和水资源约束加剧、全球气候变暖、自然灾害频发、生物质能源开发、发达国家的巨额农业补贴以及农业跨国公司对粮食的垄断和炒作等因素的影响下，全球粮食供求将长期趋紧，人类正面对近代史上最严峻的粮食问题。中国是世界第一人口大国，其粮食生产状况在全球经济、政治和外交中发挥着重要作用。中国的粮食问题，不仅是中国的问题，而是世界性的问题。

2. 我国粮食供需紧平衡

近年来，我国粮食生产呈现出良好的发展势头，粮食产需缺口不断缩小。但由于我国人口多、耕地少、淡水资源短缺、生态环境脆弱，农业仍然是国民经济的薄弱环节。从长远看，我国实现粮食供求总量基本平衡，确保国家粮食安全的任务十分艰巨。

（1）粮食生产资源越来越短缺。我国是一个资源约束型国家。粮食是土地和水资源密集型产品，发展粮食就意味着占用并消耗较多的耕地和水资源。资源不足严重制约我国粮食综合生产能力的提高，稳定增加粮食供给将面临相当大的压力。我国是一个耕地不足的国家，受农业结构调整、自然灾害损毁、生态退耕和非农建设占用等影响，我国耕地资源逐年减少。1996—2008 年我国耕地面积减少 1.25 亿亩[①]，目前人均占有耕地 1.38 亩，只有世界平均水平的 40%，并呈现出如下特点：①耕地分布极不均衡。人均耕地面积大于 0.13 公顷的省份主要分布在东北和西北。南方四省（浙江、江苏、福建、广东）和北京、天津、上海人均耕地面积不足 0.067 公顷。全国有近 1/3 的县人均耕地面积低于联合国粮农组织确定的 0.053 公顷的警戒线。

---

① 亩为非法定计量单位，1 亩＝1/15 公顷，下同。——编者注

②耕地质量不高。长江流域及其以南地区，水资源量占全国的80%，耕地却仅占全国的38%。淮河流域及其以北地区，水资源量不足全国的20%，但耕地却占到全国的62%。水资源与耕地的严重错位分布使全国有水资源保证和灌溉设施的耕地不足40%。③耕地退化严重。目前全国有30%左右的耕地受到不同程度的水土流失危害。在中国干旱、半干旱地区有40%的耕地出现不同程度的退化。④耕地负荷率较高。目前我国耕地的垦殖率平均为14%，北方地区高达32.6%，而世界耕地的垦殖率只有11%，这种状况不利于耕地的休养生息和培肥地力。随着经济社会发展和城镇化进程的加快，预计今后建设用地每年仍然要占用部分耕地，这必然加剧粮食生产的资源短缺局面，尤其是粮食主产区在推进城镇化进程中，将在很大程度上削弱粮食增产能力的提高。我国淡水资源严重不足，水资源短缺状况有进一步恶化的趋势。目前我国人均水资源占有量不足2 200立方米，不到世界平均水平的28%；降水时空分布不均衡，南方水多北方水少，全国80%多的水资源集中在南方地区，北方不到20%，造成北方用水紧张和地下水资源的过度开采；水土资源不匹配，东北和黄淮海地区粮食产量占全国的53%，但水资源却极度匮乏，每年农业生产缺水200多亿立方米。黄淮海平原水资源供需缺口率高达6%～17.2%。其中黄淮海区每亩耕地水资源量307立方米，为全国平均水平的1/5，东北地区每亩耕地水资源量399立方米，为全国平均水平的1/3（表3-5）。根据预测，到2030年前后，我国可用水量可能达到极限值，有可能发生资源型水危机，水资源对粮食生产的制约将更为突出，这将对我国中长期粮食安全构成极大威胁。可见，耕地和水资源不足的刚性约束是我国提高粮食综合生产能力的关键性"障碍"。

表3-5 2010年中国各区域水资源状况

	水资源量（亿立方米）	人均水资源量（立方米/人）	单位耕地水资源量（立方米/亩）
全国	30 906.4	2 310	1 693
东北区	2 146.9	2 041	766
黄淮海区	1 015.2	257	335
长江中游区	6 373.6	2 950	2 902
东南沿海区	5 950.2	2 539	3 964

（续）

	水资源量 （亿立方米）	人均水资源量 （立方米/人）	单位耕地水资源量 （立方米/亩）
西北区	823.5	653	337
西南区	7 761.1	3 121	2 141
蒙新区	1 501.6	3 351	1 081
青藏区	5 334.1	83 453	46 888

资料来源：根据 2011 年《中国统计年鉴》计算整理得出。

（2）粮食消费需求增长的压力与日俱增。粮食消费需求的变化主要受人口增长和消费结构变化的影响。作为生活必需品，粮食具有较强的不可替代性，其需求弹性较小，因此人口增长将推动粮食消费量的刚性增长，成为影响粮食安全的因素之一。据有关部门测算，2020 年我国人口将达到 14.5 亿人，粮食需求总量将达到 5 725 亿千克。按照粮食自给率 95% 以上测算，2020 年粮食综合生产能力需要达到 5 400 亿千克以上。国内粮食产需缺口将进一步扩大。此外，粮食消费结构的升级也将对粮食生产提出新的要求。燃料酒精、生物柴油等以粮食为原料的深加工业发展势头较猛，如果不进行有效控制，将刺激粮食消费需求的增长。

（3）调动农民种粮积极性的难度增大。近年来，国家出台了一系列支农惠农政策，如粮食直补、良种补贴、农机具购置补贴、农业生产资料价格综合补贴，农村税费改革，最低收购价制度等。这些政策极大地调动了农民的种粮积极性，粮食产量逐年增长。但目前进一步调动农民的种粮积极性也存在一定困难。首先，由于粮食比较效益较低，种粮不如打工、不如种经济作物，加之化肥、农药、燃油等生产资料价格上涨和人工成本上升，农民种粮成本大幅度增加，使得农民种粮积极性后劲不足。随着我国工业化、城镇化进程的加快，农村外出务工人员增多，农业劳动力呈现结构性紧缺，给粮食生产带来了不利影响。其次，由于种粮对本地区经济发展的贡献率比较低，因此地方政府发展粮食生产的积极性不高。最后，我国目前仍没有形成激励农民发展粮食生产的长效机制。这些原因均使得保护农民种粮积极性、保持粮食生产稳定发展的难度加大。

（4）粮食生产能力与消费需求区域差别较大。我国的粮食主产区包括黑龙江、辽宁、吉林、内蒙古、河北、江苏、安徽、江西、山东、河南、湖北、湖南、四川13个省份，平衡区包括山西、广西、重庆、贵州、云南、西藏、陕西、甘肃、青海、宁夏、新疆11个省份，主销区包括北京、天津、上海、浙江、福建、广东、海南7个省份。目前，13个粮食主产区产大于需，余粮较多；7个主销区粮食产不足需，且缺口较大。2010年，13个主产区粮食产量占全国总产量的75.36%，7个主销区粮食产量占全国粮食总产量的6.08%。近年来，我国粮食净调出地区逐步减少，自求平衡地区粮食供需缺口逐步扩大，主销区粮食自给率急剧下降。在目前全国13个粮食主产省份中，只剩下黑龙江、吉林、内蒙古、河南、安徽、江西6个省份为净调出省份。黑龙江、吉林、河南、江苏、安徽、江西、内蒙古、河北、山东9个主产省份净调出原粮占全国净调出原粮总量的96%，其中黑龙江净调出原粮位居首位。由于我国人口总量大，对农产品需求的绝对量也必然大，因此我国解决粮食安全的基本点必须放在国内。

3. 粮食主产区农业发展优势分析

粮食主产区的生产结构和布局以粮食为主，粮食生产在经济社会发展中占有十分重要的地位。从目前看，粮食主产区发展粮食生产具有良好的基础和条件。

（1）农业发展资源条件优越。我国的粮食主产区大多数处于平原或浅丘区，气候湿润或半湿润，雨量充沛，光、热、水资源条件较好，土壤松软，有机质含量较高，易于耕作和水土保持，适合农作物生长。全国著名的"鱼米之乡"和"粮仓"基本上都集中在粮食主产区。相对于中部、西部一些非粮食主产区，该区域在光、热、水资源，土壤肥力，地形平整等方面条件优越。2010年我国总耕地面积为12 171.59万公顷，其中粮食主产区7 807.82万公顷，占全国总耕地面积的64%。耕地集中连片，平耕地比重大，平耕地面积占耕地总面积的70%，比全国54%的平均水平高出16个百分点，平坦的耕地为发展机械化作业奠定了基础。据全国土壤普查资料分析，粮食主产区一等与二等耕地占总面积的87%，其中比较肥沃的一等耕地占53%，较全国41%的平均水平高出12个百分点，有利于实现农业高产。粮食主产区人均占有耕地0.10公顷，高于非粮食主产区人均占有耕地0.07公顷。粮食主产区耕地有效灌溉面积占全国的68.96%，旱涝保收面积占全国的70.03%，机电排灌面积占全国的80.72%，农业发展条件优势较为明显（表3-6）。

表 3-6 2010 年粮食主产区农业生产基本资源情况

指标	农业从业人员（万人）	耕地面积（万公顷）	农作物播种面积（万公顷）	粮食播种面积（万公顷）	有效灌溉面积（万公顷）	旱涝保收面积（万公顷）	机电排灌面积（万公顷）
全国	27 694.80	12 171.59	16 067.48	10 987.61	6 034.77	4 287.15	4 075.06
粮食主产区	18 086.45	7 807.82	11 006.24	7 854.95	4 161.51	3 002.40	3 289.22
粮食主产区占全国比重（%）	65.31	64.15	68.50	71.49	68.96	70.03	80.72

资料来源：根据 2011 年《中国农村统计年鉴》有关数据计算整理得出。

（2）农业现代化水平高。农业现代化是改造传统农业的过程，此过程指先进生产要素不断应用于传统农业中引发的包括物质、人力、技术、制度等一系列要素的变革和更新，表现为农业综合生产能力的增强并实现经济效益、社会效益和生态效益的显著提升。具体而言，农业现代化又包括了农业生产工具、农业劳动力、农业产出能力和农业生产条件的现代化，其目标是提高农业综合效益，促进农民增收，统筹城乡发展，创造良好的生态环境，实现农业可持续发展（崔凯，2011）。根据农业现代化的内涵，选取反映农业现代化生产手段的人均农业固定资产投入、单位耕地面积农机总动力、农业从业人员人均用电量、有效灌溉率、农业人口人均受教育程度，反映农业现代化产出水平的劳动生产率、土地生产率、农民人均纯收入、农业生产总值占国民生产总值的比重、单位耕地面积粮食产量，反映农业现代化农村社会发展水平的城镇化率、农业从业人员比率、恩格尔系数，反映农业现代化可持续发展水平的农业成灾率、森林覆盖率等指标来衡量农业现代化水平。参照崔凯（2011）的计算结果，20 世纪 80 年代中期以来，粮食主产区农业现代化水平呈上升趋势，其综合发展水平指数变动趋势与全国基本相一致，且水平略高于全国平均水平（图 3-3）。1985 年粮食主产区农业现代化发展水平指数为 0.205 22，2009 年达到 0.627 54，上涨约 205 个百分点，年均增长 8.57%；就全国而言，农业现代化发展水平指数从 0.213 60 上升至 0.591 89，上涨约 181 个百分点，年均增长 7.54%。可见无论从农业现代化发展水平指数的增长速度还是增长总量来看，粮食主产区的农业现代化水平都要领先于全国平均水平。

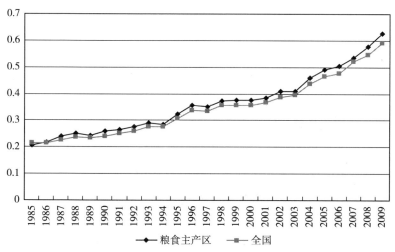

图 3-3　1985—2009 年粮食主产区和全国农业现代化发展水平指数情况

从粮食主产区内部各个省份来看，2009 年农业现代化发展水平指数高于粮食主产区平均水平的有 6 个省份，指数由高到低依次为江苏、山东、辽宁、河北、湖北和湖南，主要是由于这些省份的整体经济实力较强，反映在农业产业上也较为明显。农业现代化发展水平指数低于粮食主产区平均水平的也有 6 个省份，指数由高到低依次为河南、吉林、安徽、黑龙江、四川和内蒙古。江西的农业现代化发展水平指数与粮食主产区平均水平持平（图 3-4）。

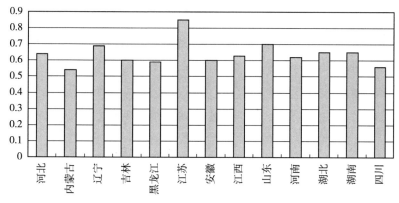

图 3-4　2009 年粮食主产区各省份农业现代化发展水平指数情况

（3）发展粮食生产经验丰富。13 个粮食主产省份是我国重要的粮食生产区域。在长期的农业生产实践中，积累了农艺、植保、粮食加工等方面的丰富经验。随着国家先后实施的商品粮基地、优质粮食产业工程和农业综合开发等项目建设，进一步积累了粮田工程建设和项目管理经验，从而为新增粮食综合生产能力提供了支撑条件。

4. 粮食主产区是国家粮食安全的基础

粮食主产区是我国粮食生产的主体，其粮食生产状况直接关系着国家粮食安全，对全国的粮食生产起到重要的引擎作用。从粮食主产区的粮食产量看，粮食主产区是我国重要的粮食生产基地。改革开放以来，粮食主产区粮食产量明显提高，粮食产量由 1978 年的 21 124 万吨增加到 2010 年的 41 184 万吨，年均增长 7.91%，2011 年更是达到 43 422 万吨。粮食主产区粮食产量占全国粮食产量的比重由 1978 年的 69.31% 上升到 2011 年的 76.02%（表 3-7）。

表 3-7　1978—2011 年粮食主产区与全国粮食产量情况

年份	粮食主产区（万吨）	全国（万吨）	粮食主产区占全国比重（%）	年份	粮食主产区（万吨）	全国（万吨）	粮食主产区占全国比重（%）
1978	21 124	30 477	69.31	1995	33 385	46 662	71.55
1979	23 145	33 212	69.69	1996	36 012	50 454	71.38
1980	21 351	32 056	66.61	1997	35 173	49 419	71.17
1981	22 094	32 502	67.98	1998	36 316	51 230	70.89
1982	23 631	35 450	66.66	1999	36 518	50 839	71.83
1983	26 754	38 728	69.08	2000	32 607	46 218	70.55
1984	28 352	40 731	69.61	2001	32 379	45 264	71.53
1985	26 487	37 911	69.87	2002	32 913	45 706	72.01
1986	27 736	39 151	70.84	2003	30 579	43 070	71.00
1987	28 669	40 473	70.83	2004	34 115	46 947	72.67
1988	27 762	39 408	70.45	2005	35 443	48 402	73.23
1989	28 179	40 755	69.14	2006	36 825	49 804	73.94
1990	31 441	44 624	70.46	2007	37 640	50 160	75.04
1991	30 326	43 529	69.67	2008	39 918	52 871	75.50
1992	31 165	44 266	70.40	2009	39 710	53 082	74.81
1993	32 373	45 689	70.86	2010	41 184	54 648	75.36
1994	31 819	44 510	71.49	2011	43 422	57 121	76.02

资料来源：根据历年《中国统计年鉴》有关数据计算整理得出。

从粮食主产区的粮食播种面积看，自 1978 年开始呈现缓慢的下降趋势，这种状况一直持续到 1994 年，自 1995 年开始主产区的粮食播种面积开始增加，持续到 1998 年，但从 1999 年开始又呈下降趋势，直到 2004 年以来才逐步增加，2011 年粮食主产区粮食播种面积已经增加到 79 104 千公顷。1978—2011 年粮食主产区的粮食播种面积占全国粮食播种面积的比重保持在 66%~72%（表 3-8）。

表 3-8　1978—2011 年粮食主产区与全国粮食播种面积情况

年份	粮食主产区（千公顷）	全国（千公顷）	粮食主产区占全国比重（%）	年份	粮食主产区（千公顷）	全国（千公顷）	粮食主产区占全国比重（%）
1978	81 945	120 587	67.96	1995	74 134	110 060	67.36
1979	81 672	119 263	68.48	1996	75 901	112 548	67.44
1980	77 450	117 234	66.06	1997	76 510	112 912	67.76
1981	76 412	114 958	66.47	1998	76 759	113 787	67.46
1982	75 297	113 462	66.36	1999	76 403	113 161	67.52
1983	75 948	114 047	66.59	2000	73 143	108 463	67.44
1984	75 367	112 884	66.76	2001	72 406	106 080	68.26
1985	73 282	108 845	67.33	2002	71 234	103 891	68.57
1986	75 251	110 933	67.83	2003	68 549	99 410	68.96
1987	75 161	111 268	67.55	2004	70 388	101 606	69.28
1988	74 081	110 123	67.27	2005	72 568	104 278	69.59
1989	75 364	112 205	67.17	2006	73 739	104 958	70.26
1990	76 138	113 466	67.10	2007	76 156	105 638	72.09
1991	75 288	112 314	67.03	2008	76 717	106 793	71.84
1992	73 992	110 560	66.92	2009	78 010	108 986	71.58
1993	74 710	110 509	67.61	2010	78 550	109 876	71.49
1994	73 643	109 544	67.23	2011	79 104	111 205	71.13

资料来源：根据历年《中国统计年鉴》有关数据计算整理得出。

从粮食主产区的粮食单产看，自 1978 年以来，粮食主产区粮食单产均高于全国平均单产水平，1978 年粮食主产区粮食单产为 2 578 千克/公顷，同期全国粮食单产为 2 527 千克/公顷，比全国平均水平高 51 千克/公顷。

1982 年全国和主产区的粮食单产都提高到了 3 000 千克/公顷以上，主产区为 3 138 千克/公顷，比全国的 3 124 千克/公顷高 14 千克/公顷。1990 年粮食主产区的粮食单产又上一个新台阶，每公顷超过 4 000 千克，全国粮食单产达到这个水平是在两年后的 1992 年，而且单产仍低于主产区水平。2010年粮食主产区粮食单产达到历史新高，为 5 243 千克/公顷，同期全国粮食单产也达到了顶峰，但只有 4 974 千克/公顷，比主产区低 269 千克/公顷（图 3-5）。粮食主产区粮食单产的快速增长，是主产区粮食生产科技进步促使生产效率提高的结果，对保证我国粮食市场稳定和国家，粮食安全具有重要意义。

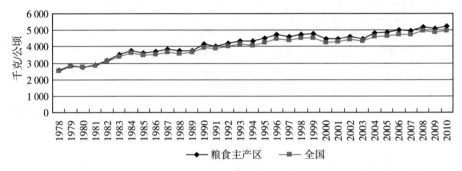

图 3-5　1978—2010 年粮食主产区与全国粮食单产情况

　　从粮食主产区的粮食贡献看，粮食主产区的粮食生产左右着全国粮食总产量的增减，关系着国家的粮食安全。如 1980—1998 年，全国粮食产量增加量的 2/3 以上来自于粮食主产区；1999—2003 年，全国粮食产量减少量的 2/3 以上也来自于粮食主产区；2004 年以来，全国粮食产量增加量的 80％以上来自于粮食主产区。近些年来，粮食主产区平均每年提供的商品粮约占全国总量的 80％以上。

　　从粮食主产区粮食生产结构看，粮食主产区谷物播种面积、总产量分别占全国的 73.27％和 76.57％，每公顷产量较全国平均水平高 249 千克；豆类播种面积、总产量分别占全国的 77.34％和 79.28％，每公顷产量较全国平均水平高 42 千克；薯类播种面积、总产量分别占全国的 45.66％和53.79％，每公顷产量较全国平均水平高 633 千克（表 3-9）。

　　综上所述，粮食主产区粮食综合生产能力较非粮食主产区具有较大的优

表 3-9 2010 年粮食分种类的全国及粮食主产区生产情况

	播种面积（万公顷）			总产量（万吨）			单产（千克/公顷）		
	全国	粮食主产区	比重（%）	全国	粮食主产区	比重（%）	全国	粮食主产区	单产比（以全国为1）
粮食	10 987.60	7 854.95	71.49	54 648.00	41 184.00	75.36	4 973.61	5 243.03	1.05：1
（一）谷物	8 985.10	6 583.27	73.27	49 637.10	38 005.40	76.57	5 524.38	5 773.03	1.05：1
1. 稻谷	2 987.30	2 091.91	70.03	19 576.10	14 202.10	72.55	6 553.11	6 789.06	1.04：1
2. 小麦	2 425.70	1 889.37	77.89	11 518.10	9 631.60	83.62	4 748.36	5 097.78	1.07：1
3. 玉米	3 250.00	2 426.64	74.67	17 724.50	13 657.90	77.06	5 453.69	5 628.32	1.03：1
（二）豆类	1 127.60	872.14	77.34	1 896.50	1 503.60	79.28	1 681.89	1 724.04	1.03：1
（三）薯类	875.0	399.56	45.66	3 114.10	1 675.10	53.79	3 558.97	4 192.36	1.18：1

资料来源：根据 2011 年《中国统计年鉴》有关数据计算整理得出。

势，是我国粮食生产的重要基地。近年来，经过国家大力扶持和长期发展，优势粮食产业带建设取得重要进展，已初步形成了小麦、水稻、玉米和大豆4种主要粮食作物的9个优势产业带。其中，包括黄淮海平原、长江下游平原和大兴安岭沿麓3个优质专用小麦产业带，东北和黄淮海平原2个专用玉米产业带，东北地区、长江流域一季稻区及长江流域双季稻区3个优质水稻产业带，东北高油大豆优势产业带。可见，粮食主产区是国家粮食安全的核心区，是国家优势资源积聚区，是现代农业建设的示范区，是我国粮食综合生产能力的主体区。因此，抓住了粮食主产区，就抓住了粮食生产的大头，就抓住了我国粮食生产的根本，就稳住了经济社会发展全局。

3.2.2 中国粮食主产区粮食生产的比较优势分析

区域粮食作物的比较优势是粮食生产自然资源禀赋、社会经济及区位条件、科学技术、种植制度以及市场需求等因素综合作用的结果。一个地区一种作物的单产水平与种植规模相互作用形成作物生产的综合优势。本书以粮食主产区13个粮食主产省份为计算单元，利用综合比较优势指数法对粮食主产区的主要粮食作物进行比较优势分析。比较优势分析法是农业经济学中常用的分析方法，它集中反映了一个地区的资源禀赋、专业化、规模化生产程度、社会需求状况和经济发展水平状况。比较优势包括效率比较优势（单产比较优势）、规模比较优势和综合比较优势。

效率比较优势也称单产比较优势，主要反映资源、科技、经济因素等综合内涵生产力，表现为单产水平的高低，单产水平越高，说明农业生产效率越高。其计算公式如下：

$$A_{ij} = \frac{Y_{ij}/Y_i}{Y_j/Y} \qquad (3-6)$$

式中，A_{ij} 是 i 地区 j 种粮食作物的效率比较优势指数；Y_{ij} 为 i 地区 j 种粮食作物的单产；Y_i 为 i 地区粮食作物的单产；Y_j 为全国 j 种粮食作物的单产；Y 为全国粮食作物的单产。如某地区单产比较优势指数 A_{ij} 小于1，表明 i 地区 j 种粮食作物与全国 j 种粮食作物平均生产水平相比无优势可言，如大于1则表明具有单产比较优势，数值越大，表明优势越明显。

规模比较优势反映一个地区某种作物生产的集中程度和生产规模，生产规模越大，规模优势指数越大，同时，生产规模也是市场需求和资源禀赋等相互作用的结果，最终表现为该作物在该区域的经济效益的提高。其计算公式如下：

$$B_{ij} = \frac{S_{ij}/S_i}{S_j/S} \qquad (3-7)$$

式中，B_{ij} 是 i 地区 j 种粮食作物的规模比较优势指数；S_{ij} 为 i 地区 j 种粮食作物的播种面积；S_i 为 i 地区粮食作物的总播种面积；S_j 为全国 j 种粮食作物的总播种面积；S 为全国粮食作物的总播种面积。一般来说，规模优势指数大于 1，表示该地区的这种作物生产具有一定的专业化集中度，规模优势指数越大，表明专业化程度越高。

综合比较优势是单产比较优势与规模比较优势的综合，它能够较全面地反映某地区某作物生产的优势度。综合比较优势指数公式为：

$$C_{ij} = \sqrt{A_{ij} \times B_{ij}} \qquad (3-8)$$

式中，C_{ij} 为综合比较优势指数；A_{ij} 为单产比较优势指数；B_{ij} 为规模比较优势指数。$C_{ij} < 1$，表明 i 省 j 种作物与全国平均水平相比，无比较优势可言；$C_{ij} > 1$，表明 i 省 j 种作物与全国平均水平相比有优势，而且 C_{ij} 值越大，优势越明显。

为消除粮食作物播种面积与产量的年际波动影响，效率、规模和综合比较优势指数均采用了 1995—2008 年的算术平均值。粮食主产区各省份稻谷、小麦、玉米和大豆四种粮食作物的效率、规模与综合比较优势指数计算结果见表 3-10。

分析表 3-10 可以看出，稻谷的综合比较优势指数从高到低的顺序为：江西＞湖南＞湖北＞江苏＞安徽＞四川＞黑龙江＞辽宁＞吉林＞河南＞内蒙古＞山东＞河北。其特征为：综合比较优势指数高于全国平均水平的省份有 6 个，即江西、湖南、湖北、江苏、安徽和四川，综合比较优势指数分别达到 1.69、1.63、1.44、1.31、1.20 和 1.16；黑龙江的综合比较优势指数基本与全国平均水平持平；其余各省份均具有明显的比较劣势，其中以山东与河北的劣势最为显著，综合比较优势指数仅分别为 0.29 和 0.28。

小麦的综合比较优势指数从高到低的顺序为：河南＞山东＞河北＞安徽＞江苏＞四川＞内蒙古＞湖北＞黑龙江＞辽宁＞湖南＞吉林＞江西。其特征

表3-10 粮食主产区稻谷、小麦、玉米、大豆效率、规模与综合比较优势指数

	稻 谷			小 麦			玉 米			大 豆		
	效率比较优势	规模比较优势	综合比较优势	效率比较优势	规模比较优势	综合比较优势	效率比较优势	规模比较优势	综合比较优势	效率比较优势	规模比较优势	综合比较优势
河北	1.14	0.07	0.28	1.39	1.73	1.55	1.07	1.79	1.38	1.06	0.68	0.85
内蒙古	1.53	0.08	0.35	1.06	0.65	0.83	1.65	1.55	1.60	1.05	2.20	1.52
辽宁	1.07	0.70	0.87	0.79	0.12	0.31	1.06	2.48	1.62	0.97	0.90	0.93
吉林	0.98	0.56	0.74	0.55	0.05	0.17	1.06	2.99	1.78	1.17	1.26	1.21
黑龙江	1.38	0.72	1.00	0.97	0.31	0.55	1.25	1.34	1.29	1.41	3.64	2.27
江苏	1.06	1.62	1.31	0.87	1.67	1.21	0.90	0.37	0.58	1.29	0.64	0.91
安徽	1.06	1.36	1.20	1.06	1.55	1.28	0.97	0.45	0.66	0.94	1.22	1.07
江西	0.83	3.43	1.69	0.37	0.05	0.14	0.63	0.03	0.14	0.92	0.58	0.73
山东	1.07	0.08	0.29	1.16	2.25	1.62	1.04	1.67	1.32	1.29	0.50	0.80
河南	1.10	0.22	0.49	1.23	2.48	1.75	1.02	1.16	1.09	1.05	0.68	0.84
湖北	1.06	1.96	1.44	0.67	0.98	0.81	0.83	0.44	0.60	1.12	0.70	0.89
湖南	0.86	3.09	1.63	0.42	0.09	0.19	0.77	0.23	0.42	1.05	0.53	0.75
四川	1.19	1.14	1.16	0.83	1.00	0.91	0.91	0.84	0.87	1.31	0.66	0.93

资料来源：根据1996—2009年《中国统计年鉴》有关数据计算整理得出。

为：小麦效率比较优势指数大于1的省份有河北、内蒙古、安徽、山东与河南。规模比较优势指数除内蒙古、辽宁、吉林、黑龙江、江西、湖北、湖南和四川外，其他各省份均在1.00以上，其中以河南省最高，为1.75。综合比较优势指数高于全国平均水平的省份有河南、山东、河北、安徽和江苏，其综合比较优势指数分别为1.75、1.62、1.55、1.28和1.21，具有较强的比较优势；吉林和江西的综合比较优势指数分别为0.17和0.14，具有明显的比较劣势。

玉米的综合比较优势指数从高到低的顺序为：吉林＞辽宁＞内蒙古＞河北＞山东＞黑龙江＞河南＞四川＞安徽＞湖北＞江苏＞湖南＞江西。其特征为：各省份的效率比较优势指数除河北、内蒙古、辽宁、吉林、黑龙江、山东与河南外，其他均低于全国平均水平。规模比较优势指数除江苏、安徽、江西、湖北、湖南和四川外，其他各省份均超过全国平均水平，其中吉林达到2.99。综合比较优势指数高于全国平均水平的省份有7个，即吉林、辽宁、内蒙古、河北、山东、黑龙江与河南，这些省份均具有较强的综合比较优势，其综合比较优势指数分别达到1.78、1.62、1.60、1.38、1.32、1.29和1.09；江西的综合比较优势指数最低，仅为0.14，具有明显的比较劣势。

大豆的综合比较优势指数从高到低的顺序为：黑龙江＞内蒙古＞吉林＞安徽＞辽宁＞四川＞江苏＞湖北＞河北＞河南＞山东＞湖南＞江西。其特征为：河北、江苏、山东、河南、湖北、湖南和四川具有效率优势，效率比较优势指数分别达到1.06、1.29、1.29、1.05、1.12、1.05和1.31，但专业化程度较低，规模比较优势指数仅分别为0.68、0.04、0.50、0.68、0.70、0.53和0.66。安徽不具备效率优势，效率比较优势指数仅为0.94，但专业化程度较高，规模比较优势指数达到1.22。综合比较优势指数高于全国平均水平的省份有4个，即黑龙江、内蒙古、吉林和安徽，综合比较优势指数分别达到2.27、1.52、1.21和1.07；江西具有明显的比较劣势，综合比较优势指数仅为0.73。

依据各种粮食作物的综合比较优势指数，粮食主产区主要粮食作物在各省份的比较优势大小排序为：

河北：小麦＞玉米＞大豆＞稻谷

内蒙古：玉米＞大豆＞小麦＞稻谷

辽宁：玉米＞大豆＞稻谷＞小麦

吉林：玉米＞大豆＞稻谷＞小麦

黑龙江：大豆＞玉米＞稻谷＞小麦

江苏：稻谷＞小麦＞大豆＞玉米

安徽：小麦＞稻谷＞大豆＞玉米

江西：稻谷＞大豆＞玉米＞小麦

山东：小麦＞玉米＞大豆＞稻谷

河南：小麦＞玉米＞大豆＞稻谷

湖北：稻谷＞大豆＞小麦＞玉米

湖南：稻谷＞大豆＞玉米＞小麦

四川：稻谷＞大豆＞小麦＞玉米

综合比较优势指数可以作为区域粮食作物种植结构调整的理论依据，依据比较优势调整各省份的粮食作物生产布局，发挥各自粮食生产的比较优势，将有利于提高粮食主产区粮食生产的综合能力。

3.2.3 中国粮食主产区粮食产量波动情况分析

粮食产量波动是粮食生产发展中循环出现的一种普遍存在的常态现象，剧烈的、超常的生产波动会极大妨碍粮食供求平衡。回顾总结我国粮食主产区粮食生产发展的历程，不难发现粮食生产总是循着"增长—波动—增长"的轨迹向前发展，在粮食产量增长过程中这种年际间的起伏变化就是粮食产量波动。分析粮食产量波动与分析一般经济波动一样，需要选用一定经济指标来界定其周期、波长、波幅等数量特征。本书主要研究粮食主产区粮食产量较长期的波动，因此分析波动程度时采用波动系数加以刻画。粮食产量波动系数反映粮食总产量偏离趋势产量的程度，其表达式为：

$$V_t = (Y_t - \hat{Y}_t)/\hat{Y}_t \qquad (3-9)$$

式中，V_t 表示第 t 年粮食产量波动系数；Y_t 表示第 t 年的实际粮食产量；$\hat{Y}_t$ 表示第 t 年的趋势粮食产量。$|V_t|$ 越大，说明产量偏离趋势产量越远，稳定性越差；反之，稳定性越好。

为了计算波动系数，本书首先利用 Eviews 软件拟合粮食总产量增长趋势的回归方程，然后选择最优的回归模型，以获得粮食总产量的趋势值，然后代入上述波动系数计算公式进行运算。通过对拟合结果比较（从模型拟合优度、模型 F 统计值、D.W 检验值和参数 T 检验值等方面分析），选取三次式模型作为粮食趋势产量拟合方程（$\hat{Y}_t = 12\ 635.668\ 2 - 530.934\ 2t + 38.180\ 9t^2 - 0.375\ 4t^3$）。进而计算出粮食产量波动系数，据此做出波动系数曲线（图 3-6）。

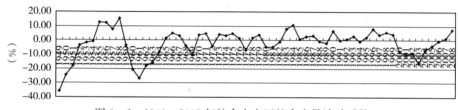

图 3-6　1949—2008 年粮食主产区粮食产量波动系数

从图 3-6 可以看出，新中国成立以来，粮食主产区粮食生产经历了 14 个完整的波动周期，其中，2003—2008 年经历一个非完整的周期（表 3-11）。

通过对表 3-11 的分析，可以得出粮食主产区粮食产量波动呈现出以下特点：

1. 粮食产量波动具有周期性

目前，我国粮食主产区农业抗灾能力不强。自然灾害的周期性活动，使得粮食产量波动的形成带有一定的规律性和必然性。从粮食主产区历次粮食波动看，每当粮食生产连续增长几年后，总是由于外界因素的影响，粮食增长率降到一个相对较低水平，并在这个水平上徘徊几年。这种周期性，体现了粮食产量波动形成的规律性特征。

2. 粮食产量波动类型基本是古典型波动

粮食产量波动可分为两类，一种是古典型波动，即粮食产量增长率出现下降后由正值转为负值，一般表现为波谷为负波峰为正；另一种是增长型波动，即粮食产量增长率出现下降，但不出现负值，一般表现为波谷波峰都为正值。从波峰和波谷的形态特征来看，除第六周期（1974—1977 年）近似属于增长型波动外，其余均属于古典型波动。古典型波动周期分别为 1949—1957 年、1957—1951 年、1961—1969 年、1969—1972 年、1972—1974 年、

表 3 - 11 1949—2008 年粮食主产区粮食产量波动周期

周期	起止年份	年距	波谷（%）及年份	波峰（%）及年份	谷峰落差（%）	波幅（%）	波幅类型
1	1949—1957	8	−35.83 (1949)	12.58 (1955)	48.41	24.21	强幅型
2	1957—1961	4	−20.82 (1960)	15.27 (1958)	36.09	18.05	强幅型
3	1961—1969	8	−26.80 (1961)	5.03 (1966)	31.83	15.92	强幅型
4	1969—1972	3	−10.40 (1969)	4.57 (1971)	14.97	7.49	中幅型
5	1972—1974	2	−4.31 (1972)	4.22 (1973)	8.53	4.27	弱幅型
6	1974—1977	3	1.29 (1976)	4.77 (1975)	3.48	1.74	弱幅型
7	1977—1980	3	−6.83 (1977)	3.70 (1979)	10.53	5.27	中幅型
8	1980—1985	5	−4.79 (1980)	10.71 (1984)	15.50	7.75	中幅型
9	1985—1989	4	−0.89 (1988)	3.25 (1987)	4.14	2.07	弱幅型
10	1989—1991	2	−2.14 (1989)	6.63 (1990)	8.77	4.38	弱幅型
11	1991—1994	3	−0.33 (1991)	2.79 (1993)	3.12	1.56	强幅型
12	1994—1997	3	−0.94 (1994)	7.91 (1996)	8.85	4.43	弱幅型
13	1997—2001	3	−8.11 (2000)	5.71 (1998)	13.82	6.91	中幅型
14	2001—2003	2	−9.70 (2001)	−9.05 (2002)	0.65	0.33	弱幅型
15	2003—2008	5	−16.16 (2003)	7.47 (2008)	23.63	11.82	强幅型
平均	1949—2008	4	−9.78	5.70	15.48	7.74	中幅型

1977—1980 年、1980—1985 年、1985—1989 年、1989—1991 年、1991—1994 年、1994—1997 年、1997—2001 年，而且半周期 2003—2008 年也属于古典型波动周期。通过以上分析可以看出，粮食主产区粮食产量波动基本是古典型波动，说明其粮食产量恶性波动程度比较大。

3. 粮食产量波动周期频度较高，长度比较规则

1949—2008 年粮食产量波动的 14 个半周期，平均年距只有 3.87 年，表明平均每近 4 年波动就会发生一次，波动频度比较高。此外，除个别周期较长（第一周期 1949—1957 年和第三周期 1961—1969 年，年距达到了 8 年）或较短（第五周期 1972—1974 年、第十周期 1989—1991 年和第十四周期 2001—2003 年，年距仅为 2 年）其余周期均为 4 年左右，说明粮食产量波动周期长度的变异程度总的来看不是很大。

4. 粮食产量波动幅度总体呈中度

波动幅度是指各周期内粮食波动起伏的强烈程度，是衡量粮食产量增长稳定性的一个重要指标。从波幅看，粮食主产区粮食产量的平均波动幅度为 7.74％，最小波动幅度是第十四周期（2001—2003 年），波幅小于 5％，最大为第一周期（1949—1957 年），波幅为 24.21％。总体看，粮食主产区粮食产量增长的稳定性不够强。

5. 粮食产量波动具有对应性

粮食生产波动与粮食增产总是相对应地交替形成和出现。每形成几个粮食增产年度后，就会对应地出现一次粮食生产波动；而粮食生产波动过后，又会对应地形成几个粮食增产年度。二者总是相对地形成和消失。这种对应性，体现了现阶段粮食生产"N"字形的发展态势。

6. 粮食产量波动具有梯次性

不同粮食生产水平阶段的粮食生产波动年度，其粮食生产水平也不同。由于农业综合生产能力的提高和抗灾能力的增强，后一次粮食生产波动年度的粮食产量水平，一般不低于或高于前一次粮食生产波动年度的产量水平，呈现梯次性发展。这种梯次性，表明经过努力可以使粮食生产在波动中向前发展。

粮食主产区粮食产量的变化是由该区域内各省份粮食产量的变化所引起的，为了客观反映粮食主产区各省份粮食生产的快速增长和粮食生产波动之间的规律性特征，本书采用相对波动系数作为衡量各省份粮食产量的波动性指标。

相对波动系数是某一时期内年际间产量变化率和平均变化率之差值同平均变化率之比值的绝对值的算术平均值。相对波动系数能客观反映某一地区一定时期内粮食生产波动程度。相对波动系数越大，说明波动性越大，即稳定性越差。其公式如下：

$$RR = \frac{1}{n} \sum_{i=1}^{n} \left| \frac{D_i - D}{D} \right| \times 100\% \qquad (3-10)$$

$$D_i = \left(\frac{a_i}{a_{i-1}} - 1 \right) \times 100\% \qquad (3-11)$$

$$D = \left(n\sqrt{\frac{a_n}{a_0}} - 1 \right) \times 100\% \qquad (3-12)$$

式中，RR 为相对波动系数；D_i 为 i 年与前一年相比的粮食产量增长率；D 为整个时期内粮食产量平均增长率；n 为时期长度，即年数；a_i 为第 i 年的粮食产量；a_n 为期末产量；a_0 为期初产量。

根据全国、粮食主产区以及粮食主产区各省份 1949—2008 年的粮食产量计算得到各自的相对波动系数（表 3-12）。

表 3-12　粮食产量波动性比较

省份	相对波动系数（%）	年平均增长率（%）	省份	相对波动系数（%）	年平均增长率（%）
全国	174.43	2.65	安徽	379.03	2.67
粮食主产区	206.28	2.81	江西	197.07	2.78
河北	287.04	3.14	山东	281.85	2.73
内蒙古	370.30	3.99	河南	254.77	3.48
辽宁	508.65	2.62	湖北	321.98	2.31
吉林	445.10	3.14	湖南	255.16	2.53
黑龙江	391.19	3.43	四川	325.20	1.81
江苏	267.46	2.48			

从表 3-12 可以看出，粮食主产区各省份的粮食产量相对波动系数均高于全国平均水平。其中，粮食产量相对波动系数显著高于全国平均水平的省份包括内蒙古、辽宁、吉林、黑龙江、安徽，粮食产量相对波动系数高于全

国平均水平 1 倍以上，其中辽宁是全国平均水平的 2.92 倍，吉林是全国平均水平的 2.55 倍，黑龙江是全国平均水平的 2.24 倍，安徽是全国平均水平的 2.17 倍，内蒙古是全国平均水平的 2.12 倍，说明这些省份粮食生产的稳定性极差，然而这些省份恰恰是我国主要的商品粮输出省份。江西的相对波动系数最小，说明其粮食生产在主产区中是最稳定的。就粮食产量年平均增长率而言，高于全国平均水平的省份有河北、内蒙古、吉林、黑龙江、安徽、江西、山东、河南。其中内蒙古居粮食主产区首位，其次为河南，再次为黑龙江。总体看，粮食主产区粮食生产年均增长率高于全国平均水平，但相对波动系数也高于全国平均水平，说明粮食主产区粮食产量是在不稳定的波动中增长的。

粮食产量波动特别是超常性波动的形成，往往造成粮食产量减少、粮食质量下降，导致粮食供求紧张，影响农村经济乃至整个国民经济的持续健康发展。粮食产量波动的时间越长、幅度越大，危害也越大。为了保证粮食有效供给，十分有必要准确把握各粮食主产省份粮食产量波动的成因。粮食生产系统是在一定区域内的自然系统与社会系统耦合而形成的复杂体系。粮食产量要受到自然灾害、政策导向、生产投入等多种因素作用的影响，因此，粮食产量波动也就在多种因素的扰动下产生了。但在具体的某次产量波动中，往往只有一种或少数几种因素起着主导作用。同时，粮食产量波动原因的地域性也较强，不同地区有不同的产量影响因子。本书从粮食主产区粮食生产实际情况出发，结合粮食主产区粮食产量波动周期，对粮食主产区粮食产量波动原因进行如下分析。

1. 自然灾害

遭受严重自然灾害是粮食产量波动的重要因素。我国是自然灾害频繁发生的国家，农业抗灾能力不强，粮食生产易受自然灾害影响。在我国农业自然灾害中，干旱和洪涝灾害占 70％左右；在干旱和洪涝灾害中，干旱灾害又占到 70％左右。所以，在目前的生产条件下，干旱是多数地区主要的产量限制因子。就吉林而言，主要是水的限制，丰水的年头一般都增产，而干旱的年头减产幅度较大，有时高达 30％～40％。例如吉林 2000 年遇到有史以来最为严重的一次旱灾，总受灾面积高达 366.2 万公顷，其中旱灾面积就达到了 353.8 万公顷，直接导致粮食产量跌入低谷。在我国东北地区，对粮食生产威胁大的灾害还有早霜。从低温冷害发生的频率看，东北地区约 4 年一遇。这些灾害同时或交替性周期活动，往往使粮食生产波动带有一定的周期性。1997 年，吉林与辽宁由于发生干旱和早霜，分别减产粮食 500 万吨和 400 万吨。自然灾害不仅会使当年粮食减产，而且对灾后几年的粮食生产都会造成影响。如果抗灾救灾措施不力或者连续受灾，粮食生产几年难以恢复，进而形成粮食产量连续几年的波动。

2. 农业政策

从改革开放以来粮食主产区粮食增长年度和波动年度的情况看，在自然气候等相关条件相当的情况下，政策对粮食生产起到了重要作用。1978 年以后，制度的变迁、提高粮食收购价格以及建设商品粮基地等重大政策的出台，极大地调动了农民生产的积极性，同时，也使得过去在农业基础设施、科技投入等方面积累的能量得以集中释放，使粮食产量有了大幅度的增加。粮食主产区的粮食产量由 1978 年的 21 286.09 万吨，增加到 1984 年的 28 220.86 万吨，增产 6 934.77 万吨，年均增长率为 5.43％。之后的 1985—1989 年粮食主产区出现了粮食生产波动，主要是由于 1985 年国家取消了部分鼓励粮食生产的优惠政策，粮食收购实行"倒三七"比例价，实际降价幅度接近 10％，挫伤了农民种粮的积极性。1985 年粮食主产区粮食播种面积比上年减少 2092 千公顷，减幅达 2.78％。这一年粮食比上年减产 1 762 万吨，减幅为 6.24％。2004 年以来，国家实施了农民直接收入支持、粮食生产支持和价格支持等一系列粮食支持政策，调动了农民种粮的积极性。2008 年粮食主产区粮食播种面积比 2003 年增加了 8 168 千公顷，增幅为 11.92％，同期粮食增产 9 339 万吨，增幅达 30.55％。可见，粮食政策与粮食生产者经营行为和粮食生产密切相关。

3. 生产性投入

在通常情况下，粮食生产的投入（包括化肥、农药、农业机械等）与产量呈正相关。从历史上看，粮食生产投入增加的时期也是粮食生产发展较快的时期。例如 20 世纪 90 年代中期至 90 年代末，国家加大了农业投入，加强了农业基础设施建设，有力促进了粮食生产的稳定增长，1996 年粮食主产区粮食生产能力达到 36 000 万吨的阶段性水平。再如 2008 年粮食主产区农业三项支出占财政支出的比重超过了 9％，这一年其粮食生产能力近

40 000万吨，达到历史最高水平。相应投入减少，在很大程度上会影响粮食生产，有的粮食生产波动的年份也是财政农业投入减少的年份。此外，投入的增减作用具有延续性，某一年份粮食生产投入的增减，将对其后若干年的粮食生产产生影响。

4. 粮食流通

如果农民生产的粮食不能顺利销售，那么就必然会影响农民的种粮收益，进而挫伤农民种粮的积极性。农民习惯于把眼前的流通状况作为市场需求的信号和安排下一年度生产的依据。特别是在粮食连年丰收和供给充裕的情况下，流通则成为事关粮食生产的重要因素。不畅的流通对粮食生产的影响主要体现在两个方面，一方面是产生直接的或间接的综合性影响，即通过影响播种面积、农民投入、政府投入和田间管理产生对粮食生产的影响；另一方面是当出现卖粮难时，不畅的流通往往放大粮食供给程度，这种放大效应容易产生误导，使农民放松粮食生产，导致粮食产量下降。

粮食产量波动是目前农业普遍存在的现象，无论是发达国家还是发展中国家。但对落后的国家来说，一般波动幅度要大，主要是靠天吃饭的程度高。由于粮食产量波动，特别是超常性波动形成的某些相关因素是我们目前的物质技术条件不可扭转的，所以客观上说不可能完全消除粮食波动。但是完全可以根据影响粮食波动的主要因素，采取有效措施，尽量避免超常性波动，抑制波动幅度，缩短波动时间长度，尽可能把粮食产量超常性波动带来的影响降到最低程度。

3.3　中国粮食主产区商品化程度差异分析

目前，中国粮食主产区涵盖13个省份，对其内部进一步分析，可以看出粮食主产区内部存在着显著的商品化程度差异，即省份之间的粮食商品率存在显著差异。粮食商品率是衡量提供商品粮数量的指标，其高低取决于粮食商品量的大小。粮食商品率可以分别从两个层面分析，一是通常意义上的粮食商品率，即农民扣除自己消费后进入市场的部分；二是以省为单位，扣除本省消费后，调出省外销售的部分，即粮食调出率，反映粮食主产省对全国的贡献。鉴于以上两种粮食商品率在实践中很难准确计算，本书采用每个省份的粮食人均占有量指标来反映实际的粮食商品率差异。即人均粮食占有量越大，粮食生产的商品化程度越高，这符合粮食商品化程度评价的内涵。从表3-13中可以看出，河南、山东两省的粮食产量较大，但由于其人口众多（2012年两省人口分别达到9 406万人和9 685万人，分别位居全国第二位和第三位），人均占有量并不占优势；四川虽然粮食产量在3 000万吨以上，但其人均占有量最低，低于全国平均水平。在13个粮食主产省份中，按人均粮食占有量可以划分为三种类型：一是显著高于全国平均水平的产区，包括黑龙江、吉林、内蒙古3个省份，人均粮食占有量高于全国平均水平1倍以上，其中黑龙江是全国平均水平的3.46倍、吉林是全国平均水平的2.80倍、内蒙古是全国平均水平的2.33倍；二是高于全国平均水平的产区，包括河南、安徽、山东、江西、湖南、辽宁、河北7个省份；三是低于全国平均水平的产区，包括四川、湖北、江苏3个省份。由此可见，目前中国13个粮食主产省份中仅黑龙江、吉林、内蒙古、安徽、河南和江西为粮食净调出省，其中黑龙江、吉林、内蒙古在国家商品粮供给中扮演着越来越重要的角色，是国家重要的商品粮生产基地，也是未来国家商品粮生产的核心区域。而四川、湖北、江苏3省按其目前的粮食人均占有水平评价，有退出主产区的可能，这也意味着我国粮食主产区会呈现进一步缩小的趋势。下面就四川和湖北的人均粮食占有水平发生低于全国平均水平的现象进行深入剖析。

表3-13　2012年中国粮食主产区粮食产量及人均占有量

省份	产量（万吨）	占全国比重（%）	人均占有量（千克）
全国	5 8957.97		435
河北	3 246.60	5.51	445
内蒙古	2 528.50	4.29	1 015
辽宁	2 070.50	3.51	472
吉林	3 343.00	5.67	1 216
黑龙江	5 761.49	9.77	1 503
江苏	3 372.48	5.72	426

（续）

省份	产量（万吨）	占全国比重（%）	人均占有量（千克）
安徽	3 289.10	5.58	549
江西	2 084.80	3.54	463
山东	4 511.40	7.65	466
河南	5 638.60	9.56	599
湖北	2 441.81	4.14	423
湖南	3 006.50	5.10	453
四川	3 315.00	5.62	410

资料来源：根据 2013 年《中国统计年鉴》有关数据计算整理得出。

　　21 世纪以来，作为人口大省和粮食主产区的四川，其耕地总量和人均耕地不断减少，粮食产量持续下降或徘徊，人均粮食占有量低于全国平均水平。探究其原因主要是随着人口的持续增长和城镇化、工业化进程的加快，人地矛盾日益凸显的结果。具体体现在以下几个方面：第一，退耕还林、建设占地使粮食面积快速减少。四川地处长江上游，山高坡陡，坡耕地占的比重大，水土流失严重。为从根本上遏制水土流失，改善生态环境，四川于1999 年底启动退耕还林工程，并对退耕农民按每亩 150 千克粮食给予补贴，这些农民由原来的粮食生产者变成了消费者，加重了四川粮食的供给任务。与此同时，随着城市化进程的加快，工业和城市占用土地快速增加，导致耕地面积不断减少，尤其是城市周边的优质高产田土大幅度减少，人地矛盾越来越突出，人均占有耕地由 2000 年的 0.78 亩下降到 2012 年的 0.75 亩，耕地减少是影响粮食增产潜力和粮食供给的最基本最重要的因素。第二，种粮比较效益低，耕地抛荒现象日益严重。在我国农村现行土地制度下，耕地被小块分割，农户不能实现规模经营，导致耕种土地的边际收益小于边际成本，因而出现了农民将原本就稀缺的土地抛荒的矛盾现象。从粮食价格看，四川的主要粮食作物是稻谷。1978 年每百斤稻谷的价格是 9.5 元，1997 年提高到 72 元，提高 6.6 倍。在这个阶段，农村虽然也有较多的劳动力外出打工经商，但弃田很少。1997 年以来，国家大幅度调低稻谷价格，每百斤稻谷价格由 72 元降到 33～56 元，平均实际销售价格在 45 元左右，降幅达

37.5％。正是在 1997 年稻谷价格下降和农民减收后，农村耕地抛荒现象开始大规模出现。从种粮投入产出成本看，虽然近几年国家提高了粮价，但粮价涨幅跟不上农业生产资料价格的涨幅，种粮回报率低，这直接挫伤了农民生产积极性，是造成耕地抛荒的根本原因。从种粮的机会成本看，四川人多地少，2012 年人均耕地面积仅 0.050 公顷，低于联合国粮农组织确定的 0.053 公顷的警戒线。农民种粮的收益远远低于外出务工的收益。因此，许多农民选择弃田从工或者从商，在劳动力短缺而无力耕种的情况下，耕地只能被闲置抛荒。第三，生产条件差，自然灾害频繁。四川海拔高，地势复杂，区位劣势明显，农业生产条件经过国家多年的投入，虽有所好转，但仍然很脆弱，特别是丘陵和山区靠天吃饭的局面尚未根本改变，粮食生产存在很大的脆弱性，自然灾害对粮食生产的影响程度仍较大。2012 年末，全省有效灌溉面积 2 662.7 千公顷，仅占耕地面积的 66.71％。各地每年灾种多、发生频繁、受灾面广、损失也较重，对粮食生产构成极大威胁。

20 世纪 90 年代，湖北粮食年均播种面积达到 467 万多公顷，历史最高年产粮 2 635 万吨，每年可提供商品粮 700 万吨以上，为保障全国粮食安全和社会稳定作出了重要贡献。从 1998 年开始，湖北粮食产量连续 6 年减产，到 2005 年开始有所回升。随着粮食减产，湖北粮食产量占全国粮食产量的比重以及湖北外调粮食占全国粮食净进口量的比重在逐年减少，尤其在 2000 年以后湖北进入城镇化加速时期，其对国家粮食安全的贡献率处于历史上最低水平。可见，城镇化导致的耕地面积和粮食产量的下降，农业人口的减少和非农业人口的增加，使粮食供需缺口越来越大。

由以上分析可以看出，人口的持续增长，城镇化、工业化进程加快所导致的耕地减少和粮农生产积极性的下降是四川和湖北这类粮食主产区不能外调粮食，甚至需要调入粮食的根本原因所在。

3.4　中国粮食主产区农民收入差异分析

江苏是我国沿海经济较为发达的省份，其农民人均纯收入水平在全国居于前列，河南是我国传统的农业大省，经济相对落后，农业人口较多，农民收入水平在全国居于中游地位，在主产区中处于较为靠后的位置。因此，本书以河南和江苏为例考察农民收入差异情况。

从河南和江苏农民收入增长速度差异情况看，20 世纪 80 年代初期至 20 世纪 90 年代中期，江苏农民收入年增长率总体高于河南农民收入年增长率，两个省份的农民人均纯收入差距呈逐步放大趋势，由 1980 年的 1.36 倍放大到 1994 年的 2.01 倍。自 20 世纪 90 年代中期以来，河南农民收入年增长率总体高于江苏省农民收入年增长率，两省农民纯收入差异由 1994 年的 2.01∶1 缩小到 2010 年的 1.65∶1，但绝对差距仍然很大，2010 年江苏与河南农民人均纯收入差距达 3 594.51 元（表 3-14）。

表 3-14 江苏与河南农民收入水平及增长速度差异

年份	纯收入差异江苏-河南（元）	纯收入差异江苏∶河南	江苏农民收入年增长率（%）	河南农民收入年增长率（%）	增长率差异江苏-河南（%）
1980	57.16	1.36∶1	—	—	—
1985	163.23	1.50∶1	9.99	9.30	0.69
1990	401.76	1.83∶1	0.92	5.46	−4.54
1993	571.02	1.82∶1	19.44	18.25	1.19
1994	921.72	2.01∶1	44.57	30.75	13.82
1995	1 224.89	1.99∶1	34.14	35.41	−1.27
1996	1 450.13	1.92∶1	23.30	28.18	−4.88
1997	1 535.96	1.89∶1	7.94	9.80	−1.86
1998	1 512.73	1.81∶1	3.27	7.51	−4.24
1999	1 546.84	1.79∶1	3.51	4.52	−1.02
2000	1 609.27	1.81∶1	2.86	1.92	0.94
2001	1 686.85	1.80∶1	5.27	5.64	−0.37
2002	1 764.05	1.80∶1	5.15	5.62	−0.46
2003	2 003.58	1.90∶1	6.52	0.90	5.62
2004	2 200.70	1.86∶1	12.14	14.20	−2.06
2005	2 405.71	1.84∶1	10.99	12.43	−1.44
2006	2 552.2	1.78∶1	10.18	13.60	−3.43
2007	2 709.41	1.70∶1	12.86	18.11	−5.25
2008	2 902.23	1.65∶1	12.12	15.65	−3.52
2009	3 196.59	1.66∶1	8.80	7.92	0.88
2010	3 594.51	1.65∶1	13.93	14.91	−0.98

资料来源：根据历年《中国统计年鉴》有关数据计算整理得出。

从河南和江苏农民收入来源结构差异情况看，21 世纪以来江苏农民收入构成中工资性收入占比超过了家庭经营收入，工资性收入占农民纯收入的比重超过了 50%，取代了家庭经营收入的主体地位。河南农民的工资性收入虽不断增长，但与江苏相比仍然处在一个较低的水平上，还不能取代家庭经营收入在农民收入构成中的主体地位（图 3-7）。

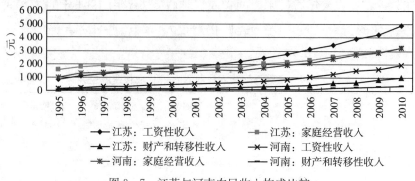

图 3-7　江苏与河南农民收入构成比较

通过对两省农民收入差异的分解可以看出（表 3-15），在各个收入构成要素中，工资性收入差异的贡献最大，尤其在 1998 年以后，贡献率均在 70% 以上，2010 年高达 82.14%。20 世纪 80 年代中期以来，家庭经营纯收入差异的贡献不断下降，由 1985 年的 33.87% 下降到 2010 年的 -0.71%，说明目前家庭经营收入差异对农民纯收入差异几乎没有贡献。财产和转移性收入差异的贡献由 1985 年的 10.66% 上升到 2010 年的 18.57%。可见在粮食主产区中，农民工资性收入差异是农民收入存在差异的根本原因。

表 3-15　江苏与河南农民人均纯收入差异
情况及其分解（江苏-河南）

单位：元,%

年份	纯收入差异	工资性收入差异		家庭经营纯收入差异		财产性和转移性收入差异	
		数量	贡献率	数量	贡献率	数量	贡献率
1985	163.23	90.54	55.47	55.29	33.87	17.40	10.66
1990	401.76	221.34	51.22	208.28	48.20	2.49	0.58
1993	571.02	387.02	67.78	164.64	28.83	19.36	3.39

（续）

年份	纯收入差异	工资性收入差异		家庭经营纯收入差异		财产性和转移性收入差异	
		数量	贡献率	数量	贡献率	数量	贡献率
1994	921.72	501.68	54.43	411.02	44.59	9.02	0.98
1995	1 224.89	658.34	53.75	540.25	44.11	26.30	2.15
1996	1 450.13	899.08	62.00	460.89	31.78	90.16	6.22
1997	1 535.96	940.20	61.21	531.94	34.63	63.82	4.16
1998	1 512.73	1 119.76	74.02	315.24	20.84	77.74	5.14
1999	1 546.84	1 212.32	78.37	244.36	15.80	90.16	5.83
2000	1 609.27	1 189.43	73.91	343.63	21.35	76.21	4.74
2001	1 686.85	1 302.16	77.19	285.65	16.93	99.05	5.87
2002	1 764.05	1 426.67	80.87	232.61	13.19	104.77	5.94
2003	2 003.58	1 553.47	77.53	306.46	15.30	142.89	7.13
2004	2 200.70	1 689.40	76.77	301.80	13.71	209.60	9.52
2005	2 405.71	1 932.16	80.32	211.31	8.78	262.22	10.90
2006	2 552.2	2 082.03	81.58	163.11	6.39	307.06	12.03
2007	2 709.41	2 175.33	80.29	168.12	6.21	365.95	13.51
2008	2 902.23	2 395.57	82.54	112.7	3.88	393.95	13.57
2009	3 196.59	2 616.79	81.86	48.1	1.50	531.70	16.63
2010	3 594.51	2 952.53	82.14	−25.41	−0.71	667.40	18.57

资料来源：根据历年《中国统计年鉴》有关数据计算整理得出。

3.5 本章小结

本章从区域经济发展、粮食生产能力和商品化程度三个方面对目前中国13个粮食主产省份的内部差异进行了分析。从区域经济发展水平看，粮食主产区经济发展水平总体不平衡，其中江苏、山东、辽宁和河北四省的经济发展水平高于粮食主产区平均水平。经济发展速度的加快会伴随着第一产业比重的下降，粮食商品化程度的降低，粮农种粮行为的弱化。因此，十分有必要根据粮食主产区内部经济发展梯度特征，有针对性地实施不同的区域政策，遏制粮食主产区不断缩小的趋势，确保中国粮食的有效供给。

　　从粮食生产能力看，粮食主产区具有发展粮食生产的优越条件，是我国粮食综合生产能力的核心区，在国家粮食安全中居于重要战略地位。就粮食生产的比较优势而言，由于各省份自然资源禀赋、社会经济及区位条件、科学技术、种植制度及市场需求等不尽相同，各省份粮食生产的比较优势也有所差异。通过对综合比较优势指数的计算，得出稻谷综合比较优势从高到低的省份依次为：江西＞湖南＞湖北＞江苏＞安徽＞四川＞黑龙江＞辽宁＞吉林＞河南＞内蒙古＞山东＞河北；小麦综合比较优势从高到低的省份依次为：河南＞山东＞河北＞安徽＞江苏＞四川＞内蒙古＞湖北＞黑龙江＞辽宁＞湖南＞吉林＞江西；玉米综合比较优势从高到低的省份依次为：吉林＞辽宁＞内蒙古＞河北＞山东＞黑龙江＞河南＞四川＞安徽＞湖北＞江苏＞湖南＞江西；大豆综合比较优势从高到低的省份依次为：黑龙江＞内蒙古＞吉林＞安徽＞辽宁＞四川＞江苏＞湖北＞河北＞河南＞山东＞湖南＞江西。综合比较优势指数可以作为区域粮食作物种植结构调整的理论依据，依据比较优势调整各省份的粮食作物生产布局，发挥各自粮食生产的比较优势，将有利于提高粮食主产区粮食生产的综合能力。就粮食产量波动而言，粮食主产区粮食生产总是循着"增长—波动—增长"的轨迹向前发展。新中国成立以来，粮食主产区粮食生产经历了十四个完整的波动周期和一个非完整的周期。总体上说，粮食主产区粮食产量波动呈现出周期性，对应性和梯次性，波动类型基本是古典波动，波动周期频度较高，长度比较规则，波动幅度总体呈中度等六大特点。粮食产量波动是自然灾害、政策导向、生产投入、粮食流通等多种因素综合作用的结果。粮食主产区粮食产量的变化是由该区域内各省份粮食产量的变化所引起的。通过计算相对波动系数，掌握各粮食主产省份的粮食波动情况，有针对性地采取不同措施，尽量将粮食产量超常性波动带来的影响降到最低程度。

　　从商品化程度看，粮食主产区内部存在着显著的商品化程度差异。目前，中国13个粮食主产省份中仅黑龙江、吉林、内蒙古、安徽、河南和江西为粮食净调出省，其中黑龙江、吉林、内蒙古在国家商品粮供给中扮演着越来越重要的角色。国家应给予这些商品粮生产核心区域更多的倾斜政策，以确保未来商品粮的有效供给。由于人口的持续增长，城镇化、工业化进程加快所导致的耕地减少和粮农生产积极性的下降使得四川和湖北的粮食人均占有水平低于全国平均水平。按其目前的粮食人均占有水平评价，这两个省份有退出主产区的可能，这也意味着我国粮食主产区会呈现进一步缩小的趋势。

从农民收入看，粮食主产区农民人均纯收入水平也存在一定差异。形成收入差异的直接原因是不同主体收入增长速度的差异和收入来源结构的差异。本书以河南和江苏为例考察农民收入差异情况。从河南和江苏农民收入增长速度差异情况看，20 世纪 80 年代初期至 20 世纪 90 年代中期，江苏农民收入年增长率总体高于河南农民收入年增长率，两个省份的农民人均纯收入差距呈逐步放大趋势。自 20 世纪 90 年代中期以来，河南农民收入年增长率总体高于江苏农民收入年增长率。从河南和江苏农民收入来源结构差异情况看，21 世纪以来江苏农民收入构成中工资性收入取代了家庭经营收入的主体地位。河南农民的工资性收入虽不断增长，但与江苏相比仍然处在一个较低的水平上。通过对两省份农民收入差异的分解可以看出，在各个收入构成要素中，工资性收入差异的贡献最大，可见在粮食主产区中，农民工资性收入差异是农民收入存在差异的根本原因。

第四章 中国粮食主产区发展面临的问题

4.1 粮食主产区利益流失

粮食主产区利益流失的基本含义是指商品粮食在向外输出过程中所形成的利益损失。这种利益流失主要通过以下途径形成。

4.1.1 工农业产品价格"剪刀差"所形成的利益流失

新中国成立初期，我国制定了"优先发展重工业，尽快实现工业化"的发展目标。工业偏向的发展战略使我国走上了一条工业化的原始资金积累从农业中吸取剩余的道路。1952—1978 年，中国农业通过剪刀差方式向工业转移的剩余超过 6 320 亿元，加上农业税贡献共计 7 264 亿元。扣除国家给农业的发展、建设等方面的资金 1 730 亿元，农业实际向工业净提供资金5 534亿元，平均每年 205 亿元。仅江苏一个省，1978 年以前就被剪刀差剪去农业剩余 400 亿元，相当于这一时期江苏农民纯收入的 1/3。1978 年以后，由于实行了包括家庭联产承包责任制、大幅度提高农产品价格、给农业生产自主权、改革统购统销制度和开放农产品、劳动力及资本市场等一系列新的农村经济政策，大大调动了农民的农业生产积极性，劳动生产率得到提高。在劳动生产率显著提高和农产品价格大幅度上涨两种因素的交互作用下，1978 年以来工农产品剪刀差逐步缩小。但效果并不理想，剪刀差呈波浪起伏状。20 世纪 80 年代中后期，随着城市改革的全面展开，工业品价格不断上涨，又使工农产品价格剪刀差重新拉大，抵消了农产品提价给农民带来的收入的提高。尽管后来对粮食多次提价，但总的来看，粮价上涨的幅度小于工业品上涨的幅度，粮食价格的调整总表现为一种比较滞后的特征。1978—1986 年国家通过剪刀差从农业剩余中年均剪去 700 亿元，1987 年至

20 世纪 90 年代中前期每年剪去上千亿元，20 世纪 90 年代后半期，由于绝大多数非农产品已经进入市场竞争决定价格的时代，剪刀差的汲取功能才开始弱化（图 4-1）。

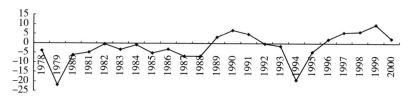

图 4-1　1978—2000 年工农业产品剪刀差相对量

事实上，从 1985 年以后，粮食的市场交易条件就呈现出恶化趋势。粮食生产资料价格连年大幅度上涨，1985 年三种粮食（稻谷、小麦、玉米）每千克物质费用 0.118 4 元，1990 年上升到 0.221 6 元，1995 年上升到 0.435 0 元，2003 年上升到 0.438 2 元，年均上涨 15%。2008 年 8 月份，国产尿素、国产磷酸二铵、国产氯化钾、农用柴油、棚膜等市场平均价格，分别同比上涨 40.1%、74.0%、110.4%、32.3% 和 15.4%。粮食生产成本的上升使许多地方出现了增产不增收，甚至减收的反常现象。吉林是我国著名的产粮大省，现阶段每年向外调出的商品粮大约在 140 亿千克以上，这些粮食大都是平价调出的。仅从农民卖粮这一环节算，如果因工农产品价格剪刀差使农民每卖一千克粮食损失 0.1 元钱的话，那么调往省外的 140 亿千克粮食就至少使吉林农民利益流失 14 亿元。

在工农业产品价格剪刀差显著存在的条件下，如果粮食生产在区域之间分布不平衡，形成明显的产区和销区，那么工农业产品之间不平等的交换关系就会转换成不同区域之间不平等的利益交换关系，进而导致不同经济区域之间的利益分配不公。一旦这种不合理的工农业产品之间的交换关系转换成了区域之间的不平等交换关系，那么就意味着剪刀差政策转换成了以牺牲粮食主产区利益为代价的区域经济政策。这种不合理的区域经济政策在客观上不可避免地会导致粮食主产区农业发展的徘徊甚至萎缩。工农业产品价格剪刀差所导致的粮食产销区之间不平等的交换关系，不但损害了粮食主产区广大粮农的利益，而且也损害了该区域内非农部门和非农居民的利益。这是因为粮食主产区在向区外输出大量粮食的同时，带走了地方财政的巨额补贴，而这些补贴恰恰是由区域内各部门共同提供的。这种区域整体利益流失现象必然产生一个后果，即粮食主产区居民对地方政府扶持粮食生产的政策产生质疑。可见，这种区域之间不合理的利益分配关系会弱化粮食生产行为。一些地区为了促进经济发展，放松了粮食生产。1986 年我国有 17 个粮食净调出省份，到了 1992 年减少到了 12 个，目前全国只剩下了 6 个，粮食主产区的边界呈现出明显缩小的趋势。

4.1.2 粮食产后经营过程中不合理政策性亏损造成的利益流失

粮食产后经营环节的利益流失主要表现在以下四个方面：第一，由于国家对粮食经营过程中的经营补贴费用过低造成的利益流失。国家对粮食主产区粮食经营的政策性补贴主要包括超储费用补贴、专储粮补贴和调拨经营费。超储费用补贴是从 1985 年开始实行的，当时是按 1983 年的实际费用水平核定的，每千克粮食超储补贴标准为 0.022 元，尽管后来补贴标准有所调整，提高到 0.06 元，但实际补贴水平仍然很低。由于储粮资财价格成倍上涨，运费价格上调，煤、水电涨价，职工工资增加，贷款利率提高等多种因素所致，使粮食实际储存费用大幅度上升，实际补贴的数量已无法支付实际储存的费用。由于近年来各方面因素发生很大变化，1986 年核定的调拨经营费标准很低，无法满足实际支出。粮食经营补贴费用过低形成了多购、多销、多调、多储就多亏的局面。实际上粮食主产区每年向外调粮就相当于调钱，致使利益大量流失。第二，由于不合理的粮食风险基金配套政策所造成的利益流失。1994 年开始实行的粮食风险基金制度要求中央和地方政府共同筹集资金，中央和省财政所承担的比例为 1∶1.5，缺口部分分摊比例为 1∶1。此后的 1999 年，中央对地方粮食风险基金补助实行包干办法。可见，粮食风险基金是中央给一块、地方政府掏一块，拼盘而成的。这种配套政策在实际操作中，粮食主产区随着粮食的调出，相应地使地方配套的那部分资金发生流失，粮食输出越多，地方财政配套资金流失越多。2009 年中央 1 号文件提出"逐步取消主产区粮食风险基金配套"。为此，中央财政提出了分三年取消粮食主产区粮食风险基金地方配套的计划，并于 2009 年、2010 年先后取消粮食主产区粮食风险基金配套 17 亿元、41 亿元。2011 年主产区粮食风险基金地方配套全面取消，这意味着粮食主产区粮食风险基金全部由中央财政补助，减轻了粮食主产区的财政负担。但是不能否认该项不合理政策取消之前给主产区造成的利益流失。第三，由于仓储设施落后而形成的利益流失。多年来，粮食主产区粮食仓储设施落后，设备老化，仓储能力不足。由于仓储设施维护和建设投入不足，一些粮库不同程度出现了基础下沉、墙壁裂缝、屋架变形、屋盖破漏等现象，如黑龙江为此每年报废库容2.5亿千克左右，部分烘干设备技术条件陈旧、老化。现阶段吉林完好仓容约1 000万吨，每年需要收购的商品粮食约为2 000万吨，平均常年粮食库存2 500万吨，仓房储粮仅占整个粮食库存40％左右。一半以上的粮食仍存储在由苇席、竹片等器材制成的简易露天粮囤里，费用高，不安全。大部分粮食物流企业仓储设施落后，机械化作业程度低，库内倒运作业基本是"小四轮"、农用车。装卸火车、汽车大多靠皮带输送机，效率低，损耗大。产粮大省由于仓储设施落后，每年都蒙受损失。1984—1986年，为解决储粮难问题，连续3年实行民代国储。由于民代国储设施条件简陋，损失严重，而且国家支付的储粮费用较低，3年间农民为储粮多支付1.2亿元。

综上所述，粮食主产区利益的流失在主观上会刺伤粮农粮食生产的积极性，影响商品粮的有效供给；在客观上会削弱区域农业扩大再生产的物质基础，挖空农业持续稳定发展的后劲。因此，十分有必要缩小工农业产品价格剪刀差，有效利用中央政府财政转移支付手段，建立粮食主产区与主销区之间的利益协调机制。

4.2　区域经济发展滞后

粮食主产区是我国商品粮的主要供给者。但是长期以来，由于体制和政策等方面的因素，粮食主产区始终与"穷"字联系在一起，"背着包袱抓粮食，抓了粮食背包袱"的怪圈一直困扰着粮食主产区，一些重点粮产区陷入"粮食大省、工业小省、财政穷省"的困境。可以说，粮食主产区以损失自己的经济利益为代价，支撑着国家工业的发展和城市的繁荣。粮食主产区经济发展缓慢，主要是产业结构单一，二、三产业相对落后，影响农民收入和地方财政收入增长，进而缺乏经济增长所必需的资本积累。2010年13个粮食主产区的粮食产量占全国粮食产量的 75.36%，但是这 13 个粮食主产区的 GDP 总量只占全国 GDP 的 60.88%，全部财政收入仅占全国财政收入的 48.16%，工业化水平比全国平均水平低 17.22 个百分点，二、三产业在国内生产总值中的比例，全国平均为 89.90%，除内蒙古、辽宁、江苏和山东 4 省份超过全国平均水平外，其他粮食主产省份均低于全国平均水平，其中江西、四川、安徽、湖南、湖北等省份都在 85% 以下。与此对应，粮食主产区农户家庭经营纯收入也主要来自农业，同全国平均水平相比较，农业收入的比例一般要高 10 个百分点。这种粮食生产与经济发展的反梯度关系归根到底在于粮食商品的特殊重要性和粮食产业的弱质性。粮食是关系国计民生的重要战略性商品，粮食生产是自然再生产与经济再生产相交织的过程，自然与市场的双重约束形成了粮食的弱质特征。同时，粮食行业又是有别于一般性工商行业的有限竞争的公益性特殊行业。因此，粮食的供求关系不能完全依靠市场力量，粮食供求失衡的隐患，必须依靠政府来矫正和弥补。粮食主产区担负着国家粮食供求平衡的巨大压力，集国家粮食总量平衡、地区平衡、丰歉平衡于一身。当粮食生产总量较多的时候，粮食主产区虽愿意大量调出粮食，但销区却不愿大量调入，由于目前难以实行最合理的价格补贴保护，因而粮食"卖难"的压力不可避免地由粮食主产区承担。当粮食歉收时，粮食主产区要按低于市场价格的平价向销区调运大批粮食，以平抑全国粮食市场，稳定经济。因此，无论在什么情况下，我国粮食生产和经营中的超经济行为都使得粮食主产区不可能从粮食生产中获取超额利润，甚至不能获得社会平均利润，粮食产业只能是社会效益大而经济效益受到一定限制的产业。由于粮食的政治目标性和社会保障的特殊性，粮食主产区承载着国家粮食安全的重任，其经济发展只能以粮为主，财政收入薄弱。然而，这些省份却要承担更多的生产与流通方面的财政负担，造成粮食主产区财政困难，不堪重负，地方经济落后，形成"产量越多、负担越重、贡献越大、包袱越重、吃亏越多"的境况。

4.3 粮食流通体系不顺畅

粮食是关系国计民生的重要战略商品。粮食供求平衡关系到国家改革发展和社会稳定。粮食流通是指粮食收获后经收购、集并、运输、储存、中转、配置直至消费全过程中的粮食实物的流动。在这里，粮食流通体系建设的内容，既包括粮食流通的硬件设施建设，又包括粮食流通体制的软件建设。新中国成立以来，我国粮食流通体制大体经历了自由购销、统购统销、"双轨制"、保护价收购和市场购销几次大调整。目前已经初步建立了以市场购销为核心的粮食流通制度，实现了粮食流通从计划经济体制向社会主义市场经济体制的历史性转变。但与粮食主产区生产发展要求相比，其粮食流通体系建设仍很滞后，形成了粮食安全保障的瓶颈。如自20世纪80年代以来就存在于粮食主产区的卖粮难问题，虽然现已缓解许多，但仍不时出现，其主要原因在于流通不畅，尚未形成一个成熟的粮食流通体系，来自流通领域的制约因素仍影响着粮食主产区的发展和农民的利益。现阶段，在我国粮食主产区粮食流通体系建设中存在的问题主要表现在以下几个方面。

4.3.1 国家支持性收购体系运行效率不高

粮食产业作为弱势产业，经常面临着较大的自然风险和市场风险，政府的价格支持政策发挥着重要的作用。2004 年以来，根据粮食供求形势发生的重大变化，国家在粮食主产区对稻谷、小麦两大重要粮食品种实行了最低收购价政策。从 2004 年制定预案、2005 年正式启动，再到 2006 年以来全面实施，粮食最低收购价政策在稳定粮食价格、增加农民收入、服务宏观调控等方面发挥了显著作用，但实际落实情况仍有显著差距。粮食最低收购价政策的责任主体是中储粮系统，由于中储粮系统的库点较少，因此在政策执行过程中，绝大部分的收购任务是由一大批受委托的国有粮食购销企业完成的，这就使得中储粮公司不但要开展收购业务，而且还要监管其委托的收购企业，不仅要控制好收购中的各种风险，还要妥善处理好与委托方的关系。目前，我国中储粮的一个直属库平均要管理数十个委托收购库点，而且很多乡镇级的延伸库点比较分散，造成对托市收购粮数量和质量的监管压力很大。此外，在最低收购价粮食的销售中存在着"出库难"问题，即部分中储粮直属库及承担代储任务的国有粮食储备库人为设置粮食出库障碍，向用粮企业额外收取出库费用，影响十分恶劣。虽然粮食最低收购价格发挥了粮食价格的托底作用，稳定了粮食市场价格，但国家出于保护粮农利益、发展粮食生产的考虑，连续提高粮食最低收购价格，这在某种程度上扭曲了粮食的真实市场价格，影响了价格机制作用的发挥，没能充分发挥对种粮农民和粮食经营企业的导向性作用。同时，不同等次粮食间的差价很小，也不利于提高粮食品质，不利于调动农民种植优质粮的积极性。

4.3.2 粮食流通现代化程度低、费用高

目前我国粮食流通总体上呈现出"北粮南运"的格局，通过省份间调剂余缺的地方增多，跨省流通量增大，运距拉长。虽然我国流通现代化程度有了较大提高，但与经济发展要求和发达国家相比还存在着很大差距，基础性配套设施建设缺失，最终运输环节铁路运力紧张，水运开发不够，接卸中转能力严重不足，散粮运输工具发展滞后。玉米、稻谷和大豆等粮食品种在特定产销区之间仍然存在季节性运输困难。目前我国跨省粮食运输主要通过铁路直达运输和铁水（海）联运两种方式，海上运输发展较慢，海运比例偏低。当前东北地区外运原粮约40%通过铁路运出，约50%采用铁海联运方式。黄淮海地区原粮外运主要依靠铁路。中国年铁路运力约20亿吨，只能满足全国实际运输需求量的1/3，粮食的铁路运输需求常常得不到满足，"请车"相当困难，东北有些粮库请车兑现率仅能达到1/10。山海关地区由于铁路线路限制，东北经山海关入关的火车每天只能通过60列，严重制约了东北物资通过铁路入关的数量，同样也制约了粮食南运数量。与此同时，铁路运输工具的配量不能适应粮食散装化、集装化运输的需求。接发装卸设施严重不足，具备散粮机械化操作的立筒仓及浅圆仓占总仓容比例仅为13.1%，且主要集中在东北地区。华北主产区立筒仓、浅圆仓的仓容比例偏低。东北主产区个别交通枢纽、港口中转仓容和发放设施各环节衔接不畅，不能适应原粮外运的需要。中转设施相对落后，致使港口压船、粮库压车现象普遍发生，造成粮食运输不畅，严重影响了产区粮食的外销、销区订购合同的兑现以及销区市场的粮食供应，客观上促成了粮食产销供应的不平衡和粮价的大幅波动。目前我国粮库仓储设施简陋，中间流通环节繁多。平房仓仓容量占总仓容量的87%，新建粮库80%为平房仓。平房仓虽然适于长期

储存，却不利于粮食中转调运，特别是不利于实现机械化和自动化作业。现有粮库受管理体制分割的影响，资源不能综合利用，主产区仓容不足，不少粮食露天存放，收纳库、中转库功能分工不清，储备粮占用中转库容，导致中转库中转次数少。同时主产区粮食加工业发展滞后，大量原粮运往销区加工厂，这不仅增加了主产区粮食收储压力，还浪费了至少20％的运输能力。从全国来看，虽然部分国家储备粮库能做到散装、散卸、散储、散运，但大部分地区的粮食流通只能部分做到。不少地方依然靠传统的袋装方式装卸储运粮食，流通环节多、效率低、损失大、费用高。因车皮紧张，东北粮商在运费之外追加的"请车费"，一节车厢要5 000元左右，相当于每吨粮食增加80元成本，这成为东北玉米和大豆运到广东的流通费用比美国运到广东还要高的重要原因之一。

4.3.3 粮食市场主体发育滞后，市场体系不健全

目前我国统一开放的粮食市场体系虽已形成，但仍存在一些问题：一是粮食企业规模普遍较小，粮食市场交易主体发育迟缓。中央及省级粮食集团公司和十几个大型粮油加工企业规模相对较大，但每个企业一年的粮食流通量也只有几十万吨至二三百万吨。大型企业缺乏，致使经营范围狭窄，抵御市场风险能力差，发展财力不足，保管条件差，"四散化"程度低。当前在我国的粮食流通领域已基本形成了以国有粮食流通企业为主体，集体、民营、私营等多种所有制形式共同参与粮食流通环节的新格局。然而，国有粮食流通企业并未成为真正的粮食经营主体，历史包袱沉重、体制转换缓慢、冗员过多、管理不善等诸多问题成为国有粮食流通企业发展的掣肘。二是粮食批发市场体系缺乏效率。粮食主产区作为我国主要的粮食生产区域，其市场的发育却处在相对落后的状态。从粮食主产区目前粮食市场情况来分析，粮食市场与市场经济的发展很不适应，市场化程度比较低下，难以达到农业资源的优化配置。从发达国家的粮食市场体系来看，大多建立了高效的粮食批发市场体系以适应粮食生产和流通的需要。例如美国早在19世纪中期就开始建立了粮食期货市场。粮食期货市场具有发现粮食真实价格、争取国际粮食市场定价权以及促进粮食品质提高等作用。尽管粮食期货市场在粮食生产和流通中起着极为重要的作用，但目前粮食主产区的粮食期货市场未能得

到应有的发展。总之，从粮食批发市场来看，无论是期货市场还是现货市场都与发达国家存在较大差距。主要原因在于：①没有形成成熟的市场主体。在市场经济条件下，以批发市场为中介进行粮食贸易是规避市场风险的有效途径。但是市场交易的主体，无论是买方还是卖方，都对此缺少足够的认识，为了避开批发市场的交易费用而选择放弃进场交易，事实上场外交易往往会给交易双方带来更大的市场风险，特别是在很多情况下，由于双方各自对对方存有戒心，大大降低了交易率。此外，作为期货市场必须有大量的生产主体参与，以发挥期货市场引导生产者的作用。我国粮食期货市场的一个重要缺陷就在于很少有生产主体参与。我国虽然农户经营规模小，难以形成较大的市场规模，但就粮食主产区特别是东北产区的粮食生产规模而言，已经具备了进入粮食期货市场进行交易的商品量规模，进入粮食期货市场是可以操作的。②缺少有效的体制环境。期货市场是在现货市场的基础上成长发育的，而在我国现有的体制中，现货市场和期货市场分属于不同的政府部门，两者之间不但没能建立有效的延续发展关系，反而常常发生不必要的摩擦，使期货市场缺乏健康发展的体制环境。③没有建立系统的市场法律规范。在计划经济体制下，粮食是所有商品中最具典型性的计划经济商品。在向市场经济过度的过程中，往往表现出制度建设的滞后性，粮食交易合同往往由于缺乏法律约束，出现兑现率低的问题。三是农民粮食生产流通合作社发展滞后。在中国的粮食市场上，农民基本处于被动地位，没有形成自己的产品流通组织，一家一户的经济行为使农民在市场交易中往往处于不利地位，造成农民利益流失，生产积极性不高。

4.4 土地经营规模狭小

粮食生产属于土地密集型生产，适合大机械化耕作，每个农业劳动力可以经营较大规模的土地。人多地少是我国的基本国情，而众多的人口中有60%以上是农村人口，导致农户土地经营规模狭小。发达国家的经验表明，随着城市化进程的推进，农业土地经营规模一般呈现扩大的趋势。但是，在中国，由于人口增长、耕地减少以及农村居民向城市迁移缓慢等因素的共同作用，我国农业土地经营规模变化不大。1998—2012 年，我国农户的户均耕地面积从 8.86 亩上升到 9.13 亩。粮食主产区是国家粮食安全的核心区，从总体看，其农地经营规模要大于全国平均水平。1998—2012 年，粮食主产区农户的户均耕地面积从 10.85 亩提高到 13.37 亩（图 4 - 2），但这仍然是一个非常微小的经营规模。

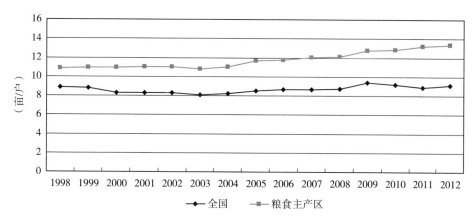

图 4 - 2 1998—2012 年全国和粮食主产区农地经营规模变化情况

从粮食主产区内部各省份情况看，除黑龙江、内蒙古、吉林和辽宁外，其余各省份的农户经营规模都小于全国平均水平。其中黑龙江的农户经营规模最大，内蒙古次之，吉林和辽宁分别居于第三和第四位（表 4 - 1）。即便是经营规模最大的黑龙江，2012 年其户均耕地面积也只有 46.10 亩（3.07 公顷）。粮食主产区狭小的农地经营规模延缓了农业现代化的进程，制约了农民收入的增长，影响了粮食劳动生产率和商品率的提高。因此，在未来粮食主产区的发展中，解决土地密集型生产的规模将是一个重要的问题。根据中国耕地资源的禀赋条件，粮食主产区很难从小规模的农户经营转换到美国等耕地资源相对丰富国家那样的大规模企业化经营，因此需要研究在小规模家庭经营基础上，提高粮食生产规模竞争力的路径。目前要以粮食生产专业大户为基础，实现较大地块内的种植计划，增强栽培技术推广的力度和效果，提高农业机械化的推广程度和使用效率，加大水利设施的统一建设，突破小规模家庭经营带来的技术措施应用的限制。

表 4 - 1　2012 年粮食主产区农地经营规模

	户均耕地面积		户均耕地面积
全国	9.13	安徽	7.18
粮食主产区	13.37	江西	6.59
河北	6.80	山东	5.58
内蒙古	34.32	河南	6.64
辽宁	12.10	湖北	6.84
吉林	28.12	湖南	4.88
黑龙江	46.10	四川	4.45
江苏	4.25		

资料来源，根据 2013 年《中国统计年鉴》和《中国农村住户调查年鉴》有关数据计算整理得出。

4.5　粮农种粮行为的工业化"效应"凸显

工业化通常是指一个国家由农业国向工业国的转化过程，即国民经济结构从以农业为主的经济转变为以工业为主的经济的过程。以工业化和城市化为主要内容的工业社会是人类社会发展不可逾越的阶段。新中国成立以来，我国政府就开始致力于推进中国的工业化进程，经过 60 多年的发展，我国工业化水平有了显著提高。随着工业化进程的加快，经济结构和社会结构的变化对我国粮食供求关系，进而对国家粮食安全产生了深刻影响。这种影响包括积极和消极两个方面。从积极的影响看，工业化的发展有利于向农业提供大量廉价而优质的现代生产要素，提高农业现代化水平。同时，推进工业化有利于加快农村和农业人口向非农产业转移，为扩大农户经营规模和提高农业劳动生产率创造条件。从消极的影响看，随着工业化的发展，部分耕地将由农地转向非农用地，将挤占农业灌溉用水，加剧本来就存在的资源约束。同时，在工业化进程中，粮食生产的比较优势不断下降，将严重影响农民的种粮积极性。本书中的工业化"效应"是指在工业化得到较充分发展后，农民的种粮积极性明显下降，农民不再关心小规模经营的土地收益，甚至放弃粮食生产。因此，要分析粮农种粮行为的工业化"效应"，首先要对工业化阶段进行划分。

目前对工业化阶段的划分，国内外普遍使用的是钱纳里提出的人均GDP标准和六阶段理论。用人均GDP作为衡量工业化水平的指标，人均GDP水平与工业化水平呈正相关关系。六个阶段分别为前工业化阶段、工业化阶段和后工业化阶段，其中工业化阶段又包括工业化初期、工业化中前期、工业化中后期和工业化后期（表4-2）。

2008年，粮食主产区人均GDP为23 501元，采用汇率—平价法（将汇率和购买力平价相结合，取两者的平均值）将人均GDP换算成美元为4 197美元，根据2008年美元与1970年美元的折算因子4.24，可以计算出2008年粮食主产区人均GDP折算为1970年美元为990美元。由钱纳里的一般标准工业化模型可见，目前我国粮食主产区处于工业化中期初期阶段。同理，可以计算出1999—2005年我国粮食主产区处于工业化初期阶段，2006年以来我国粮食主产区处于工业化中前期阶段。

表4-2 人均GDP水平变动所反映的工业化阶段

单位：美元

工业化阶段划分		人均GDP（1970年美元）
工业化初期	第一阶段	280～560
工业化中期	第二阶段	560～1 120
	第三阶段	1 120～2 100
工业化后期	第四阶段	2 100～3 360

资料来源：《工业化和经济增长的比较研究》（钱纳里，1989）。

1999—2005年，粮食主产区农民人均纯收入由2 275.61元增加至3 347.15元，增加额为1 071.54元，年均递增速度为7.85%。从农民总收入构成来看，此阶段大约63%的农民收入来源于家庭经营第一产业收入（图4-3）。

2006—2008年，粮食主产区农民人均纯收入由3 700.79元增加至4 958.33元。从收入构成来看，此阶段农民收入还是以家庭经营第一产业收入为主，但该项收入占总收入比重已降到了60%以下。随着工业化进入中期阶段，城市化水平的加速发展，家庭经营第一产业收入比重下降，家庭经营第二、三产业收入，工资性收入，转移性和财产性收入比重有所提升。2006年，农民家庭经营第一产业收入，家庭经营第二、三产业收入，工资性收入，转移性和财产性收入占总收入的比重分别为 85%、9.37%、24.52%和 6.26%。到 2008 年，农民家庭经营第二、三产业收入，工资性收入，转移性和财产性收入比重分别提高了 0.04 个、0.85 个和 2.35 个百分点，家庭经营第一产业收入比重下降了 3.24 个百分点（图 4-4）。

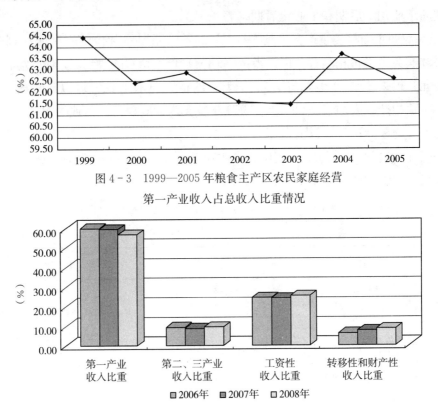

图 4-3　1999—2005 年粮食主产区农民家庭经营

第一产业收入占总收入比重情况

图 4-4　2006—2008 年粮食主产区按收入来源分各种收入占总收入比重情况

　　当粮食收入下降时，粮农可能会做出两种选择：一种选择是放弃粮食生产，转向其他经营。这种选择取决于粮食生产以外的其他农产品的市场供求状况、比较收益的大小和非农产业的发达程度。这种选择行为在我国的发达省份比较常见，20 世纪 80 年代后期以来，在南方一些农村工业化比较超前的地区出现的土地抛荒现象，就是这种选择的结果。一种选择是继续进行粮食生产，但以低成本的方式运作，这样做，往往是经济不发达地区农民的选择。当土地经营以外的就业机会极其稀缺时，农民必然要继续滞留在土地上以满足于自给消费的方式从事生产，并最大限度地压缩外投商品成本，以增加收入。这种选择虽然不会像第一种选择那样使粮食生产出现显著的负增长效应，但也必然会出现负增长的趋势，特别是商品量的部分由于效益下降，会使商品率明显降低。根据以上分析可以得出：随着工业化进程的不断推进，由于比较利益差异的驱动，粮食主产区粮农在生产要素配置上发生了不利于粮食生产的倾向，粮农种粮行为的工业化"效应"凸显。

4.6　本章小结

本章对中国粮食主产区发展中面临的问题进行了深入分析。目前，中国粮食主产区发展面临的主要问题包括粮食主产区利益流失、区域经济发展滞后、粮食流通体系不顺畅、土地经营规模狭小、粮农种粮行为的工业化"效应"凸显等。针对粮食主产区利益流失问题，粮食主产区的利益流失主要来自于工农业产品价格剪刀差和粮食产后经营过程中不合理的政策性亏损，其中工农产品价格剪刀差的存在是导致粮食主产区利益流失的直接原因。粮食主产区利益流失在主观上会刺伤粮农粮食生产的积极性，影响商品粮的有效供给；在客观上会削弱区域农业扩大再生产的物质基础，挖空农业持续稳定发展的后劲。因此，十分有必要缩小工农业产品价格剪刀差，有效利用中央政府财政转移支付手段，建立粮食主产区与主销区之间的利益协调机制。针对区域经济发展滞后问题，由于粮食商品的特殊重要性和粮食产业的弱质性，作为我国商品粮主要供给者的粮食主产区，粮食生产与经济发展呈现出反梯度关系。"粮食大省、工业小省、财政穷省"是粮食主产区经济社会发展的真实写照。为了提高区域整体经济实力，除了给予粮食主产区直接补偿外，必须激活其"造血"机能，在工业化大背景下，实现区域经济的健康发展。针对粮食流通体系不顺畅问题，自 20 世纪 80 年代以来就存在粮食主产区的卖粮难问题，虽然现已缓解许多，但仍不时出现，其主要原因在于流通不畅，尚未形成一个成熟的粮食流通体系，来自流通领域的制约因素仍影响着粮食主产区的发展和农民的利益。现阶段，在我国粮食主产区粮食流通体系建设中还存在着国家支持性收购体系运行效率不高，粮食流通现代化程度低、费用高，粮食市场主体发育滞后、市场体系不健全等问题，即无论是粮食流通的硬件设施建设还是流通体制的软件建设都与日益发展的要求不相适应，因此，加强粮食流通体系建设是粮食主产区发展中的重要组成部分。针对土地经营规模狭小问题，我国的基本国情决定了我国农户的土地经营规模狭小。与发达国家相比，即便是耕地资源禀赋条件较好的粮食主产区的农地经营规模也十分微小。狭小的土地密集型生产影响了粮食劳动生产率和商品率的提高，降低了粮食生产规模竞争力。因此，在小规模家庭经营基础上，扩大土地密集型生产的规模是粮食主产区未来发展中急需解决的一个重要问题。针对粮农种粮行为的工业化"效应"凸显问题，农户是国家粮食综合生产能力体系中最基础的要素，农户的种粮技能高低和种粮意愿强弱，直接影响国家的粮食综合生产能力大小，进而影响国家粮食安全保障水平。随着工业化进程的不断推进，由于比较利益差异的驱动，粮食主产区粮农在生产要素配置上发生了不利于粮食生产的倾向。如何确保工业化充分发展后国家的粮食安全，寻求粮农投资粮食生产的内在动力是粮食主产区发展中需要具有预见性的研究和亟待解决的重大问题。

第五章　中国粮食主产区支持政策

5.1　粮食主产区支持政策的背景及运行轨迹

粮食主产区作为以粮食产业为专业化方向的经济区域，提供了全国大部分的商品粮，是实现国家粮食安全的主导力量。改革开放以来，国家以粮食主产区为重点，采取了一系列倾斜的区域政策以调动主产区种粮农民积极性，提高粮食综合生产能力，保证国家粮食供求的基本平衡。中国粮食主产区的支持政策大体可以分为以下几个方面。

5.1.1　粮食价格支持政策

新中国成立伊始，我国政府确立了依靠转移农业剩余建立和发展重工业的经济发展战略。从1953年开始实行以低价收购和低价销售为主要特征的粮食统购统销制度。统购统销制度是一种高度集中统一的粮食计划收购和计划供应的制度，这一制度的推行虽然基本满足了城乡缺粮人口对粮食的需求，维护了社会稳定，但人为地使价格背离价值，严重挫伤了农民生产积极性，影响了粮食生产发展，降低了农民的收入水平。新中国成立初期至1978年的国家经济发展战略使农业剩余以剪刀差的形式转移到工业部门，因此这一时期几乎谈不上对农业的支持和保护，更谈不上对粮食主产区的支持和政策倾斜。事实上，这一时期的政策是农民以农业税和农产品价格剪刀差的形式为国家工业化提供资本积累，国家实施的是农业的负保护政策。改革开放以来，国家的经济发展战略从重点优先发展重工业转向工农业平衡协调发展。1978年党的十一届三中全会召开，标志着我国进入改革开放的新时期，在农村首先发动的家庭联产承包责任制改革，极大地解放了农业生产力，调动了农民发展粮食生产的积极性。为缩小工农产品交换差价，维护农民利益，保护农民生产积极性，我国的粮食政策发生了很大变化，其中粮食价格政策的改革是重要内容。1979 年以来国家的粮食收购价格共发生过六次大的调整。第一次粮食价格调整起始于 1979 年年初。根据国务院发布的《中共中央关于加快农业发展若干问题的决定》,在维持原有购销政策不变的情况下,粮食统购价格从 1979 年夏粮上市起提高 20%,超购部分在这个基础上再加价 50%。1978—1984 年,全国粮食产量年平均增长速度为 4.9%,是新中国成立以来增长最快的时期。第二次粮食价格调整是在 1985 年年初。1984 年,全国粮食总产达到历史最高水平,在我国第一次出现了粮食低水平的相对过剩,为了适应经济体制改革的需要,减轻国家财政负担,调动农民种粮积极性,稳定粮食生产,加快粮食市场化进程,1985 年,中央决定取消粮食统购,实行合同定购制度。由商业部门在播种季节前与农民按"倒三七"比例计价(即三成按原统购价、七成按原超购价)。定购以外的粮食可以自由上市。如果市场粮价低于原统购价,国家仍按原统购价敞开收购,保护农民的利益。至此,我国粮食政策由原来的统购统销政策改为订购统销和议购议销的"双轨"运行的政策,粮食价格形成定购价格和议购价格的"双轨"机制。第三次粮食价格调整是在 1989 年。鉴于农业生产资料价格的飞速上涨,国家为逐步缓解粮食价格偏低的状况,保护粮农的生产积极性,大幅上调了粮食合同定购价格。红小麦定购价每 50 千克比 1985 年上涨了 3元,杂交稻定购价每 50 千克比 1985 年上涨了 6.9 元,粳稻定购价每 50 千克比 1985 年上涨了 7.8 元,三种粮食作物定购价格平均上涨 31%。第四次粮食价格调整是在 1992 年。国家再次提高了定购粮价格。粮食收购价格连续数次提高,而销价不动,致使粮食购销价格全面倒挂,各项政策性补贴大幅度上升,国家财政不堪重负。1985 年以后,因财政欠拨、欠补、欠退及企业超亏等因素,出现粮食企业财务挂账的新情况,所以,国家从 1991—1992 年连续两次提高粮食统销价格,基本实现了购销同价。小麦、稻谷、玉米三个品种每 50 千克的平均定购价格,由 1978 年的 10.68 元分别调为 1979 年的 12.95 元、1984 年的 16.60 元、1985 年的 16.70 元、1986 年的 17.67 元、1987 年的 18.90 元、1988 年的 19.67 元、1989 年的 22.17 元、1992 年的 26.13 元,至此,较 1979 年调高了 144.66%。1993 年 10 月国务院下发的《关于加快粮食流通体制改革的通知》中做出对粮食定购实行"保量放价"的政策,即继续保留粮食定购数量,价格随行就市,其目的是废除粮食统销制度，逐步实现购销同价，结束运行多年的粮食价格"双轨制"体制，充分发挥市场在调节产销上的主要作用。第五次粮食价格调整是在1994年。1993年粮食价格和经营放开后，当年年底便出现了市场混乱、粮价猛涨的风波。国务院和各级地方政府不得不采取限价措施，下令国有粮店统一挂牌限价销售和限量供应，以达到稳定粮食市场的目的。1994年3月，中共中央农村工作会议认真讨论了粮食价格问题。1994年6月，国家大幅度提高粮食定购价格，小麦、稻谷、玉米、大豆四种粮食定购价格平均提高44%，高于当时市场价格的10%。第六次粮食价格调整是在1996年。1994年粮食定购价格提高后不久，市场价格很快又超过了定购价格，而且差距越来越大。到1994年年底，粮食市场价格比上年同期上涨了50.7%，粮食市场价格与定购价格每千克相差0.30～0.50元，个别地区差价达到0.80元。国家为了鼓励粮食生产，提高农民种粮积极性，决定于1996年夏粮上市前提高粮食定购价格，此次粮食定购价格提高约40%。从这六次粮食价格调整中可以看出，1997年以前国家为了实现促进粮食增产和粮农增收的双重目标，以提高粮食收购价格作为国家粮食收购价格政策调整的主要内容。1997年以后，我国粮食总量开始出现过剩，并出现较为突出的结构性矛盾，加之进口粮的冲击，国内市场粮价急剧下跌，市场竞争日趋激烈，国有粮食企业高度垄断、一统天下的购销格局被彻底打破，粮食流通表现出市场经济条件下买方市场的种种特征。为保护农民种粮积极性，巩固国家粮食安全基础和粮食流通体制改革成果，1998年国家推行了新的粮改方案，其核心内容是敞开收购、顺价销售、封闭运行，加强粮食企业自身改革的"三项政策，一项改革"。国家明确按保护价敞开收购农民余粮，直到2004年在全国范围内放开粮食价格。同年，国家出台了粮食最低收购价政策。粮食最低收购价政策是在国家对"三农"问题加大解决力度、加快粮食流通体制改革背景下，在我国粮食连续五年减产、市场供求剧烈变化的情况下实施的。2004年5月，国务院发布了《国务院关于进一步深化粮食流通体制改革的意见》，指出要放开粮食收购和价格，健全粮食市场体系，由市场供求形成粮食收购价格，国家在充分发挥市场机制的基础上实行宏观调控，当粮食供求发生重大变化时，为保证市场供应、保护农民利益，必要时可由国务院决定对短缺的重点粮食品种在粮食主产区实行最低收购价。国家规定了稻谷的最低收购价格，当市场价低于最低价时，由国家指定的粮食企业以最低价进行收购，稳定市场价格。由于 2004 年市场价格高于最低收购价，最低收购价政策的执行预案没有启动。2005 年，粮食最低收购价政策执行预案首次启动。国家在南方稻谷主产区启动了最低收购价，政策执行期间累计收购早籼稻 47.5 亿千克、中晚籼稻 75.5 亿千克，合计 123 亿千克。2006 年，最低收购价预案全面启动，小麦也被纳入最低收购价范围，全年累计收购最低收购价小麦 407 亿千克、早籼稻 36.5 亿千克、中晚籼稻 49.5 亿千克，合计 493 亿千克。2007 年国家又启动了小麦最低收购价预案，累计收购最低收购价小麦 289.5 亿千克。由于南方稻谷价格一直高于最低收购价水平，国家没有启动收购预案。但到 2007 年年底，东北粳稻价格跌破最低收购价水平，国家在黑龙江、吉林启动了粳稻最低收购价预案，累计收购最低收购价粳稻 5 亿千克，对市场粮食价格起到了托市作用。2008 年，国家连续调高了小麦和稻谷的最低收购价格水平，扩大了稻谷最低收购价格实施范围。为解决农民"卖粮难"问题，防止谷贱伤农，2008 年国家又在稻谷、玉米、大豆产区实行临时收储政策，共收购临时存储稻谷 167.5 亿千克、玉米 131.8 亿千克、大豆 6.1 亿千克。2009 年，国家继续提高粮食最低收购价格水平。粮食最低收购价政策只限于规定品种的重点主产区，如早籼稻是湖南、湖北、江西、安徽和广西 5 个省份，中晚稻和粳稻是湖南、湖北、江西、安徽、四川、吉林、黑龙江、广西、江苏、辽宁和河南 11 个省份，小麦是河北、河南、山东、湖北、安徽和江苏 6 个省份，在范围之外的粮食价格完全由市场决定，不执行最低收购价政策。

5.1.2 农业补贴政策

我国最早的农业补贴措施是 20 世纪 50 年代末对国营拖拉机站实行的"机耕定额亏损补贴"，之后逐渐扩展到粮食流通领域补贴、粮食生产领域补贴及农民直接收入补贴等方面。目前，在粮食主产区实施的农业补贴政策主要有以下几方面：

1. 粮食直接补贴

为了提高粮食补贴效率，2002 年国家首先在安徽、吉林选择了 3 个县（安徽 2 个、吉林 1 个）进行试点，2003 年试点工作扩大到内蒙古、河南、河北、湖南、湖北等 9 个省份，从 2004 年起，我国全面实行对种粮农民的直接补贴。直接补贴的资金来源于粮食风险基金。直接补贴的标准，按照能够补偿粮食生产成本并使种粮农民获得适当收益，有利于调动农民种粮积极性、促进粮食生产的原则确定。直接补贴的办法当时确定有四种即按出售粮食的商品量、粮食种植面积、计税面积和计税常产进行补贴。在此基础上，部分省份还对种粮大户给予专项补贴。但是，在实际操作中，各地对粮食补贴在方式、对象的确定上存在一定的差异。2004 年粮食主产区粮食直补资金达到 103 亿元。2006 年粮食主产区将对种粮农民的直接补贴资金规模普遍提高到粮食风险基金的 50% 以上，粮食主产区粮食直补资金当年达到了 125 亿元。目前各地对种粮农民直接补贴资金占当地粮食风险基金的一半以上，全国共达 151 亿元。

2. 良种补贴

为了支持农民积极使用优良作物种子，提高良种覆盖率，增加主要农产品特别是粮食的产量，改善产品品质，推进农业区域化布局，国家从 2002 年开始推行良种补贴政策。2002 年国家在内蒙古、辽宁、吉林、黑龙江 4 省份安排了 1 亿元实施了 1 000 万亩高油大豆良种推广补贴，每亩补贴 10 元。2003 年，高油大豆良种推广补贴规模扩大到 2 000 万亩，同时又实施了 1 000 万亩优质专用小麦良种推广补贴，两者补贴资金合计达到 3 亿元，补贴区域包括河北、内蒙古、辽宁、吉林、黑龙江、江苏、安徽、山东、河南 9 省份。2004 年良种补贴在规模和范围上都有了较大突破，补贴范围扩大到水稻、小麦、玉米和大豆，补贴规模扩大到 10 多亿元，补贴区域扩大到 13 个粮食主产省份。2006 年全国 17 个省份实行了良种补贴政策。良种补贴范围和补贴作物逐步扩大。2008 年，良种补贴资金达 61.86 亿元，补贴面积达 5.3 亿亩，实现水稻良种全覆盖。2009 年，水稻、小麦、玉米、棉花良种补贴范围在全国实现全覆盖，大豆良种补贴在辽宁、吉林、黑龙江、内蒙古等省份实现全覆盖。在良种补贴政策的推动下，农民的生产成本大幅度减少，主要粮食作物的单产水平和优质率不断提高。

3. 农机具购置补贴

2004 年，国家出台的一项重大"黄箱"政策是农机具购置补贴，即对农民个人、农场职工、农机专业户和直接从事农业生产的农机作业服务组织

表 5 - 1 2002—2008 年中央财政用于农业 "四补贴" 情况

单位：亿元

补贴名称	2002 年	2003 年	2004 年	2005 年	2006 年	2007 年	2008 年	累计
"三农" 支出总计			2 626	2 975	3 517	4 318	5 955.5	19 391.5
四补贴合计	1	3	145.23	173.70	309.53	513.63	1 028.6	2 174.69
粮食直补			116	132	142	151	151	692
良种补贴	1	3	28.53	38.70	41.53	66.63	121.60	300.99
水稻			25.53	26.70	27.53	37.63	62.60	179.99
小麦		1	1	10	10	10	20	52
玉米			1	1	3	3	20	28
大豆	1	2	1	1	1	1	4	11
棉花						5	5	10
油菜						10	10	20
农机具购置补贴			0.7	3	6	20	40	69.7
农资综合直补					120	276	716	1 112

资料来源：《全球粮食危机与中国粮食安全》（尹成杰，2009）。

购置和更新大型农机具给予的部分补贴，重点向粮食主产区、农业大省倾斜，向种粮大户、农机大户倾斜。2004 年国家安排农机购置补贴资金 7 000 万元，此后农机具购置补贴资金规模和实施范围呈逐年增长趋势，到 2009 年国家安排农机具购置补贴资金 130 亿元，补贴范围覆盖全国所有农牧业（县）场。

4. 农资综合补贴

为了弥补因农资等生产资料价格上涨造成农民种粮收益下降的状况，2006 年起中央财政对种粮农民柴油、化肥、农药等农业生产资料实行综合补贴。补贴规模主要根据全年预计的柴油、化肥、农药、农膜等农业生产资料价格变动幅度对农民种粮收益的影响确定，补贴资金全部由中央财政负担，补贴方式与种粮直补类似，不同地区采取不同的补贴方式，同一地区农资综合补贴与种粮直补是"一条线"运行，即中央财政直接将中央配套的粮食风险基金和农资补贴资金通过银行直接发放到农民手中。2006 年农资综合补贴资金达 120 亿元，农资综合补贴的力度逐年不断加大，到 2008 年农资综合补贴资金总额达到 716 亿元，是所有补贴中增长最快、补贴力度最大的补贴种类。

上述农业补贴政策可以简称为"四补贴"政策。实施"四补贴"政策，彻底改变了我国多年来补贴流通环节的做法，使农民真正成了国家农业补贴的直接受益者。近年来，我国中央财政用于农业"四补贴"的资金逐年增加（表 5-1）。但与发达国家相比仍有很大差距，例如一些发达国家农民每年人均享有的各种农业补贴：美国为 1.4 万美元、欧盟为 1.7 万美元、日本为 2.3 万美元；如果按照耕地面积计算，每公顷土地的农业补贴为：美国 100～150 美元、欧盟 300～350 美元、日本 600 美元左右。可见，今后我国"四补贴"政策的空间仍然很大。

5.1.3 "四取消"政策

我国长期以来实行对农业生产和经营征税的制度，这对过去一个时期国家经济社会发展和农村政权建设起到了重要作用。但是，随着国家经济社会发展，这种农业税收制度的积极作用逐步消退，其制约农业发展、增加农民负担等消极作用不断增强。我国已经进入了工业化中期阶段，已经具备了改革农业税收制度的必要条件。正是在这种背景下，国家逐步出台了"四取消"政策。"四取消"指的是取消农业特产税、农业税、牧业税、屠宰税。我国从 2000 年开始在安徽和其他省份的部分县市进行农村税费改革试点，分费改税和减免农业税两个阶段。费改税阶段于 2003 年在全国展开，主要内容包括四个方面：①取消乡统筹费、农村教育集资等专门面向农民征收的行政事业性收费和政府性基金、集资，原由乡统筹开支的乡村两级九年制义务教育、计划生育、优抚和民兵训练支出，由各级政府通过财政预算安排。②取消屠宰税，取消统一规定的劳动积累工和义务工，农村公用事业用工由村民大会决定，一事一议。③调整农业税和农业特产税政策。农业税常年产量以 1998 年前 5 年农作物的平均产量确定，并保持长期稳定，新的农业税实行差别税率，最高不超过 7%。④村提留的来源除集体经营收入外，征收农业税附加，附加比例不超过 20%。农业税减免和取消阶段起始于 2004 年。当年取消了除烟叶外的农业特产税；黑龙江、吉林两省先行免征农业税；河北、内蒙古、辽宁、江苏、安徽、江西、山东、河南、湖北、湖南、四川 11 个粮食主产省份降低农业税 3 个百分点，其他地区降低农业税 1 个百分点；北京、天津、上海、浙江、福建等省份自行免除农业税。减免农业税后减少的地方财政收入，沿海发达地区原则上由地方自己消化，粮食主产区和中西部地区由中央财政通过转移支付解决。2005 年全国仅有河北、山东、云南等省还保留少量农业税。从 2006 年起，全国全面取消了农业税和屠宰税。"农业四税"及各种附加取消后，全国农民每年减负约 1 250 亿元，人均减负约 140 元。原定五年实现的目标在两年内就提前完成了。

5.1.4 农业保险政策

我国的农业保险至今已有 70 多年的历史。历经了 20 世纪三四十年代的小范围试办、50 年代的兴起和停办、1982—1992 年的恢复试办、1993—2003 年的持续萎缩和 2004 年开始的新一轮试点等阶段。2004 年中央 1 号文件明确指出要加快发展农业保险。当年中国保险监督管理委员会先后批准成立了上海安信农业保险股份有限公司、黑龙江阳光农业相互保险公司、吉林安华农业保险股份有限公司三家专业性农业保险公司。并在黑龙江、吉林、上海、内蒙古、新疆、湖南、安徽、四川、浙江等 9 省份启动农业保险试点，为建立有中国特色的政策性农业保险模式进行了有益的探索。2005 年农业保险保费收入达到 7.3 亿元，是 2003 年的近 3 倍。2006 年中央 1 号文件指出要稳步推进农业政策性保险试点工作，加快发展多种形式、多种渠道的农业保险。同年 6 月底，我国提出将农业保险纳入农业支持保护体系，明确提出了补贴农户、补贴保险公司、补贴农业再保险政策，即中央和地方财政对农户投保按品种、按比例给予补贴，对保险公司经营的政策性农业保险适当给予经营管理费补贴，建立中央、地方财政支持的农业再保险体系。2007 年中央财政安排 10 亿元专项资金，在内蒙古、吉林、江苏、湖南、四川和新疆 6 个省份开展中央财政农业保险保费补贴试点工作，各级财政投入 29.94 亿元保费补贴。2008 年中央财政大幅度增加了对农业保险的补贴支持力度，保费补贴预算由 2007 年的 21.5 亿元增加到 60.5 亿元。政府通过支持农业保险的发展，间接实施对当地农业、农户的政策扶持与利益保护。农业保险补贴属于 WTO 规则允许的"绿箱"政策，也是发达国家支持和保护农业发展的重要手段之一。

5.1.5　财政奖励政策

2005 年国家出台了中央财政对产粮大县直接奖励的政策。近几年，县乡财政困难问题已经成为财政经济运行中比较突出的问题。产粮大县大都是工业小县、财政穷县。长期以来，产粮大县以种粮为主，种粮的比较效益低，地方经济发展滞后，财政增收潜力小，财政增长缓慢。此外，产粮大县产粮越多，粮食库存越大，粮食包袱越重，地方财政用于粮食方面的补贴越多。特别是粮食市场化改革后，粮食主产区粮食企业的"三老"问题日益突出。沉重的粮食支出无疑对本来已经非常困难的县级财政雪上加霜。由于产粮大县不重视粮食生产，致使粮食播种面积逐年减少，粮食产量逐年下降。2003 年全国的粮食产量已降至 20 世纪 90 年代以来的最低点，已开始影响到国家的粮食安全。在这样的背景下，实施中央财政对产粮大县奖励政策，有利于调动农民的种粮积极性，缓解粮食主产县的财政困难，进一步调动地方政府促进粮食生产的积极性。2005 年国家首先对全国 500 多个产粮大县实行财政奖励政策，奖励资金分配与地方发展粮食生产挂钩，鼓励粮食生产、加工和流通。2005—2008 年，中央财政奖励资金总额累计达到 400 亿元。同时陆续实施了生猪、油料生产大县财政奖励政策，推动了粮食、生猪、油料等主要农产品的生产发展。

5.1.6　商品粮基地建设政策

为了增加商品粮总供给水平，提高粮食自给率，确保国家粮食安全，建设一批具有较高商品率的商品粮基地十分必要。建立商品粮基地的政策动议起始于 20 世纪 70 年代中期。1975 年，国家计委在研究"五五"规划时，提出了建设商品粮基地的思路，但在实施过程中，由于建设重点不突出、资金落实不到位等原因，建设效果不够理想。1978 年党的十一届三中全会以后，中央在《关于加快农业发展若干问题的决定》中，又明确提出了要建设一批商品粮基地，以解决我国粮食的有效供给问题。1980 年，国家计委和国家农委研究并规划，在 13 片粮食重点产区投资 200 多亿元，建设 300 个商品粮基地县。但由于资金和大面积推开建设等问题难以落实，因此规划没有实施。1982 年 7 月在全国的计划会议上，商品粮基地建设问题又被作为重要议题提出，同时确定了商品粮基地建设的基本思路，即以县为单位，联合投资，钱粮挂钩，承包建设。从 1983 年开始，国家主要在长江中下游和东北两大区域的江苏、安徽、湖南、湖北、江西、黑龙江、吉林、辽宁等11 个省份，选择了 60 个自然条件较好，粮食增产潜力较大的县作为商品粮基地试点开展建设工作。国家和地方按 1∶1 的投资比例联合建设，实际落实投资比例为 1∶1.36。历经 3 年的建设，商品粮基地建设取得了显著成效，粮食商品率由 28% 提高到 42%，比全国高出 20 个百分点。这些试点县的成功，为以后商品粮基地乃至整个农业商品基地建设提供了宝贵经验。"七五"期间，国家分三批在全国 24 个省份择优选择了 214 个商品粮基地县。1987—1988 年，国家投资 3.84 亿元（中央投资 1.9 亿元、地方配套1.94 亿元）建设"七五"第一批商品粮基地。重点安排在黄淮海小麦集中产区和粮食调出区，包括河北、内蒙古、辽宁、江苏、安徽、江西、山东、河南、湖北、湖南、山西、陕西、四川、广西、福建、云南等 16 个省份和重庆、青岛两个计划单列市，共选建了 111 个基地县。1989—1990 年，国家投资 3.8 亿元（中央投资 1.9 亿元，地方配套 1.9 亿元）建设"七五"第二批商品粮基地。这批基地共安排 83 个县，分布在山西、陕西、福建、广东、广西、海南、四川、贵州、青海和西藏等 24 个省份。重点安排在西北旱作农业区、南方水稻区和粮食调入省份。为了探寻在不同类型地区夺取粮食高产和"高产再高产"、"贡献再贡献"的新途径，1990—1991 年，国家每年投资 2 000 万建设"七五"第三批商品粮基地县，这批商品粮基地县共 24 个，分布在吉林、辽宁、河北、山东、湖南、湖北、四川、浙江等 17 个省份和计划单列市。与以往的商品粮基地相比，这批基地粮食生产的基础条件好，生产水平高，提供的商品粮多。"八五"期间，国家进一步贯彻实施商品粮基地建设政策，分两批建设了 205 个商品粮基地县。1991—1992 年，国家投资 4.2 亿元（中央投资 2.1 亿元、地方配套 2.1 亿元）在东北平原、华北平原、黄淮海平原和长江中下游地区的粮食主产省选建了 88 个商品粮基地县。1993—1994 年，国家继续投资建设"八五"第二批商品粮基地，共选建了 117 个基地县。在进入"九五"之前，国家又重新制定了商品粮基地县建设计划。这次的商品粮基地县共有 155 个，主要分布在东北、黄淮海、长江中下游平原的粮食调出区，大多数是年提供商品粮 5 000 万千克以上的产粮大县。1993 年年底至 1994 年，我国粮食供求关系陡然紧张，市场粮价大幅上扬，致使价格总体水平上升 4 个百分点，由此引发了国外对中国粮食安全的担心。美国人莱斯特·布朗更是发出了"谁来养活中国"的论调。面对这一形势，国家在继续安排投资建设商品粮基地县的同时，提出了建设国家大型商品粮生产基地的思路。1995 年，在《中共中央关于制定国民经济和社会发展"九五"计划和 2010 年远景目标的建议》中明确提出，国家"要有重点地选择若干片增产潜力大的地区，集中投入，建成稳定的商品粮生产基地"。1996 年年初，中央农村工作会议又对这项工作提出了明确要求。1996 年 7 月，经国务院同意，国家计委会同农业部、水利部、财政部联合下发了《关于建设国家大型商品粮生产基地的通知》。根据全国 300 多个地市的耕地面积、粮食产量、人均粮食占有量、商品粮调出量以及增产潜力等粮食生产、调运情况，国家在长江中下游平原、黄淮海平原和东北平原等商品粮重点调出省份与农垦系统择优选择了黑龙江绥化、吉林长春、河南新乡、江苏扬州、安徽阜阳、湖南衡阳等 20 个商品粮集中产区，以地市为单位，由国家重点投资建设第一批国家大型商品粮生产基地。这批基地重点是南方水稻产区，兼顾西南、西北缺粮省的粮食产区。品种以水稻、小麦和玉米为主，兼顾大豆和小杂粮。首批选建的大型商品粮基地在全国粮食生产和商品粮供给中占有重要地位。1995 年，这 20 个地市的耕地面积为 2.2 亿亩，粮食播种面积达到 2.4 亿亩，均占全国的 15％；粮食总产量 7 600 万吨，约占全国的 17％；提供商品粮 3 280 万吨，约占全国的 20％；净调出粮食 1 200 万吨。大型商品粮基地建设项目建设期为五年，国家每年安排中央投资 2 亿元，平均每个基地安排中央投资 5 000 万元，地方政府按 1∶1 进行资金配套，项目总投资规模达到 21.1 亿元。鉴于我国农业基础设施条件差、抵御自然灾害能力低等情况，大型商品粮基地的建设重点是加强中小型农田水利基础设施建设，形成一批旱涝保收的基本农田；加强区域性良种繁育基地等统繁统供体系建设，加快优良品种扩繁和推广；加强中低产田改造和土壤平整改良以及农业服务体系建设。力争通过几年的投资建设，改善粮食主产区的农业生产条件，使粮食生产再上一个新台阶。20 世纪 90 年代末期以来，我国农业发展进入了新阶段。粮食等主要农产品供求关系由长期短缺转变为总量基本平衡、丰年有余。随着人们收入的不断增加，生活水平的逐步提高，粮食消费需求逐渐由数量型向质量型转变。在粮食供求形势发生了根本性变化的新形势下，从 2000 年开始，国家大型商品粮基地建设的主要目标由单纯追求提高粮食产量向产量和质量并重发展转变。同时，国家还加大了大型商品粮基地建设的投入力度，中央投资规模由每年 2 亿元增加到 4 亿元。在建设内容和投资安排上，除了继续加强农田水利等基础设施建设和良种繁育体系建设外，还大力扶持地方农业科研单位的发展，加快高产、优质、高效粮食新品种的培育和先进技术的开发、集成、示范和推广，提高大型商品粮基地粮食生产的科技含量，促进粮食生产增长方式的转变。2003 年，我国粮食供求关系又出现了新情况，主要表现为"五减一增"。"五减"分别为：耕地减少，总面积由 1998 年的 12 964.32 万公顷减少到 2003 年的 12 339.22 万公顷，5 年减少 4.82％；粮食播种面积减少，由 1998 年的 11 378万公顷减少到 2003 年的 9 941 万公顷，5 年减少 12.63％；粮食总产量减少，由 1998 年的 51 229 万吨减少到 2003 年的 43 069 万吨，5 年减少 15.93％；人均粮食占有量减少，由 1998 年的 413 千克/人减少到 2003 年的 334 千克/人，5 年减少 19.13％；单产减少，由 1998 年的 4 501 千克/公顷减少到 2003 年的 4 332 千克/公顷，5 年下降 3.75％。"一增"即粮食需求增长，特别是饲料和工业用粮增长较快。在此背景下，国家大型商品粮生产基地建设把发展高产、优质粮食生产，尽快提高商品粮产量作为主要目标，基地资金全部投向 13 个粮食主产省份，重点扶持粮食主产区的粮食生产。在建设内容和投资安排上，大幅度提高小型农田水利基础设施的投资比例，引导、推广和普及优良品种，增强粮食生产的科技含量，提高粮食的单产水平，切实提升粮食主产区的粮食综合生产能力。

5.1.7 优势农产品区域布局建设政策

为了加强粮食主产区、核心区建设，发挥粮食生产的区位优势，促进粮食生产的区域化、规模化、专业化。从 2003 年开始，我国实施了《优势农产品区域布局规划（2003—2007 年)》。从全国的农业生产区位优势出发，选择了 11 种优势农产品，规划了 35 个优势产业带。《规划》实施以来，全国粮食优势产业带初步形成，一些地方进行了农业生产结构调整，"大而全、小而全"的生产格局被进一步打破。2007 年水稻、小麦、玉米和大豆的生产集中度分别达到了 86%、92.3%、62.1% 和 53.2%。粮食优势产业带对全国粮食增产的贡献率超过了 85%。优势农产品区域布局政策的实施使粮食优势产业带的产业化水平明显提高。各类生产要素积极向优势区域聚集，一些龙头企业纷纷进入优势区域，带动了生产性服务业如优质种子种苗供应、农机作业服务、贮藏加工、农产品批发市场等的快速发展，加快了产加销、贸工农一体化生产经营进程。在玉米优势区域，精深加工企业的聚集度不断提高，2007 年玉米订单生产面积达到 530 万公顷，比 2002 年增长了 124%。同时，优势农产品区域布局建设政策的实施大大提升了粮食优势产业带的粮食竞争力。2007 年，粮食优势区域内水稻、小麦、玉米、大豆的品种优质率分别达到了 72.3%、61.6%、47.1% 和 70.3%；无公害、绿色和有机大米的生产面积分别达到了 333 万公顷、200 万公顷和 3.3 万公顷，无公害大米认证品牌约 500 个。

5.1.8 优质粮食产业工程建设政策

为了进一步调动粮食主产区和种粮农民的积极性，做大做强粮食产业，确保国家粮食安全，2004 年我国开始实施《国家优质粮食产业工程建设规划（2004—2010 年)》（以下简称《规划》)。按照《规划》设计，优质粮食产业工程建设分为两个阶段：第一阶段为 2004—2007 年，第二阶段为 2008—2010 年。《规划》将在 13 个粮食主产省份重点选建 9 个优势产业带，即黄淮海平原、长江下游平原和大兴安岭沿麓 3 个优质专用小麦产业带，东北和黄淮海平原 2 个专用玉米产业带，东北地区、长江流域一季稻区及长江流域双季稻区 3 个优质水稻产业带，东北高油大豆优势产业带。并按照生态适宜、商品率高和地域上集中连片的原则，在 13 个粮食主产省份择优选建 441 个县（市、区、旗）、43 个国有农场，全面实施优质专用良种育繁项目、标准粮田建设项目、现代农机装备推进项目、病虫害防控项目和粮食加工转化项目。实施优质专用良种育繁项目，提高良种繁育能力，使标准粮田良种覆盖率达到 100%，主要优质专用粮食作物良种的生产能力满足项目县用种量 80% 以上；实施标准粮田建设项目，扩大标准粮田面积，强化项目区耕地的基础地力和提高项目区耕地的产出能力；实施现代农机装备推进项目，提升农业装备水平，加快农业机械化进程；实施病虫害防控项目，增强病虫害防控能力，使重大病虫害发生的预报准确率达到 90% 以上；实施粮食加工转化项目，提高粮食加工转化能力，增强粮食产业的市场竞争力。

5.1.9 粮食生产核心区建设政策

国家粮食安全是粮食供求动态平衡的过程。一个国家能否做到粮食安全，在很大程度上取决于这个国家的粮食综合生产能力、人口增长、消费需求、资源供给和气候条件等因素。近年来，我国粮食需求呈刚性增长态势，然而耕地减少、水资源短缺、气候变化等因素对粮食生产的约束日益突出，粮食增产潜力有限。此外，在跨国粮商及一些国际粮食炒家的操控下，国际粮价起伏波动较大，由此引起全球性的粮食恐慌，我国利用国际粮食市场的空间越来越小。在这些信号的警示下，粮食安全已经上升到国家安全的战略高度。构建粮食安全保障体系，已经成为我国面临的重大而紧迫的问题，粮食核心区建设成为保证粮食安全的重要政策手段。2008 年中央 1 号文件中提出要"实施粮食战略工程，集中力量建设一批基础条件好、生产水平高和调出量大的粮食核心产区"。通过科学规划、合理布局、改善条件、完善政策、创新机制，实现粮食生产的规模化、集约化、产业化、标准化，建立起粮食稳定增长的长效机制，走出一条粮食生产活力得到充分释放，农民收入得到快速增长，工业化、城镇化与粮食安全互为"双赢"的全新发展之路。

5.1.10 粮食加工企业支持政策

20 世纪 80 年代中期以前，我国粮食供给长期处于紧缺状态，粮食加工业发展十分缓慢。这一时期的粮食加工企业基本都是国有企业和集体所有制企业，私营粮食加工企业几乎没有生存的空间。粮食生产、加工、购销和储备被严格的分置在农、工、商三个部门之间，粮食加工企业和粮食生产者之间没有直接的经济联系。20 世纪 90 年代以后，由于农业产业化经营方式的推行，国家开始重视粮食加工业对粮农及其粮食生产积极性的带动作用，各级财政相继出台了税收优惠、贷款贴息、无偿拨付、有偿使用和参股经营等扶持粮食加工企业的财政支持政策。中央和省级财政专门安排扶持粮食加工的补助资金，支持粮食龙头企业开展技术引进和技术改造，支持符合条件的涉粮企业上市（汪厚安，2010）。在国家优惠政策的宽松环境下，粮食加工企业发展迅速。同时，伴随粮食流通领域的市场化改革，国家鼓励粮食加工企业与粮农建立紧密协作关系，并引导其向粮食主产区集中。

5.2 粮食主产区财政支农的现状分析

财政支农支出可分为广义的支农支出和狭义的支农支出两种。根据国家统计局 2003 年的指标界定，狭义的支农支出包括农业支出、林业支出、水利和气象支出三项。广义的支农支出包括狭义的支农支出、农业基本建设支出、农业科技三项费用、农村救济费和其他五项。2007 年狭义支农支出改称为"农林水事务支出"，并将扶贫支出等纳入其中。由于本研究着重对粮食主产区的财政支农政策进行分析，因此若无特别说明，文中所指的财政支农支出均指狭义支农支出。

5.2.1 财政支农的总量特征

1. 绝对规模

自 1994 年以分税制为核心的财政体制改革以来，政府的财政支农投入不断增加，粮食主产区的财政支农状况也发生了很大的变化。从表 5-2 可以看出，这一期间，粮食主产区财政支农总量呈现出持续上升的态势，财政支农支出由 1994 年的 148 亿元增加到 2009 年的 3 576 亿元，增加了 23 倍。财政支农支出增长率最高的是 2007 年，达到 58.52%。此外，粮食主产区支农支出占国家支农支出总量的比重总体上也呈上升趋势，从 1994 年的 36.97% 上升到 2009 年的 53.20%，国家财政逐渐向粮食主产区倾斜。粮食主产区财政支农支出持续增长的原因在于：首先，从 1994 年分税制改革以来，国家财政收入迅速提升，国家财政支出相应大幅度增加，财政支农支出也随之增加；其次，随着国民经济的发展、区域分工的加强，作为国家粮食安全战略基地的粮食主产区的地位不断提高，国家财政支农投入也向主产区倾斜；再次，21 世纪以来，"三农"问题积累起来的诸多矛盾日益显现，"三农"问题成为制约经济社会发展的瓶颈问题，国家开始着力加大财政支农力度。在财政支农实践中，尽管《农业法》每年都规定财政对农业投入的增长比例，但实际执行效果并不理想。从表 5-2 可以看出，虽然 1994—2012 年，粮食主产区财政支农增长率均大于 0，但是这种增长波动性太大，呈现出一种不规则变化状态。例如，1994 年以来粮食主产区财政支农支出增长率最低的是 2003 年，仅有 1.21%，但时隔一年，就达到 46.72%。这种剧烈的波动性增长反映出我国财政支农支出缺乏计划性和长期规划性，支农支出需要制度和法律的保障。

表 5-2　1994—2012 年粮食主产区财政支农绝对支出的统计指标

年份	粮食主产区财政支农支出（亿元）	增长率（%）	占全国财政支农支出比例（%）
1994	148	—	36.97
1995	169	14.19	39.19
1996	209	23.67	41.01
1997	238	13.88	42.37
1998	274	15.13	43.72
1999	288	5.11	42.56
2000	338	17.36	44.14

（续）

年份	粮食主产区财政支农支出（亿元）	增长率（%）	占全国财政支农支出比例（%）
2001	397	17.46	43.20
2002	497	25.19	45.03
2003	503	1.21	44.30
2004	738	46.72	43.60
2005	879	19.11	49.02
2006	1 056	20.14	48.87
2007	1 674	58.52	49.16
2008	2 318	38.47	51.01
2009	3 575	54.23	53.20
2010	4 369	22.18	53.74
2011	5 317	21.71	53.51
2012	6 338	19.19	52.93

资料来源：根据 1995—2013 年《中国统计年鉴》有关数据计算而得。

2. 相对规模

从财政支农支出占财政总支出的比重看，1994—2003 年，虽然财政支农绝对规模在逐年提高，但是占全部财政支出的比重总体上呈现下降趋势。粮食主产区财政支农支出占财政总支出比重由 1994 年的 7.51% 下降到 2003 年的 5.99%。2004 年这一比重提高到 7.25%，之后两年一直在 7% 左右徘徊。2006 年以后粮食主产区财政支农支出占财政总支出比重大幅上升，2012 年已达到 11.03%，比 2006 年上升了 4.21 个百分点。粮食主产区财政支农比重的年度变化与全国基本一致。但从总量上看，粮食主产区的这一比重略高于全国（图 5-1），由此可以看出粮食主产区财政支农支出在整个财政支出中的重要性和特殊性。

从财政支农支出占第一产业增加值比重看，这一比重反映了公共部门活动对第一产业的影响程度。从图 5-2 可以看出，1994 年以来，财政支农支出占第一产业增加值比重逐年增加，特别是 2004 年以来，这一比重增长迅

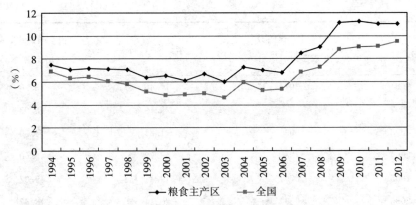

图 5-1　1994—2012 年粮食主产区和全国财政
支农支出占财政总支出比重情况

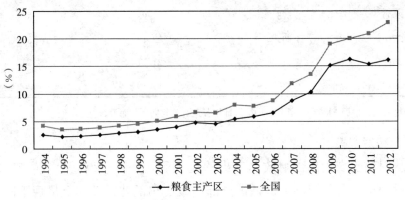

图 5-2　1994—2012 年粮食主产区和全国财政
支农支出占第一产业增加值比重情况

速。1994 年粮食主产区财政支农支出占第一产业增加值比重为 2.53%，2003 年为 4.56%，上升了 2.03 个百分点，2012 年达到 16.16%，比 2003 年上升了 11.60 个百分点，说明自 2004 年以来，国家对主产区的农业发展越来越重视，对地区农业经济宏观调控的力度越来越大。但与全国相比，粮食主产区财政支农支出占第一产业增加值比重低于全国平均水平，说明粮食主产区财政支农相对规模还不足，这与粮食主产区农业在全国农业中的重要地位不相符合。

　　从劳均财政支农支出看，1994 年以来，粮食主产区劳均财政支农支出不断增加，从 1994 年的人均 71 元增加到 2010 年的人均 2 573 元，增长了

35 倍。但与全国相比，这一支出还相对较低（图 5 - 3）。由此可见，除了要增加粮食主产区的财政支农支出外，还要加快粮食主产区的农村剩余劳动力转移，提高农业劳动力效率对于加快主产区农业发展是非常重要的。

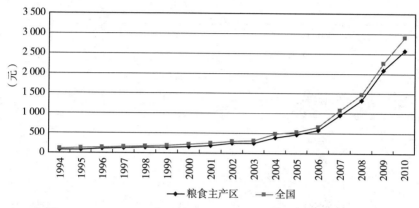

图 5 - 3 1994—2010 年粮食主产区和全国劳均财政支农支出情况

5.3 粮食主产区支持政策的评价

新中国成立以来，我国粮食主产区的支持政策实现了从计划到市场的转变，从单一目标向多重目标的转变，从"暗补"到"明补"的转变，从"少取"到"多予"的转变。国家财政支农资金投入规模呈现出逐年快速递增的趋势，2004 年以来，农业三项支出占财政支出的比重明显上升（表 5 - 3）。纵观粮食主产区支持政策的运行轨迹，政策的实施既取得了显著成效同时仍存在一些新的矛盾和需要解决的问题。

表 5 - 3 13 个粮食主产省份财政支农情况表

年份	13 个粮食主产省份 财政支出合计 （亿元）	财政直接用于粮食主产 省份农业的三项支出合计 （亿元）	农业三项支出占 财政支出的比重 （%）
1995	2 459.64	201.79	8.20
1996	3 005.16	236.84	7.88
1997	3 285.67	266.97	8.13

（续）

年份	13个粮食主产省份 财政支出合计 （亿元）	财政直接用于粮食主产 省份农业的三项支出合计 （亿元）	农业三项支出占 财政支出的比重 （%）
1998	3 840.03	309.22	8.05
1999	4 510.63	322.18	7.14
2000	5 188.87	359.83	6.94
2001	6 463.28	439.31	6.80
2002	7 449.93	511.93	6.87
2003	8 363.45	509.23	6.09
2004	10 184.44	819.58	8.05
2005	12 551.30	878.61	7.00
2006	15 484.49	1 056.03	6.82
2007	23 550.49	1 673.77	7.14
2008	25 667.39	2 317.90	9.03

注：农业发展三项支出包括：支援农村生产支出、农业综合开发支出和农林水利气象部门事业费。

资料来源：根据1996—2009年《中国统计年鉴》计算整理。

5.3.1 粮食主产区支持政策的特点

经过长期的实践探索，粮食主产区逐渐形成了一套比较完整的支持政策体系。总体来看，粮食主产区支持政策具有如下基本特点：

1. 粮食主产区支持政策受不同时期经济政策环境的影响较大

粮食主产区支持政策是国家经济政治政策的重要组成部分，明显受一定时期经济体制、市场环境等外部条件的影响与制约。例如，在改革开放以前，我国所处的基本环境是高度集中的计划经济体制，这一时期对粮食主产区实行的政策措施既存在生产者积极性不高的缺陷，客观上也存在推进农业科技进步、组织大量人力物力进行农田基础设施建设的优势。改革开放至20世纪末，国家针对粮食主产区的支持政策虽然摆脱了计划经济体制的不利影响，表现出了巨大的潜力，但同时也表现出不能完全适应市场经济体制的特点。21世纪以来，受经济全球化的影响，对粮食主产区的支持方式与支持手段呈现出与国际接轨的特点。总之，粮食主产区支持政策必须适应经济政治环境的变化及时作出相应的调整。

2. 粮食主产区支持政策的功能、特点和时效性不尽相同

粮食主产区支持政策体系由诸多政策构成，各项具体政策的功能、特点以及发挥作用的机理各有不同。例如，商品粮基地建设政策主要是通过建设粮食生产资源禀赋良好的商品粮基地，保证商品粮源供应，改善我国粮食的供需状况，维护粮食市场的稳定；最低收购价政策主要是通过影响农民的收入预期，进而影响农民的种植意向和生产行为来发挥对粮食生产的引导作用；粮食补贴政策主要是通过向农民发出鼓励种粮的信号，提高农民种粮积极性，增加粮食产量，确保国家粮食安全；科技支撑政策主要是通过培育新的粮食作物品种，增加粮食生产的科技含量以提高单产进而增加粮食产出。同样，粮食主产区各项支持政策的作用时效也不尽相同，有的政策主要着眼于长期效果，需要长时期坚持才能见到成效，如有关耕地和水资源保护的资源保障政策、农田基本设施建设的物质装备政策和科技支撑政策；有的政策主要考虑即时效应，以期在较短时期产生政策效应，如调控支持政策和收入支持政策等。

3. 粮食主产区支持政策之间有很强的关联性

粮食主产区支持政策是一个有机整体，各项具体政策既相互支撑又相互制约。如能发挥这些政策相互协调与相互补充的作用，这些支持政策就能相互支撑、相得益彰；反之，则可能相互制约，难以产生综合效应。例如，改革开放以前的几十年间，国家投入了大量人力物力开展农田水利基础设施建设，形成了比较坚实的生产基础，但由于高度集中的计划体制所产生的统购统销政策以及以农促工等政策的导向难以调动广大农民的积极性，制约了农田水利基础设施生产潜能的发挥。改革开放以后，家庭联产承包经营制度的实施和大幅度提高粮食收购价格以及补贴、调控和风险支持等政策的实施极大地调动了广大农民的生产积极性，使改革开放前积累的农田水利等基础设施建设和农业科技进步等方面的巨大潜能得以充分发挥，粮食主产区出现了粮食生产连年大幅增产的局面。

4. 粮食主产区支持政策的资金来源既包括中央财政预算又包括地方配套资金

实施地方配套政策是粮食主产区支持政策的一个基本特点，直到目前这种配套政策还在一定程度上存在。例如1994年建立的粮食风险基金就由中央财政预算和地方配套资金共同组成，直到2011年才取消该项基金的地方配套。再如商品粮生产基地也采取中央和地方政府联合投资的方式进行建设。由于商品粮基地建设中的许多诸如小型农田水利工程、良种繁育、病虫害防治等公益性基础设施建设投资回报率低，加之其以粮食生产为主，经济比较效益低下，因此，商业银行的资金不愿涉足，同时国家政策性银行也尚未顾及，其资金来源主要来自中央财政和省、市、县三级地方财政。商品粮基地地处的省市县的地方财力一般较弱，尤其是地、县两级财政大多是吃饭财政，无力按要求及时、足额地进行项目配套投资。近年来，为了缓解地方政府的财政配套压力，国家已经大幅低调低了地方财政的配套比例，但由于相当部分的粮食生产大县缺乏稳定、足额的财政收入来源，使得配套投资仍面临较大压力。这种配套政策实际上是以国家利益为出发点，较少考虑地方利益。在我国中央财力不足的条件下，可能是合理的，但当中央财政有较强能力后，再实行配套政策就存在较大不合理性，主要问题是造成地方财政收入流失。当然这主要是就粮食调出省而言。粮食调出越多，流失越多。这种配套性政策今后对粮食主产区而言，特别是对净调出省而言，必须要逐步取消。

5.3.2 粮食主产区支持政策取得的成效

粮食主产区支持政策实施以来，在加快粮食流通体制改革、解决农民收入增长缓慢、促进粮食生产稳定发展、增强国家粮食安全能力等方面取得了显著成效。特别是2004年以来实施的新支持政策，极大地调动了粮食主产区农民粮食生产的积极性，强化了粮食连年增产的主导要素，为积聚和形成粮食稳定增产高峰期提供了有力的政策支撑。

1. 调动了农民粮食生产的积极性，促进了粮食生产的稳定增长

2004年以来，我国全面取消了农业税、牧业税、农业特产税和屠宰税，实行了粮食直接补贴、良种补贴、农机具购置补贴和农资综合补贴等补贴政策，实施了重点粮食品种最低收购价政策，初步建立了粮食主产区的支持政策体系。取消农业税政策减轻了农民的负担，粮食直接补贴政策给予了农民直接政策信号，最低收购价政策保护了种粮农民的利益，良种补贴政策为农民引进优良品种带来了便利，农机具补贴政策为粮农提供了机械化作业服务，农资综合补贴政策降低了生产成本。在一系列新的支持政策的激励下，农民种粮积极性得到了提高，主产区粮食生产恢复较快，粮食播种面积和单产都显著提高。到 2012 年为止，粮食作物播种面积已经由 2003 年的 68 548.70千公顷增加到 79 617.22 千公顷。粮食单产由 2003 年的 4 460.84 千克/公顷增加到 5 603.03 千克/公顷，具体情况见图 5-4。在粮食作物播种面积和单产同时增加的情况下，粮食主产区粮食产量由 2003 年的 30 578.50万吨增加到 2012 年的 44 609.78 万吨。

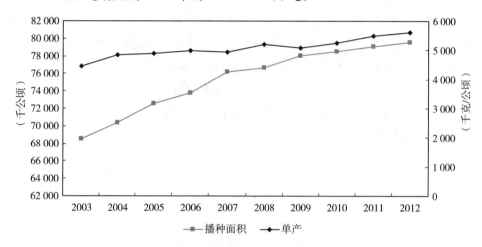

图 5-4　2003—2012 年中国粮食主产区粮食播种面积和单产变化情况

2. 改变了补贴方式，促进了农民增粮增收

自 2002 年起，中国的粮食直接补贴政策开始在吉林和安徽两省试点，2003 年扩大到全国 16 个省份，2004 年以后在全国推广。此后，良种补贴、农机购置补贴、粮食最低收购价与农资综合补贴等政策相继出台，初步形成了粮食补贴政策体系。这些政策的实施改变了原有的补贴方式，实现了从间接补贴向直接补贴的转变，将原来用于流通环节的补贴直接补给了从事粮食商品生产的农民。在市场经济条件下，出售粮食收入仍然是粮食主产区农民收入的一项重要来源。粮食直补把补贴直接发放到农民手中，农民受益明显，有利于调动农民的种粮积极性。由于粮农所得直补资金与其计税种粮面积、实际种粮面积和实际出售商品粮数量成正比，即种粮面积越大或出售商

品粮数量越多，则财政补贴越多。因此，该项政策有利于直接增加农民收入。2004年，13个粮食主产省份安排直补资金103亿元，补贴农户13 892万户，平均每户增收74元。北方省份地多人少，平均每户增收达104元；南方省份地少人多，平均每户增收47元。此后，政府粮食支持力度不断加大。粮食直补加上良种补贴、农机补贴、农业税减免等政策，使粮食主产区农民收入快速增长（图5-5）。从图5-5可以看出，粮食主产区农村居民家庭人均纯收入2004年为3 033.59元、2005年为3 347.15元、2006年为3 700.79元、2007年为4 291.61元，到2012年达到8 364.23元，比2004年增长了175.72%。2004—2012年，粮食主产区农村居民家庭人均纯收入年均增长21.97%。与此同时，不断加大的支持力度降低了农民粮食生产的机会成本，增加了农民粮食生产的机会收益，即提高了农民经营非农产业的退出成本。此外，粮食最低收购价政策为粮食市场价格起到了"托市"作用，能够稳定农民的种粮收入预期，有利于引导粮食生产稳定发展，促进农民收入持续增长。

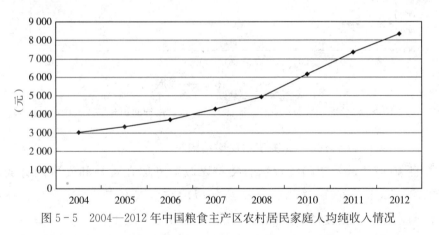

图5-5　2004—2012年中国粮食主产区农村居民家庭人均纯收入情况

3. 增加了农村购买力，拉动了农村经济增长

新中国成立以来，我国长期推行"以农养工"的非均衡发展战略以及与之配套的工农业产品价格"剪刀差"制度，将大量的农村剩余用于工业建设和城市发展，使农村资金供给紧张。通过实施以直接补贴为主的补贴支持政策，以最低收购价政策为主的价格支持政策，生产支持政策以及商品粮基地建设政策等，在一定程度上缓解了农村资金不足的状况。发挥了粮食主产区

的优势，改善了粮食生产条件，提高了粮食生产科技水平，加快了科技成果转化进程，降低了粮食生产灾害损失风险，促进了收入分配调节，提高了粮食生产比较效益。实现了从"以农支工"、"以乡支城"向"以工促农"、"以城带乡"的转变，体现了国家对农村"多予、少取、放活"的政策导向。2004 年粮食主产区财政支农资金为 819.58 亿元，2012 年增加到 6 337.75亿元，年均增长 84.16%，同期粮食主产区的农业总产值（指农村农、林、牧、渔业产值的总和）由 24 210.8 亿元增加到 59 936.7 亿元，年均增长18.45%，两者走势基本趋同（图 5-6）。可见，粮食主产区支持政策所带来的政府农业投入的增加，为增加农村资金供应，推动农村经济增长提供了有力支撑。

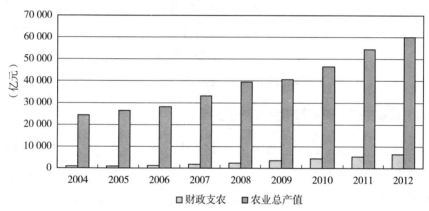

图 5-6 2004—2012 年中国粮食主产区财政支农与农业总产值情况

4. 培育了一批商品粮基地，成为国家商品粮的稳定来源

商品粮基地建设政策是进入 20 世纪 80 年代以来，中央政府实施的一项历时较久、覆盖面较宽、效果较突出的农业政策。该项政策的实施为国家培育了一批商品粮基地，对于提高我国商品粮的供给能力发挥了巨大作用。从"六五"期间国家首批选建的 60 个商品粮基地建设情况看，尽管期间经历了严重的自然灾害和农业生产结构调整所致的粮食播种面积的减少，但由于商品粮基地县增强了物质技术基础，提高了科学种田水平，其粮食总产量、单产、商品量和商品率仍获得了大幅度提高。1983—1985 年这些商品粮基地累计生产粮食 833 亿千克，比建设前的 1980—1982 年增加 209 亿千克，增长 33.5%，比全国同期增长幅度高 15.8%；粮食单产每亩提高 60 千克，是

全国的 1.46 倍；三年累计交售商品粮 350 亿千克，是建设前交售数的近 2 倍；商品率由 28% 提高到 42%，比全国同期 22% 高 20%；人均贡献粮食由 415 千克提高到 824 千克，翻了近一番。自 20 世纪 90 年代中期开始，国家集中财力建设大型商品粮生产基地，扶持粮食主产区改善农业生产基础设施条件，提高粮食生产水平，确保国家掌握稳定的商品粮源，保障商品粮供应。截至 2007 年底，国家累计安排中央投资 39 亿元，先后在黑龙江、吉林、河北、河南、山东等省份建设了 60 多个大型商品粮生产基地。这些大型商品粮生产基地耕地面积约 4.5 亿亩，约占全国的 23%；粮食播种面积 4.8 亿亩，约占全国的 30%；提供商品粮 6 000 多万吨，约占全国的 1/3 以上。国家大型商品粮基地通过改善小型农田水利等基础设施条件，完善良种繁育体系，培育和推广优良品种，大大提高了粮食生产条件、单产和劳动生产率。根据统计，大型商品粮基地建设累计新增、改善灌溉面积 1 000 万亩左右，修建各类渠道 1.5 万公里、良种繁育基地 200 万亩，粮食平均亩产达到 400 多千克，比建设前提高 100 千克左右。

5.3.3 粮食主产区支持政策存在的主要问题

近年来粮食主产区支持政策力度快速增加，为粮食增产、农民收入较快增长提供了重要动力和制度保障。但与建设现代农业、建设社会主义新农村的需要相比，仍存在一些亟待解决的问题。

1. 政策补贴标准偏低，支持力度不够

目前粮食主产区支持政策存在补贴标准偏低、总量不足的问题。近年来持续走低的种粮比较效益在一定程度上抵消了种粮补贴所激发的农民粮食生产积极性。如 2004 年粮食主产区农民人均纯收入为 3 034 元，其中人均从粮食直补、良种补贴和购置大型农机具补贴政策中得到的收入为 26 元，仅占农民人均纯收入的 0.86%。以粮食直接补贴为例，粮食主产区给予农民的直补资金标准要远远低于粮食主销区（表 5 - 4）。从表 5 - 4 可以看出：2004 年河北、辽宁、黑龙江、江苏、河南、湖南每亩粮食直接补贴标准分别为 7 元、18.82 元、15 元、20 元、12.3 元和 11 元，远远低于上海每亩60～80元、北京每亩 50～60 元的水平。以上海与河北对比，上海农民种粮每亩地可获得的直接补贴几乎是河北农民种粮补贴的 9～10 倍。就良种补贴而言，自良种补贴政策实施以来，主产区粮农普遍反映良种补贴总量少、面积小、水平低。在部分实行统一供种的地区，良种选择空间太小，指定的优良品种只有2~3个，难以充分发挥推广优良品种的作用。此外，农资价格过快上涨也抵消了一部分粮食补贴效应。据统计，2008年粮食生产的农药、化肥价格比上年同期上涨了18%，农膜上涨了8%，水稻、杂粮种子价格上涨了8%，尿素每吨上涨了10%，复合肥每吨上涨了50%。虽然粮食补贴资金每亩增加了22元，但由于生产资料涨价致使每亩种粮成本增加了30元。可见，国家虽然将钱补到了农民手中，但这种补贴又通过市场价格隐性地流给了消费者。此外，国家对主产区农业和农村的投入力度仍然不足，农业基础设施薄弱，农民贷款难，农业防灾抗灾能力差，农村交通、教育、卫生、文化等公共设施建设投入较少，农民生产和生活条件长期得不到明显改善。

表5-4　2004年粮食主产区与粮食主销区粮食直接补贴标准

	省　份	补贴标准
粮食主产区	河北	7元/亩
	内蒙古	0.06元/千克
	辽宁	18.82元/亩
	吉林	0.083元/千克
	黑龙江	15元/亩
	江苏	20元/亩
	安徽	小麦0.11元/千克；中晚稻0.09元/千克
	江西	0.08元/千克
	山东	—
	河南	12.3元/亩
	湖北	早稻10元/亩；中稻15元/亩
	湖南	11元/亩
	四川	0.13元/千克
粮食主销区	北京	50~60元/亩
	上海	60~80元/亩

2. 政策利益主体多元化，执行成本较高

一项政策的设计主要是考虑其执行情况，现行粮食主产区支持政策在具体执行过程中存在较大的困难。对于粮食补贴政策而言，这一政策的利益主体包括粮农、政府和消费者。从粮农的角度分析，由于我国社团组织不发达，将粮食补贴资金全部按时足额发放到数量巨大的农民手中，其运行成本较高。每项粮食补贴都需要基层财政部门多次入户，经过一系列过程和繁杂的程序，花费大量成本才能补贴到农民手中。这一过程大体包括重新核实情况、印制并填写补贴通知书、组织宣传、发动部署、张榜公示、领取补贴通知书、打印存折、设置兑付点、组织领取签字环节。从政府的角度分析，政府总的补贴投入一部分转化为粮食供给和农民消费者福利，另一部分则转化为政策执行成本。由于粮食补贴涉及财政、价格、税务、粮食、银行等主管部门，县、乡、村三级干部全体动员，因此执行粮食补贴政策需要花费较高的行政成本，存在明显的"不经济"现象。从消费者的角度分析，政策对城市消费者的影响较小，但可以增加农村消费者的福利，总体消费者的福利是增加的。对于粮食价格支持政策而言，这一政策的利益主体包括国有粮食企业、粮农和消费者。实行粮食价格支持政策，一方面在农民增收和抑制通胀的双重压力下，调控政策的难度加大；另一方面，作为最低收购价政策载体的国有粮食企业承担着政策和市场的双重职能，这会转移企业市场的竞争压力，弱化企业的竞争意识。与此同时，由于粮食价格支持政策干预了正常的市场价格，政策力度很难把握，对市场机制作用和企业改革会产生负面效果。总之，由于政策利益主体数量较多，而且不同支持政策之间政策主体存在交叉，使得政策执行成本较高。

3. 政策功能不强，支持体系不健全

粮食是弱质产业，粮食又是基础性公共产品。目前我国粮食核心区建设的政策功能不强。粮食核心区建设并没有在种粮直补、农机具直补、转移支付以外，再增加额外的财政支持，即没有制定与其发展相匹配的特殊扶持政策，这与粮食主产区承担粮食安全的责任不对等，难以调动地方政府粮食生产的积极性。就粮食直补而言，我国现行的粮食补贴支持政策在运行中没有与粮食生产挂钩。在政策设计之初，提出的粮食直补方式有四种，即按出售粮食的商品量、粮食种植面积、计税面积和计税常产进行补贴。但在实际操

作中，为简化中间成本，全国大部分地区采取的是与计税面积挂钩，不与当期交售数量和价格挂钩。以这种方式补贴农民，只要有耕地的农户就有资格享受补贴，易于出现享受补贴的农户不种粮的情况，难以实现政府粮食直补制度的初衷。补贴不与销售数量挂钩，农民在耕地上种植经济效益比较高的经济作物，也能领取到直补款，这在一定程度上将粮食的补贴扩大为了对整个农业的补贴。以最低收购价为主的粮食价格支持政策对增加粮农收入，发展粮食生产发挥了重要作用。但该项政策力度很难找到一个适度的水平，如果某种粮食品种的最低收购价格偏高，中央和地方储备企业入市后，会影响其他市场主体的正常经营；反之，如果某种粮食品种的最低收购价格偏低，农民不能得到有效保护，会影响粮农的种粮积极性。因此有必要进一步健全粮食主产区支持政策体系，使其既能有效增加粮农收入又能有效保障国家粮食安全。

4. 配套政策不利于调动粮食主产区地方政府粮食生产的积极性

1994—2011 年粮食主产区承担了粮食风险基金配套资金筹集任务，使得产粮越多配套资金越多，包袱越大，粮食主产区陷入了"产粮越多财政负担越重"、"贡献越大义务越多"的困境。虽然粮食年年在增产，但产粮大省的经济总量上不去。2009 年，13 个粮食主产区有 8 个省的人均国内生产总值低于全国平均水平，其中安徽和江西两省比全国低 35％左右，严重影响了种粮主产省的生产积极性。目前，粮食主产区仍然承担着农业基础设施建设等配套资金筹集任务，如农村饮水、农业综合开发等。虽然配套资金比例不大，但对于财政困难的粮食主产省区来说，这部分支出仍然形成了很大的地方财政负担，不利于调动地方政府积极性，大大降低了政策的实施效果和项目开发质量。

5. 政策忽视了粮食主产区经济的全面发展

目前粮食主产区支持政策的着重点仍然停留在农业生产上，中央财政投资基本上都直接用于粮食生产，用于提高主产区地方经济造血功能的非农产业发展特别是以粮食为基本资源的粮食转化产业发展的投资十分微弱，使中央政府对粮食主产区的政策陷入了就粮抓粮的弱循环之中。尽管 2004 年以来中央政府出台了一系列支持主产区进行粮食转化和加工的政策，例如通过小额贷款、贴息补助、提供保险服务等形式，支持农民和企业购买优良畜禽、繁育良种。通过技改贷款贴息、投资参股、税收政策等措施，支持主产区建立和改造一批大型农产品加工、种子营销和农业科技型企业等。但总体来看，粮食后续产业的发展仍然十分滞后。

5.4 粮食主产区支持政策的调整与优化

改革开放以来特别是近年来，国家制定和出台了一系列扶持粮食主产区发展的方针和政策，在促进粮食生产发展和确保国家粮食安全等方面发挥了巨大作用。同时，在政策实施过程中也不断面临新问题和新矛盾。为了促进粮食生产长远稳定发展，构建国家粮食安全长效机制，必须对目前粮食主产区的支持政策进行调整与优化，建立稳定而长效的粮食主产区支持政策体系，进一步加大政策支持力度，扩大政策支持范围，转变政策支持方式。根据粮食主产区支持政策的基本框架，应重点加强四大支持政策体系建设（图5-7）。

图5-7 调整与优化粮食主产区支持政策的基本框架

5.4.1 完善补贴支持政策

1. 调动粮农积极性的补贴支持政策

首先，要加大补贴力度，增加补贴总量。目前，我国粮食补贴政策出现了效应弱化现象，其对粮食安全的目标有所偏离，对粮农增收的效果也不明显，直接原因就在于当前补贴数额过少。发达国家仅直接补贴一项就约占农民收入的30%～50%，有的国家甚至高达70%左右。今后应根据我国经济实力和财政保障能力，加大对粮食主产区特别是粮食核心区的财政补贴力度。并根据市场变化情况，适时调整补贴标准，建立补贴动态调整机制。在补贴资金发放过程中，应防止资金被截留、挤占、挪用等现象的发生，进一步完善粮补资金管理体制，增强粮补工作的透明度，提高粮补资金的兑付率，提高粮补资金的使用效益，使增加的补贴最大化地转变为粮农收入。利益驱动是粮食生产的"发动机"，有力可得是农民发展粮食生产的内在动因。加大粮食生产补贴扶持力度，必定会给予粮农直接增收的政策信号，调动其从事粮食生产的积极性。其次，要明确补贴对象，坚持补贴的"特惠"性。目前，粮食主产区各项农业补贴主要包括种粮直补、良种补贴、购置大型农机具补贴和农业生产资料综合补贴，以期通过种粮直补调动农民种粮积极性，通过良种补贴调动粮农使用和推广优良品种积极性，通过购置大型农机具补贴调动粮农发展农业机械化的积极性，通过农资综合补贴降低粮食生产成本，保护和调动粮农生产积极性。但是，这些补贴政策的实际绩效并不理想。例如，国家明确规定粮食直接补贴的对象是种粮农民，补贴的目的是促进粮食生产和增加粮农收入，调动粮农积极性，然而在实际操作中，这种"特惠"性变为了"普惠"性，补贴对象不单纯是粮农，而是农民。因此，要根据各地实际实行直补与粮食种植面积挂钩、与商品粮挂钩以及与优质粮挂钩的办法。同时实行良种补贴与粮食订单挂钩的补贴政策，确保粮农为国家提供优质的、符合市场需要的粮食。此外，在农村土地流转速度加快的情况下，流转出土地的农民继续享受直补优惠，会挫伤专业种粮大户等规模经营主体的积极性。因此可以考虑租田前的种粮补贴归粮农所有，租田后新出台的政策补贴支付给承租主体，种粮奖励也应考虑承租主体，切实解决谁种粮谁得补贴的问题。

2. 调动地方政府积极性的补贴支持政策

目前，我国粮食主产区粮食生产的补贴渠道还比较少，如粮食直补主要来源于粮食风险基金，而粮食风险基金由中央财政预算和地方配套资金共同组成，因此除硬化预算约束制度，即规定财政支农预算的具体增长指标或地方财政支农支出在地方财政总支出中的比重外，还应拓宽补贴资金来源，减轻地方财政压力。可以考虑在农地征用中增设一项类似于耕地开垦费的收费项目，将收取资金列入地方财政预算作为粮食直补资金的组成部分。也可以根据经济形势、粮食供求情况适时在粮食销售中增收一定数额的税收，列入地方财政预算，用于粮食生产补贴。按照谁受益、谁负担的原则，对长期享受低价位粮食的消费者特别是城镇居民收取一部分资金。

3. 调动涉粮企业积极性的补贴支持政策

目前，粮食主产区的涉粮企业主要包括粮资生产企业和粮食加工企业。对于粮资生产企业，一方面要认真落实税收优惠政策，另一方面可采取粮资直补政策，对生产企业进行奖励和补贴。避免随着原材料成本攀升，粮资生产企业生产成本居高不下，对粮资出厂实施限价政策所导致的企业亏损甚至停产的发生。对于粮食加工企业，政府应该对价格干预导致的原粮采购价格高于成品粮折原粮后的销售价价差适当给予补贴。

5.4.2 完善投入支持政策

近年来，国家从强化农业基础入手，围绕促进农业增产和农民增收的目标，加大强农惠农政策支持力度，逐步形成了对农业支持和保护的政策体系。国家增加了对农业尤其是粮食发展的投入，实施了优粮工程、商品粮基地、农田水利设施、农业"七大体系"和粮食核心区等建设，为确保国家粮食安全奠定了基础。但整体看，国家对粮食公共基础设施建设投入比重低、增幅小，粮食主产区财政困难，缺乏稳定发展粮食生产的内在动力。因此，今后要实现粮食支持方式的适当转变，即从以补贴为主，转向补贴和投入并重，发挥公共财政职能，力争在以下几个方面加大对粮食主产区公共基础设施的投入。

1. 加大粮食生产基础设施投入

在主产区实施农业重点开发工程，增加一批粮食高产、高效改造工程项目，探寻粮食生产新的增长点。抓好产粮田的地力培育改造，建设一批高标准的旱涝保收基本农田。加强农田水利基础设施建设，增强抵御自然灾害的能力。为此，既要调动主产区地方政府投入农田水利基本建设的积极性，又要引导社会力量投资建设农田水利基础设施，对龙头企业、农村社区、农民合作经营组织和种粮大户投资粮食生产基础设施建设，应给予必要的扶持。与此同时，要强化粮食生产基础设施建设的全程管理和监督。在建设项目立项时应明确管理和维护的制度与责任，在项目建设和工程进展中应加强动态跟踪与检查监督，并建立相关工程建设与管护的协调机制和责任追究制度。最终在粮食主产区建立稳定的粮食生产投入机制并确保投入按一定比例逐年增长。

2. 加大粮食流通基础设施投入

粮食主产区粮食流通基础设施项目目前仅限于中央企业的油罐建设和东北地区的玉米烘干设施建设，今后应充分考虑小麦和水稻主产区的流通基础设施建设问题。在小麦和水稻优势产区扶持发展机械烘干龙头企业，促进小麦和水稻的生产机械化，提高小麦和水稻生产的整体效益。在加强粮食流通基础设施建设的同时，还要注重盘活国有粮食企业存量资产，整合现有粮食流通及仓储设施资源，新建或扩建部分大型现代化粮食流通及仓储设施。为解决东北地区粮食铁路运输的"瓶颈"制约，应加快建设散粮铁水联运通道。按照平常需要和应急需要相结合的原则，整合和建设粮食应急加工网点，完善应急仓储、运输、加工、供应等设施，同时加快建设县（市、区）仓储、加工、批发节点项目，延伸粮食流通链，拓展现代粮食物流，降低粮食流通成本，此外还应加快粮食批发市场和期货市场的建设。

3. 粮食生产科技投入政策

现代农业要素是增加农产品产量和提高农业效益的重要物质技术基础。加快农业特别是粮食生产发展，必须大力推进农业科技进步和自主创新，加大应用现代农业要素的力度。我国农业发展进入新阶段后，粮食生产受到农业资源的严重制约。今后增加粮食产量，单纯依靠扩大播种面积和提高复种指数空间已经很小。因此必须加大对粮食生产科技发展的财政投入支持，制定合理的粮食生产科技支持政策：①增加科研经费投入，解决省以下特别是市县级粮食生产科研经费严重不足的问题。借鉴发达国家发展粮食的科技支持政策，我国每年投入粮食生产的科研经费应占农业生产总值的3％左右。②加强农业技术推广体系建设。大力发展公益性农业推广机构，充分发挥公益性农业技术推广机构的主体作用。同时发挥农业院校在农业技术推广中的作用，积极培育农民专业技术协会和农业科技型企业。探索农业科技成果进村入户的有效机制和办法。③加强粮食良种繁育等核心技术和关键技术的研发。大力推广资源节约型农业技术，尤其是节水灌溉技术，测土配方施肥、诊断施肥、精准施肥等先进施肥技术，重点支持公益性农业科研机构和高等学校开展基础性、前沿性粮食生产研究。④积极发展农业机械化。加快粮食生产机械化进程，大力推广土地深松、化肥深施、水稻插秧、秸秆粉碎还田等农机化技术；组织开展跨区域的机耕、机播、机收作业服务，因地制宜地拓展农业机械化的作业和服务领域；积极培育和发展农机大户与农机专业服务组织，不断推进农机服务市场化和产业化。

5.4.3 完善调控支持政策

1. 完善粮食最低收购价政策

国内外发展实践表明，粮食保护价收购政策是维护国内粮食市场稳定，保障国家粮食安全的有效措施。我国自 2004 年对重点粮食品种在粮食主产区实行最低收购价政策以来，在一定程度上维护了种粮农民利益，促进了农民增收，推动了粮食生产发展。粮食最低收购价一般由有关部门根据粮食生产状况，在粮食上市前进行商讨，之后报国务院批准发布。由于粮食最低收购价政策的制定过于简单，导致该项政策仍存在一定的制度缺陷，因此应进一步完善粮食最低收购价政策。①科学确定粮食最低收购价格。应成立一个专门机构负责粮食最低收购价格水平的协调工作。该机构应在有关粮食品种种植前，对相关粮食品种的种植面积和生产成本等进行调研，对国际和国内粮食市场的需求状况进行分析，对粮食市场的未来发展趋势进行预测。在此基础上，拟定一个粮食最低收购价格。然后举办听证会，组织利益相关者参加，根据听证结果，商讨并确定粮食最低收购价格。最后报送国务院审批。粮食收获后，国务院根据各粮食品种的生产情况和具体的市场价格情况，决定是否启动粮食最低收购价政策。同时，应赋予各省级政府一定的自主权。②因地制宜确定粮食最低收购价截止日期。国家应首先指定一个粮食最低收购价参考截止日期，然后由各省根据各自粮食市场供求关系实际情况决定最终的截止日期。③要充分调动地方政府执行粮食最低收购价政策的积极性，使该项政策发挥其最大作用。

2. 完善储备调控政策

为进一步健全中央储备与地方储备相结合、政府储备与企业最低库存相结合的粮食储备调控体系，增强应对国内外粮食市场变化的能力，提高国家宏观调控水平，需要进一步加强储备调控政策的支持力度。①进一步健全国家粮食储备体系，提高粮食储备能力和供给保障水平。强化粮食储备管理，完善粮食储备管理制度。加强粮食储备设施建设，提高粮食储备设施现代化水平。②加大对地方储备的扶持力度。粮食主产区大多是产粮大省、财政穷省，因此中央财政应对地方储备给予一定的补贴。③健全完善中央储备粮与地方储备粮之间的动用补充机制。地方储备粮是国家粮食安全的重要组成部分，是衔接产需、平衡供求的"蓄水池"，是促进粮食生产、稳定粮食市场、保障粮食安全的重要手段。要充分发挥地方储备粮动用灵活的优势，使其在区域性粮食供求平衡中发挥积极作用，形成中央与地方储备的相互补充。统一协调省、市、县三级储备的吞吐，使储备轮换疏密有致，调节得当。④增加对成品粮储备的费用补贴。目前在我国大中城市和市县一级的储备中，主要以大米、面粉等成品粮为主，成品粮具有周转速度快、费用支出大的特点，因此应适当对成品粮储备的费用增加补贴。⑤主销区应给予粮食储备企业适当的费用补贴。为了协调粮食产销区利益，对到粮食主产区建立粮食生产基地、参与粮食主产区粮食收购并将粮食运往主销区销售且具有一定经营规模的企业以及对粮食主产区到主销区建立粮食储备并参与主销区粮食供应且具有一定经营规模的企业，主销区应给予适当的费用补贴。

3. 完善粮食金融支持政策

加强和改善农村金融服务，强化对农业特别是粮食发展的金融支持，对于确保国家粮食安全和主要农产品有效供给十分重要。从粮食金融支持政策看，应加大对粮食金融政策的支持力度，要通过利率支持等逐步提高农业贷款存量占国家信贷总存量的比重。要拓宽融资渠道，引导更多信贷资金和社会资金投向粮食产业。随着粮食市场化改革的深入，应拓展农业发展银行的涉粮领域，商业银行也应在支持粮食生产和购销中发挥重要作用，逐渐完善农业政策性银行、农村合作银行和商业性银行形成的三位一体、多层次、全方位覆盖整个粮食领域的支农金融体系。要采取风险补偿方式调动金融部门的积极性，鼓励金融部门多发放贷款，帮助粮农和涉粮企业解决贷款难问题。要建立适应市场需求的信贷管理体制。粮食生产季节性强，迫切要求农村信贷的时效性，因此应减少信贷审批环节，提高农村信贷效率。应建立健全不同项目、不同金融贷款快速审批机制和信贷业务代理机制，以满足粮食主产区农业和农村经济发展的金融需求。此外，要结合不同机构的特点和资金状况，制订加强粮食生产金融支持的信贷计划，在有效防范风险的前提下，加强对粮食生产的金融支持，避免有些金融机构因片面强调资金安全而对粮食生产和流通贷款附加过于严格甚至苛刻的条件。

5.4.4 完善风险支持政策

1. 完善粮食风险基金制度

在 1994 年建立粮食风险基金的初衷是利用经济手段稳定粮食市场，防止粮食价格的大幅度波动，促进粮食生产的稳定增长和推进粮食流通体制改革的进程。近年来，为了加强对粮食风险基金的监管，国务院有关部门对粮食风险基金的使用范围做了调整。目前，粮食直补在粮食风险基金中所占的份额达到 50% 左右。粮食风险基金制度必须坚持下去并完善起来。粮食主产区的财政基础比较薄弱，国有粮食购销企业的历史包袱重，粮食风险基金的缺口大，因此应将粮食风险基金规模继续向粮食主产区倾斜，并加快取消粮食主产区的风险基金配套。尽快研究出台完善粮食风险基金管理和使用的办法，充分发挥粮食风险基金政策的效应。

2. 建立健全粮食生产风险预警系统

与世界多数国家相比，我国自然灾害发生频繁，农民缺乏抵御各种自然灾害的能力，为防止粮食生产大起大落，应逐步建立健全粮食生产预警系统。加大对粮食生产风险预警系统建立的投入，充分利用卫星遥感等先进技术，不断提高粮食生产的预测水平，建立防范重大自然灾害和病虫害的应急反应和处理机制，不断提高对自然灾害和病虫害的监测预报水平。制定各种灾害的防范和救助预案，做好防灾的各种物质储备，确保灾害发生时能够及时反应和有效处理，把灾害损失降到最低水平。

3. 完善主要粮食作物生产的保险支持政策

2004 年国家正式启动农业保险试点。当前，我国已有 28 个省份采取多种形式、多种渠道试点发展农业保险。尽管政策性农业保险试点工作取得了显著成效，但险种不足、覆盖面不广的问题依然突出，粮食保险支持政策仍需完善。①要引导各类保险机构开展面向大宗粮食作物（主要包括水稻、小麦、玉米、大豆、油菜和花生）的保险服务，对大宗粮食作物的政策性保险先行试点。②在商品粮生产基地和良种生产基地逐步开展粮食灾害保险。将自然灾害、意外事故、病虫害等风险纳入保险责任范围，充分发挥粮食灾害保险在抗灾、减灾和灾后恢复重建中的作用。③鼓励商业保险公司经营和代理粮食保险，政府应对这类保险公司提供经营管理费和保费补贴。④充分利用粮食产业化龙头企业、农村信用社、粮农专业合作组织等中介机构的优势，实行"银保合作"，将保险的网络延伸到最基层的农户，使农民在灾害发生后可以及时获得足额的经济补偿，达到粮食保险惠农、粮食生产受益的目的。

4. 完善粮食期货市场健康发展的支持政策

应建立完善粮食期货市场，发挥其价格发现和规避风险的作用。当前，我国粮食期货市场存在交易品种少、交易规模小、期货与现货价格脱节、监管体系不完善等问题，因此应采取相应政策措施，进一步建立健全粮食期货市场，逐步加以规范，保持健康发展。①增加大宗交易品种，扩大粮食期货交易规模，促进粮食期货市场与现货市场的有机统一。进一步搞好小麦、玉米、大豆等大宗粮食品种的期货交易，扩大期货交易的规模。同时，适时增加一些规模较小的粮食品种。发挥粮食期货市场"价格晴雨表"作用，使粮食期货市场与现货市场相互结合起来，进而实现优势互补和有机统一。②提高粮食期货市场参与者素质，适度培育和增加粮食期货市场的交易主体。③加强对粮食期货市场的监管，提高管理者素质，保障粮食期货市场的平稳规范运行。④进一步完善我国粮食期货市场的法律法规。

5.5 本章小结

本章对中国粮食主产区支持政策的背景及运行轨迹进行了概括总结，深入分析了粮食主产区支持政策的特点，系统研究了粮食主产区支持政策的成效与问题，在借鉴国外粮食支持政策成功经验的基础上，提出了完善粮食主产区支持政策体系、确保国家粮食安全的建议。

新中国成立以来，在粮食主产区实施的支持政策主要包括粮食价格支持政策，以粮食直接补贴、良种补贴、农机具购置补贴、农资综合补贴为主要内容的农业补贴政策，取消农业特产税、农业税、牧业税、屠宰税的"四取消"政策，农业保险政策，财政奖励政策，商品粮基地建设政策，优势农产品区域布局建设政策，优质粮食产业工程建设和粮食生产核心区建设政策等。总体来看，这些支持政策呈现出如下基本特点：①粮食主产区支持政策受不同时期经济政策环境的影响较大；②粮食主产区支持政策的功能、特点和时效性不尽相同；③粮食主产区支持政策之间有很强的关联性；④粮食主产区支持政策的资金来源既包括中央财政预算又包括地方配套资金。

纵观粮食主产区支持政策的运行轨迹，政策的实施取得了较好的效果：调动了农民粮食生产的积极性，促进了粮食生产的稳定增长；改变了补贴方式，促进了农民增粮增收；增加了农村购买力，拉动了农村经济增长；培育了一批商品粮基地，成为国家商品粮的稳定来源。但与建设现代农业、建设社会主义新农村的需要相比，仍存在一些亟待解决得问题。主要表现在：一是政策补贴标准偏低，支持力度不够；二是政策利益主体多元化，执行成本较高；三是政策功能不强，支持体系不健全；四是配套政策不利于调动粮食主产区地方政府粮食生产的积极性；五是政策忽视了粮食主产区经济的全面发展。

为了促进粮食生产长远稳定发展，构建国家粮食安全长效机制，必须对目前粮食主产区的支持政策进行调整与优化，建立稳定而长效的粮食主产区支持政策体系，进一步加大政策支持力度，扩大政策支持范围，转变政策支持方式。具体来说，重点要加强四大支持政策体系建设：一是完善补贴支持政策。要通过有效的补贴支持政策，充分调动粮农、地方政府和涉粮企业的积极性。二是完善投入支持政策。这主要包括加大粮食生产和流通基础设施投入及粮食生产科技等方面的投入。增加对这些基础设施的投入，是粮食生产和流通健康发展的重要保证。三是完善调控支持政策。重点对最低收购价、储备调控、金融支持政策等进一步进行完善。四是完善风险支持政策。要不断完善粮食风险基金制度，建立健全粮食生产风险预警系统，同时对主要粮食作物生产的保险和粮食期货市场的健康发展给予政策支持。

第六章 中国粮食主产区 发展预期

粮食是人类生存的第一资料，是国家稳定的首要资源和实施国际战略的重要武器。我国作为世界第一人口大国，具有粮食消费总量大的特点。随着我国人口的持续增长，人均收入水平的不断提高，居民膳食结构的逐步改善，我国粮食消费需求将呈刚性增长。从粮食供给看，粮食是供给弹性较小的商品，这一特征主要源于生产粮食的土地资源供给的高度无弹性。我国是世界上耕地资源贫乏的国家，人均耕地数量仅为1.37亩，不足世界平均水平的1/3。伴随着工业化、城市化步伐的不断推进，我国的耕地数量还将出现下降的趋势，这将给我国的粮食供给带来严峻的挑战。一方面，我国人口众多、粮食消费总量大的特点，决定了我国必须重视提高粮食的自给率，不能把粮食供给的基点放到国际市场上。另一方面，我国土地资源贫乏的国情特点，又决定了我国提高粮食供给水平的艰巨性。粮食主产区是保障国家粮食安全的战略性区域，从一定意义上说，抓好粮食主产区建设，就抓住了全国粮食生产的关键，掌握了全国粮食供给的主动权。因此，对粮食主产区未来发展进行科学定位，制定合理的发展目标，优化其可持续发展的条件，能够有效保障未来商品粮供给，对我国的国民经济具有至关重要的意义。

6.1 未来中国粮食供求分析

6.1.1 中国粮食需求分析及预测

粮食需求可以分为食物用粮需求和非食物用粮需求两大类，其中食物用粮需求主要分为口粮和饲料用粮两大用途，非食物用粮需求又可分为种子用粮和工业用粮两大用途。口粮需求是粮食需求中一个最基础、最主要的构成部分。饲料粮需求主要包括动物性食品用粮需求和役畜等耗粮需求，是居民间接消费的粮食。工业用粮需求主要指用粮食作为主要原料或辅料的生产行业（例如食品、化工、医药、制酒、酒精、淀粉等行业）的耗粮需求。种子用粮需求是指用作种子的耗粮需求。

1. 口粮需求分析及预测

改革开放以来，随着人们生活水平的提高，膳食结构的改善以及肉、禽、蛋、奶、蔬菜、水果等食品消费量的增加，中国人均口粮消费量明显下降。城镇居民人均购买粮食数量（贸易粮）由 1980 年的 145 千克降至 2009 年的 81 千克，降幅为 44.14%，年均下降 1.52%；农村居民人均口粮消费数量（原粮）由 1980 年的 257 千克降至 2009 年的 189 千克，降幅为 26.46%，年均下降 0.91%（图 6-1）。可见，中国城乡人均口粮消费数量均呈下降趋势，而且城镇人均口粮下降幅度大于农村。从口粮消费总量看，其占粮食消费总量的比重持续下降，已由 1978 年的 81.66% 下降到 2009 年的 49.30%，但口粮消费仍占到粮食消费的近一半，仍然是中国第一大粮食用途。参照胡小平（2010）根据《中国居民膳食指南（2007）》标准测算的人均口粮需求量 402 克/日和国务院（2006）对中国总人口的预测结果，即 2020 年中国人口总量预计达到 14.5 亿，可以测算出 2020 年中国口粮需求为 21 275.85 万吨。

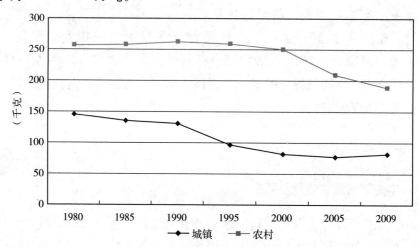

图 6-1　1980—2009 年中国城镇和农村居民家庭全年人均粮食消费量

2. 饲料用粮需求分析及预测

中国改革开放 30 年来，居民的畜产品消费水平大幅度提高，由此拉动了粮食饲料消费的不断增长。1978 年中国饲料用粮消费总量为 4 575 万吨，占粮食消费总量的 15％；1990 年饲料用粮消费达到 10 894 万吨，占粮食消费总量的 24.4％；1995 年达 14 536.5 万吨，占粮食消费总量的 31.2％；2009 年饲料粮消费量增加到 18 330 万吨，占粮食消费总量的 33.6％，比 1978 年增加 13 755 万吨，年均增长 9.70％（图 6 - 2）。中国饲料用粮消费的递增速度已经明显高于粮食总产量的递增速度。

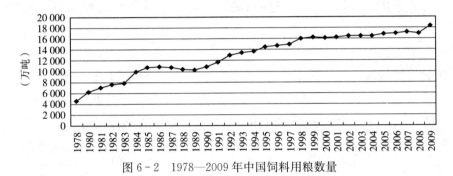

图 6 - 2　1978—2009 年中国饲料用粮数量

目前，饲料用粮是中国第二大粮食用途，其增长是中国粮食消费量增长的主导因素。按照国际国内的通行标准，蛋类的料肉比为 2.7∶1，奶产品的料肉比为 0.5∶1，水产品的料肉比为 0.4∶1，参照胡小平（2010）计算的肉类饲料粮综合转化率 3.7∶1 和中国营养学会（2008）估算的人均肉、蛋、奶、水产品的摄入量，可以测算出中国人均饲料粮需求为 564 克/日，假定中国人口总量在 2020 年达到 14.5 亿，则可计算出 2020 年中国饲料用粮需求为 29 849.70 万吨。

3. 工业用粮需求分析及预测

工业用粮是中国第三大粮食用途。畜牧业对粮食饲料的需求是一个持续增长的量，主要受收入和人口增长两个变量的影响。而作为工业性的粮食需求则表现为较大的弹性，特别是伴随着粮食生化工业的发展，粮食的工业需求在一定条件下会呈现无限大的特征。在 20 世纪 80 年代中期以前，中国的工业用粮所占比重不高，这主要与当时的粮食供给水平直接相关。1978 年中国工业用粮总量仅为 611.16 万吨，占整个粮食消费总量的 2.12％。20 世纪90年代中期以来，伴随着粮食深加工的发展，中国工业用粮呈现出高速增长的态势，占粮食消费总量的比重也显著增加，由1995年的3 800万吨增至2009年的8 165万吨，增长1倍多，年均增速为8.20%。其中，2005—2008年，年均增速达到11.30%。21世纪以来，粮食加工业尤其是玉米加工业以较快的速度发展，其中玉米乙醇成为投资热点。2005年以来，随着燃料乙醇项目的高利润驱使，以玉米为原料的燃料乙醇加工项目纷纷上马，加工能力不断提高。这是2006年和2007年中国工业用粮大幅攀升的主要原因，但这只是一个短暂的非常态情况。2006年下半年以后中国政府实施了停止审批玉米加工业投资项目的政策，控制了燃料乙醇项目的发展速度，中国工业用粮"井喷式"增长的情况没有重现。总体看，除个别年份外，中国工业用粮平均每年增加150万吨左右，在各粮食品种中，玉米工业消费的份额最大，占工业用粮总消费的近1/4。21世纪以来，中国玉米加工业之所以较快发展，主要原因在于：①政府产业政策的拉动。由于乙醇生产本身效益较低，如果完全采取市场化的方式，企业将会亏损运行，为了消化大批陈化粮，政府出台了玉米乙醇生产补贴政策，每吨燃料乙醇补贴1 000余元，在政府补贴政策的推动下，燃料乙醇生产成为利润可观的行业，进而成为投资的热点。②玉米是玉米主产区重要的资源，使其成为玉米主产区新型产业的重要生长点。③玉米深加工的产业前景，诱发了地方经济投资玉米深加工产业的积极性。在所有的粮食作物中，没有哪一个种作物的工业价值可与玉米相比，其深加工产品产生了显著的增值效应，特别是像化工醇等高附加值产品进入市场后，使投资者看到了巨大的增值空间，投资玉米深加工，特别是以玉米为原料的生化产业成为投资者所青睐的朝阳产业。尽管如此，目前中国的玉米加工业并不具备大规模扩张的条件。一是与发达国家相比，中国的玉米深加工技术不够先进，只有少数加工企业的产品实现了深度开发，多数产品仍属于初级产品，缺少市场竞争力，某些产品离开政府的产业支持政策，无法实现正常再生产。二是中国作为一个人口大国，粮食安全始终是一项基本的国策，由于人口增加和耕地资源减少的因素，中国不具备大规模发展玉米加工业的资源条件。综上分析可见，虽然近年来中国工业用粮大幅度增加，但从政府的角度会将耗粮工业的发展控制到资源可承受的程度，并以保证国家粮食安全为底线。因而，预计中国工业用粮最大限度是保持常态增长速度，每年增加 150 万吨左右。据此推算，2020 年中国工业用粮大约为 9 815 万吨。

4. 种子用粮需求分析及预测

种子用粮在粮食四种用途中数量最少。改革开放以来，我国种子用粮数量呈阶梯形下降趋势。1978—2009 年，中国种子用粮数量的变动特征可以概括为"两个平台""三个陡坡"（图 6-3）。1978—1985 年为第一个下降"陡坡"，由 1 571 万吨降至 1 361 万吨；1985—1990 年为第一个平台，种子用粮基本稳定在 1 350 万吨左右；之后经历了 1990—2003 年的又一个下降"陡坡"，由 1 391 万吨减少至 1 173 万吨；2003—2006 年为第二个平台，数量在 1 200 万吨上下波动；2006—2009 年为第三个"陡坡"，种子用粮由 1 218 万吨降至 1 130 万吨。种子用粮占粮食消费总量的比重也呈下降趋势。1978—2009 年种子用粮的比重由 5.46% 降至 2.10%，年均降速为 1.99%。可以看出，30 年来我国种子用粮数量及其占粮食消费总量的比重都下降了。影响种子用粮数量的主要因素是粮食播种面积和单位面积用种量，其中种子用粮数量与粮食播种面积的相关性最大。在粮食播种面积平稳上升时期，种子用粮相对平稳，在粮食播种面积下降时期，种子用粮也呈下降趋势。在1978—1985 年这个下降"陡坡"中，粮食播种面积由 12 058.7 万公顷降至10 884.5 万公顷，降幅达 9.74%，平均每年减少 167.7 万公顷，种子用粮平均每年减少 30 万吨。在 1985—1990 年这个平台，粮食播种面积由10 884.5 万公顷上升至 11 346.6 万公顷，平均每年增加 92.4 万公顷，但每年种子用粮基本保持稳定。在 1990—2003 年这个下降"陡坡"中，粮食播种面积由 11 346.6 万公顷下降至 9 941 万公顷，降幅达 12.39%，平均每年减少 108.1 万公顷，种子用粮平均每年减少 17 万吨。在 2003—2006 年这个平台，粮食播种面积由 9 941 万公顷上升至 10 495.8 万公顷，平均每年增加184.9 万公顷，但种子用粮涨幅很小，基本保持稳定。在 2006—2009 年这个下降"陡坡"中，粮食播种面积由 10 495.8 万公顷下降至 10 898.6 万公顷，种子用粮由 1 218 万吨下降至 1 130 万吨。可见，种子用粮在粮食播种面积下降趋势中受到的影响很大。综合来看，如果中国粮食单产能够保持年均 1% 的增速，播种面积就不需要太大的增长，种子用粮数量也将保持稳定。从中国粮食单产的现状看，中国粮食单产水平在 1978—2009 年由 2 527

千克/公顷增至 4 871 千克/公顷，年均增速为 2.99％。从中国粮食单产的增长潜力看，中国粮食单产与国际先进水平还有比较大的差距，水稻单产相当于国际先进水平的 85％，小麦、玉米和大豆单产只相当于国际先进水平的 55％，中国粮食单产的增长潜力很大。根据以上分析，未来十年中国粮食单产保持 1％的年均增速是能够实现的，种子用粮数量也会相应地稳定在 1 100 万～1 200 万吨。为了方便下文测算粮食需求总量，2020 年种子用粮取均值 1 150 万吨。

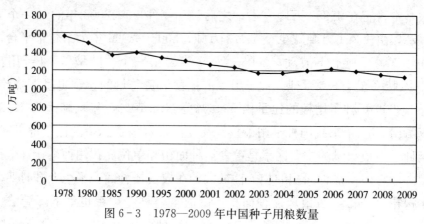

图 6-3　1978—2009 年中国种子用粮数量

综上分析，假定中国人口总量在 2020 年达到 14.5 亿，那么，2020 年中国粮食总需求将达到 62 091 万吨，分别为：口粮 21 275.85 万吨，约占粮食总需求的 34.27％；饲料用粮 29 849.70 万吨，约占粮食总需求的 48.07％；工业用粮 9 815 万吨，约占粮食总需求的 15.81％；种子用粮 1 150 万吨，约占粮食总需求的 1.85％。

6.1.2　中国粮食供给分析及预测

改革开放以来，我国粮食生产快速发展，粮食产量总体上呈波动式上升态势，先后于 1984 年和 1996 年登上 40 000 万吨和 50 000 万吨的台阶。1978—2009 年，我国粮食产量有 6 个年份超过 50 000 万吨，分别是 1996 年、1998 年、1999 年、2007 年、2008 年和 2009 年，其中 2009 年全国粮食产量 53 082 万吨，达到历史最高水平。粮食生产阶段性重大跨越的实现是政策扶持、科技支撑、资源供给和自然条件等多种要素共同作用的结果。当各种要素达到合理配置和组合，并且能够满足粮食增产需要时，就能够凝聚和形成粮食增产的力量，促进粮食生产阶段性重大跨越目标的实现。在耕地、淡水和气候等要素条件相当的情况下，政策和科技要素往往对粮食生产阶段性重大跨越的实现起到了主导作用。在粮食产量快速增长的同时也伴随着粮食生产的徘徊，我国粮食生产自 1978 年以来出现了四个徘徊期，第一个粮食生产徘徊期出现在 1980—1981 年，粮食产量增长率为－3.48%～1.39%；第二个粮食生产徘徊期为 1985—1988 年，粮食产量增长率为－6.92%～3.27%；第三个粮食生产徘徊期为 1991—1994 年，粮食产量增长率为－2.45%～3.12%；第四个粮食生产徘徊期为 2000—2003 年，粮食产量增长率为－10%～1%。1996—2009 年 14 年间，我国粮食生产呈现一个明显"V"字形发展轨迹（图 6-4）。粮食生产徘徊期的出现一般是自然灾害、生产条件和政策等多种因素共同作用的结果。农业政策是生产者经营行为的导向，农民习惯把农业政策作为安排下一年度生产的依据，如果政策措施不力就可能引发粮食生产的徘徊。投入是发展粮食生产的重要物质条件，一般而言，投入与产量呈正相关，国家财政用于农业的投入比例降低的年份也多是粮食生产徘徊的年份。在粮食生产投入中，粮食播种面积对粮食生产波动具有举足轻重的作用。从自然条件看，遭受严重自然灾害是粮食生产徘徊的重要因素。随着工业化、城镇化进程的加快，耕地面积不断减少，加之自然生态的恶化和土地沙化侵蚀增多，这些因素制约了粮食生产的发展，成为引发粮食生产徘徊的隐患。

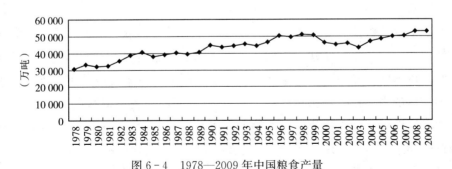

图 6-4　1978—2009 年中国粮食产量

与粮食的需求相比，中国未来粮食的供给具有更大的不确定性和难以捉摸性。粮食供给要受到自然条件、市场供求价格、政府政策导向、粮食生产投入、农业技术进步等诸多因素的影响和制约，其中任何一个因素的变动都有可能引起粮食生产的跳跃和起伏。粮食产量主要是由粮食单产、耕地资源数量、复种指数和粮食播种面积占农作物播种面积的比重四大因子直接决定的。本书首先分别对这四个主要因素进行预测，进而预测未来中国的粮食产量。由于影响粮食产量的因素众多，对粮食产量的预测方法也多种多样，各种预测方法的结果也大相径庭。本书主要采用趋势分析和情景分析相结合的方法，对未来十年中国的粮食产量进行粗线条的短期预测。

1. 粮食单产预测

从图 6-5 中可见，二次指数平滑法较好地拟合了 1978—2009 年中国的粮食单产，因而本书采用该方法对中国的粮食单产进行预测，经预测 2020 年粮食单产将达到 5 333 千克/公顷。

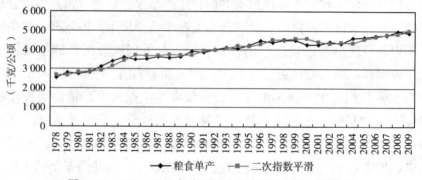

图 6-5　1978—2009 年中国粮食单产及预测的变化情况

2. 耕地数量预测

耕地变化涉及自然、人口、经济、社会、政策等众多因素。目前，我国耕地的损失主要来自于建设占用、自然灾害、生态退耕和农业结构调整四个方面。耕地的补充主要源于土地开发整理。因此，本书首先分别对上述影响耕地变化的因素进行分析预测，进而对 2020 年我国耕地资源数量进行估算。①建设用地。建设占用耕地是耕地资源可持续利用面临的最大压力，城镇化进程的加速、房地产用地和企业用地的不断扩张，耕地一再受到侵蚀。耕地一旦被建设占用就无法再恢复耕种。1997—2008 年我国年均建设占用耕地 18.71 万公顷，如以 2009—2010 年年均占用耕地 18.71 万公顷、2011—2020年年均占用耕地 25 万公顷的较高标准来匡算，2020 年因建设占用减少耕地

287.42 万公顷。②灾害损毁。自然灾害损毁耕地主要包括荒漠化、盐碱化、水土流失和泥石流等。我国是一个自然灾害频发的国家，加之过大的人口压力造成土地过度垦殖、植被破坏和生态环境的恶化，在相当长的时期内，土壤退化、荒漠化等自然灾害愈演愈烈，大量耕地被损毁。1997—2008 年我国年均灾害损毁耕地 6.52 万公顷，如以 2009—2020 年年均灾害损毁耕地 6.5 万公顷的标准匡算，2020 年因灾害损毁耕地 78 万公顷。③生态退耕。最近 20 年，中国政府越来越重视生态保护和建设。为了合理利用土地资源、增加林草植被和改善生态环境，国家于 1999 年在四川、陕西和甘肃三省率先启动了退耕还林工程，2002 年该工程在全国 25 个省份全面展开。20 世纪 50—70 年代，大量湖泊与湿地被围垦成农田。20 世纪 80 年代中期基本实现粮食自给后，国家开始实施"退田还湖"政策。该项政策的实施，实现了千百年来从围湖造田、与湖争地到退田还湖的历史性转变。按照土地利用现状调查显示，2008 年年底中国共实现退耕 727.87 万公顷，到 2010 年中国合计需要退耕 738.01 万公顷，即到 2010 年中国可退耕地尚有 10.14 万公顷。按照 2009—2010 年年均退耕 5.07 万公顷匡算，2020 年需要退耕 60.84 万公顷。④农业结构调整。耕地转化为园地、林地和草地是农业结构调整造成耕地减少的主要原因。20 世纪 80 年代中期至 90 年代中期，农业结构调整引起的耕地减少量占耕地减少总量的比重很大。1986—1995 年由于农业结构调整减少的耕地累计 420.9 万公顷，年均达到 42 万公顷，占到耕地减少总量的 62％。近年来，这一比重呈下降趋势，按 2005—2008 年年均农业结构调整耕地减少量 1.90 万公顷的标准匡算，2020 年我国因农业结构调整减少的耕地数量为 22.80 万公顷。⑤土地开发整理。根据国土资源部发布的《全国土地开发整理规划（2001—2010）》，土地开发整理包括土地整理、土地复垦和土地开发三项内容。土地整理是指根据社会经济发展的需要，采用政策措施和工程技术手段对现有的土地利用方式和占用现状进行调整和治理，从而增加有效耕地面积，提高土地质量和利用效率，改善生产、生活条件和生态环境的活动。土地整理可分为农田整理、村庄土地整理、城镇土地整理和工矿废弃地及灾毁复垦整理等四个方面。土地复垦是指在生产建设过程中对因挖损、塌陷、压占等造成破坏的土地，采取整治措施，使其恢复到可供利用的状态的活动。土地开发是指在保护和改善生态环境、防止水土流失和土地荒漠化的前提下，采用工程和生物等措施，将未利用土地资源开发成宜农地的活动。根据《全国土地开发整理规划（2001—2010）》，2020 年通过土地开发整理增加有效耕地 292.15 万公顷是可行的。按照上述匡算，到 2020 年中国耕地面积将在 2008 年 12 171.59 万公顷的基础上减少 156.91 万公顷（表 6-1），即 2020 年中国的耕地资源数量约为 12 014.68 万公顷。

表 6-1　2020 年各因素对耕地资源数量影响

单位：万公顷

年份	项目	建设占用	灾害损毁	生态退耕	结构调整	开发整理	合计
2020	对耕地影响	−287.42	−78	−60.84	−22.80	+292.15	−156.91

3. 农作物复种指数预测

长期以来，我国一直缺乏准确、科学、统一的土地资源利用状况的统计数据，来源不同的数据相差甚远。以耕地数据为例，最小为 9 497 万公顷，最大达到 16 000 万公顷，相差超过 50%。数据上的缺乏与混乱给相关研究带来了巨大的困难。由于改革开放至今的 30 年间没有来源统一的耕地资源数据，因此本书中所涉及的 1996 年以前的耕地资源数据均来自于《新中国五十五年统计资料汇编》，1996 年以后的耕地资源数据均来自于《中国国土资源年鉴》，但是这并不影响对此问题的研究。从图 6-6 中可见，二次指数平滑法较好地拟合了 1978—2008 年中国的农作物复种指数，因而本书采用该方法对中国的农作物复种指数进行预测，经预测 2020 年农作物复种指数将达到 1.35。

4. 粮食播种面积占农作物播种面积的比重预测

从图 6-7 可以看出，1978—2009 年我国粮食播种面积占农作物播种面积的比重总体上呈现出明显的下降趋势，由 1978 年的 80.34% 下降到 2003 年的 65.22%，而后小幅回升至 2009 年的 68.70%，减少了 11.73%。二次指数平滑法较好地拟合了 1978—2009 年中国粮食播种面积占农作物播种面积的比重，因而本书采用该方法对中国粮食播种面积占农作物播种面积的比重进行预测，经预测 2020 年的粮食播种面积占农作物播种面积的比重为 69.22%。

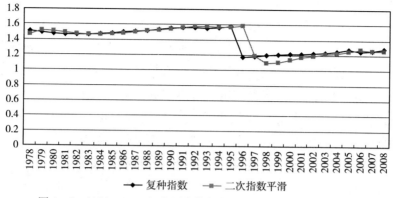

图 6-6　1978—2008 年中国农作物复种指数及预测的变化情况

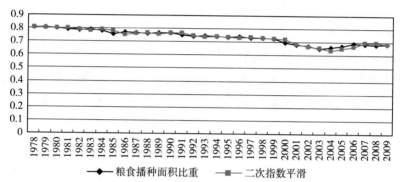

图 6-7　1978—2009 年中国粮食播种面积占农作物播种面积比重及预测的变化情况

根据上述预测的粮食单产、耕地数量、农作物复种指数和粮食播种面积占农作物播种面积的比重，可以得到 2020 年中国粮食总产量为 59 876 万吨（表 6-2）。

表 6-2　2020 年中国粮食总供给预测结果

年份	粮食单产 （千克/公顷）	耕地面积 （万公顷）	复种指数	粮食播种面积比重 （%）	粮食总产量 （万吨）
2020	5 333	12 014.68	1.35	69.22	59 876

6.1.3　未来中国粮食供求平衡分析

通过上面对我国未来十年粮食需求和供给两方面的初步预测看，到 2020 年，中国粮食供需缺口会达到 2 215 万吨，粮食供求总体趋向偏紧。今后中国粮食供给面临资源、气候、技术、市场和种粮比较效益等诸多挑战，而随着人口增长、畜牧业和粮食加工业的迅速发展，粮食需求刚性增长的趋势不可逆转，未来中国粮食供求将处于紧平衡运行状态。粮食供求平衡问题的核心是粮食安全问题。鉴于我国粮食供给与需求的实际情况，完全保证粮食自给是比较困难的，把粮食供给的基点放到国际市场上也是不现实的。如何保证产需缺口情况下的粮食供求平衡是确保我国粮食安全面临的重要问题。因此十分有必要对担负国家商品粮供给重任的粮食主产区的未来发展进行科学定位，制定合理的发展目标，优化其可持续发展的条件。

6.2 粮食主产区的战略定位

提高粮食综合生产能力，保障国家粮食安全，是我国农业和农村工作的主要任务，是实现经济社会健康、稳定发展的重要基础。粮食主产区是增加商品粮有效供给的骨干力量。为此，国家应集中有限的财政资金，加大对粮食主产区的投入力度，稳定和提高粮食综合生产能力与市场竞争力，保障粮食稳定供应，增加粮农收入。

今后相当一段时期，我国人增地减的矛盾不会发生根本性改变，粮食生产仍然要面临资源和环境的双重约束。随着人口的继续增加和人民生活水平的不断提高，社会对粮食供给的数量和质量将提出更高的要求，粮食供求依然将呈现偏紧态势。从我国粮食供求关系的变化趋势，提高粮食生产能力，保障国家粮食安全，促进农民增收，满足社会经济发展的需要出发，今后粮食主产区的战略定位是：深入贯彻落实科学发展观，以保障国家粮食安全为首要目标，以提高粮食综合生产能力，增加商品粮有效供给，促进粮食总量平衡、区域平衡和品种平衡为主攻方向，建设优质稳产高效的商品粮、专用粮和饲料粮基地，以加快转变发展方式为主线，以市场需求为导向，以改善农业基础设施为重点，坚持统筹城乡发展和工业反哺农业、城市带动农村方针，强化政策、科技、设施、人才和制度等支撑，实现农民种粮得效益、地方抓粮促发展、国家粮食安全有保障的有机统一。为建设现代农业、繁荣农村经济、增加农民收入进而促进经济社会稳定发展提供坚实支撑。切实加强粮食主产区，着力提高粮食核心区，大力建设粮食后备区，使之成为确保国家粮食安全的战略基地。

根据上述战略定位，要坚持以下原则：

6.2.1 坚持以保障国家粮食安全为根本原则

粮食是维持人们生存的基本生活必需品，粮食安全问题始终是一个关系国计民生的重大战略问题。对于我国这样一个人口大国来说，保障粮食的有效供给尤为重要。当前我国粮食安全形势总体较好，粮食综合生产能力稳步提高，粮食供需基本平衡，但粮食安全的基础仍然比较脆弱。随着工业化、城镇化进程的推进，人口的增加以及人民生活水平的提高，粮食需求呈刚性增长趋势。在耕地减少、水资源短缺和气候变化等资源与环境的约束下，我国粮食供求还将长期处于紧平衡状态。粮食主产区是我国粮食生产和商品粮供给的骨干力量，必须承载着保障国家粮食安全的重任。为此，必须要提高粮食综合生产能力，增加商品粮供给，发展优质粮食生产，实现粮食总量平衡、区域平衡和品种平衡。

6.2.2 坚持以市场需求为导向的原则

目前，我国经济发展总体上步入了全面建设小康社会的阶段。这一阶段，人们对粮食的需求明显有异于农产品短缺时期的市场需求。除了必需的数量要求外，人们将更加注重粮食的质量，而且，粮食加工业的发展也需要优质、专用的粮食原料。上述市场需求的变化对粮食生产提出了更高的要求。因此，粮食主产区在发展粮食生产，提高粮食产量的同时，还要以市场需求为导向，根据市场供求关系变化调整粮食品种结构，加快品种更新换代步伐，积极发展优质、专用粮食生产，重点提升供需缺口较大的粮食生产能力，提高粮食的市场竞争力。

6.2.3 坚持以改善农业基础设施为重点的原则

从总体上看，我国粮食主产区的农业基础设施还相当薄弱，农田水利工程建设欠账较多，粮食生产抵御旱涝等自然灾害的能力不强，严重制约着粮食主产区粮食综合生产能力的提高。因此，粮食主产区发展粮食生产需要解决的重要问题之一就是改善农田水利等基础设施，建设旱涝保收的基本农田，提高粮食单产水平和抵御自然灾害的能力。

6.2.4　坚持以科技为动力的原则

近年来随着我国经济的快速发展，科技的因素不断融入到粮食领域。粮食新品种的培育、新的粮食种植和管理方法的推广应用，使农业科技对粮食主产区粮食生产的贡献率不断提高。与此同时，仍然存在科技创新能力较弱、科技成果转化率较低、科技推广步伐较慢等问题。因此，粮食主产区建设应以科技为动力，建立以政府为主导的多元化、多渠道农业（粮食）科研的投入；建立健全农业（粮食）科技创新体系；引导和鼓励涉粮企业、粮农专业合作经济组织开展科技创新和推广活动，积极为粮农提供科技服务。

6.2.5　坚持可持续发展的原则

耕地资源是粮食生产的基础，淡水资源是粮食生产的命脉。从世界各国发展规律看，工业化、城市化是带动经济社会发展的强大动力，但同时要占用和消耗耕地和淡水资源。近些年来，随着粮食主产区工业化、城镇化进程的加快，耕地和淡水资源出现减少趋势，对粮食发展制约加大。因此，粮食主产区的发展必须按照科学发展观的要求，走可持续发展的路线，改变过去浪费资源的粗放经营模式，转变农业（粮食）增长方式。

6.3　粮食主产区的发展目标

从经济社会发展全局出发，粮食主产区的发展要努力实现以下目标：

6.3.1　保障粮食等重要农产品有效供给

手中有粮，食足民安。解决好 13 亿人的吃饭问题始终是治国安邦的头等大事。中国人的饭碗必须也只能端在我们自己手里。粮食主产区要确保粮食等主要农产品稳定发展，重点抓好长江流域优质水稻、以黑龙江三江平原为核心的东北粳稻、黄淮海优质小麦、东北和黄淮海优质玉米和大豆优势产业带建设，大力改造中低产田，到 2020 年，力争使粮食主产区粮食播种面积稳定在 11.6 亿亩以上。不断提高耕地质量，加快更新改造农田水利灌溉设施进程，提高旱涝保收水平，力争到 2020 年农田有效灌溉面积达到粮食播种面积的 2/3，水土流失治理面积达到粮食播种面积的 90%。粮食单产由现有的每公顷 5 203 千克提高到 5 700 千克左右，粮食综合生产能力达到 8 326 亿千克以上。

6.3.2 建立健全粮食物流体系

加快发展以散装、散卸、散存和散运为特征的"四散化"粮食现代物流体系，降低粮食流通成本，提高粮食流通效率。到 2020 年粮食主产区粮食物流"四散化"比例力争达到 55%。

6.3.3 促进农民生活水平继续提高

小康不小康，关键看老乡。农民增收是全面建设小康社会的重点和难点。要确保粮食主产区农民人均纯收入年均增长 6% 以上，到 2020 年农民人均纯收入突破 9 000 元。农民生活质量普遍提高，居住、交通、教育、文化、卫生和环境等方面的条件有较大改善。

6.3.4 夯实农业农村发展基础

越是工业化、城镇化快速推进，越要加强农业的基础地位，加大农业、农村的投入力度。要稳步提高各级财政支持"三农"投入的增量，使各类金融机构涉农贷款增幅高于全部贷款增幅，进一步完善农业农村社会化服务体系，逐步消除农村劳动力转移的体制性障碍。

6.4 粮食主产区可持续发展条件

粮食主产区是以粮食生产为核心的经济区域，要实现粮食主产区的可持续发展，构建粮食主产区发展的长效机制，必须要强化粮食主产区粮食生产的要素基础。从这个意义上说，粮食主产区可持续发展的构成要素可分为自然基础要素、人工投入要素和效率要素。自然基础要素包括耕地和水资源；人工投入要素包括从事粮食生产的劳动力、粮田基础设施、涉粮机械装备和粮食生产资料，其中粮田基础设施和涉粮机械装备是固定投入要素，劳动力和粮资投入是可变投入要素，同时后三者又称为物质装备要素；效率要素包括政策保障和科技支撑，这两种要素渗透于其他要素之中，是其他要素的效率转换器（图6-8）。随着工业化、城镇化推进，粮食主产区的发展进入了一个艰难时期，要实现粮食主产区粮食生产的可持续发展，确保国家粮食安全核心地位不动摇，必须做到藏粮于地、增粮于技、丰粮于策、储粮于库、备粮于民的有机结合。关于政策保障要素，本书在上一章已经详细论述。因此，本部分主要从其他三个方面分析粮食主产区可持续发展条件问题。

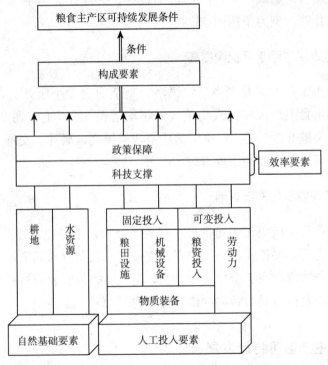

图6-8 粮食主产区可持续发展要素构成框架图

6.4.1 严格保护和合理利用耕地与水资源

耕地和水是人类获取食物的重要物质基础。在今后粮食主产区耕地资源减少不可逆转和农业用水零增长的情况下，要严格保护和合理利用耕地和水资源，这对粮食主产区的可持续发展至关重要。

1. 实行最严格的耕地保护制度，不断加强耕地质量建设

耕地数量和质量直接影响粮食产量，与粮食安全问题息息相关。在推进工业化、城市化进程中，实行"节地保质"是发展粮食生产和维护粮食安全的良策。①加快农村土地征占用制度改革。认真贯彻和落实《土地管理法》《基本农田保护条例》，加大对乱占滥用耕地行为的惩处力度，确保基本农田不被转为非农用地。严格基本农田保护制度，要把基本农田的认定落实到农户和地块，建立档案，公布信息，接受社会的监督，基本农田、粮田一经划定，不得擅自占用。严格耕地占用审批手续，建立省级耕地保护目标责任制。完善耕地占补平衡制度，提高补充耕地的质量要求。②在我国粮食主产区现有的耕地中，中低产田所占比重较大。实践表明，中低产田经改造提高一个等级后，粮食亩产可增加 100 千克左右，如果有一半的中低产田得到改造，粮食增产潜力巨大。因此，粮食主产区应加大改造中低产田的投入，加强高标准农田建设，推动耕地质量升级，特别是作为保障国家粮食安全中坚力量的中部粮食主产区应重点建设旱涝保收、稳产高产的基本农田。同时，建立耕地质量建设补偿制度，激励和引导农民运用农艺、生物和工程等措施提高耕地质量，对农民和地方政府的保护和培肥地力行为给予奖励扶持。

2. 实行最严格的水资源保护制度，积极推广旱作节水技术

对于农业来说，淡水是农作物生长的营养剂，是农产品增产的增长剂，是支持农业现代投入要素发挥作用的助推剂。可见，淡水是粮食生产的源泉，是粮食安全的命脉。为此，粮食主产区要实现可持续发展，必须采取以下措施：①加强对农业用水的保护，节约农业用水，防止农业用水污染。探索建立科学合理的用水机制，使政府、集体企业和个人共同参与农业节水建设。同时，要实现农业用水从"以需定供"向"以供定需"的观念转变。针对各地水资源的承载能力，调整与优化粮食等农作物的布局和品种结构，适度减少高耗水作物的种植，增加低耗水耐旱作物的种植，优化农业用水配置，努力实现水资源供求总体平衡。②推广保护性耕作等抗旱保墒技术以及喷灌和滴灌等田间节水技术，提高有限水资源的利用效率。

6.4.2　加强粮食生产基础设施建设，提高粮食生产物质装备水平

基础设施建设是实现粮食生产稳定增长的根本措施，加强粮田水利设施

建设，提高粮食生产投入品的使用效率，加快涉粮机械化发展是今后一个时期粮食主产区粮食生产可持续发展极具潜力的领域。

1. 加强农田水利设施建设

增加各级政府对农田水利设施建设的投入，加快以节水改造为重点的大中型灌区续建配套建设，完善灌排体系。搞好病险水库的除险加固、中小河流治理和地方中型水源的开发。积极开展田间排灌、小型灌区和非灌区抗旱水源、丘陵山区和其他干旱缺水地区雨水集蓄利用等水利工程项目建设。鼓励农民投工投劳兴修农田水利，引导产业化龙头企业等社会力量参与农田水利建设。

2. 提高农业机械装备水平

现代农业是以农业机械装备为基础的农业，农业机械化总体水平高低是衡量一个国家农业现代化程度的重要标志。在从传统农业向现代农业转变的过程中，粮食主产区应加快推进农业机械化进程，进一步加大财政对大中型农机具购置补贴的投入，提高粮田作业大型动力机械覆盖率，改变农业机械装备水平低和结构失衡现状。完善农机社会化服务机制，组织好农机跨区作业，提高农机服务标准化、专业化服务能力。

6.4.3 提升粮食生产的科技支撑能力

在耕地、淡水和气候等要素条件相当的情况下，要提高粮食综合生产能力，必须依靠科技进步提高单产，构建粮食生产科技支撑的长效机制。

1. 加强粮食科研的基础研究和技术引进，推动粮食科技创新体系建设

进一步强化政府对粮食科技投入的主体地位，建立以政府为主导、社会力量广泛参与的多元投入保障机制，以品种创新为重点，加强水稻、小麦、玉米和大豆主要粮食作物的良种繁育中心建设；建立适应市场经济要求的科技创新成果激励机制；组织开展生物技术、遗传工程等重大科研项目攻关，推出一批类似超级稻的高产优质粮食新品种；加强与国际先进粮食研究机构及试验室的合作，引进国际先进技术，提升吸收和创新能力。

2. 提高粮食科技成果转化效率

围绕粮食生产目标，明确主推技术和主导品种。运用市场机制促进新品种和新技术等科技成果的组装集成、配套开发及转化提高。通过项目带动引导资金、人才向重点技术、重点作物和重点区域倾斜。鼓励农业大专院校、科研院所等的应用研究人员投身粮食生产第一线，加快粮食生产科技成果的转化。

3. 建立以公益性推广机构为主导的多元化农技推广体系

深化农技推广体制改革，按照公益性职能和经营性业务分开的基本原则，合理设置基层的农业技术推广机构。对于公益性推广机构，国家财政要保障其正常运转；对于经营性推广机构，政府要给予一定的优惠扶持政策。鼓励科研院所、大专院校、农民专业合作组织和产业化龙头企业开展多种形式的农技推广服务。组织农业科技入户工程，可在农村选择一批科技示范户，通过提高科技示范户的学习接受能力与辐射带动能力，形成以户带户、以户带村、以村带乡的农技推广新模式，加强对农民的培训，引导农户推广应用新品种和新技术。

6.5 本章小结

本章对中国粮食主产区未来的发展进行了预期。主要内容包括未来中国粮食供求分析，粮食主产区的战略定位，粮食主产区的发展目标和粮食主产区可持续发展的条件。从粮食需求看，假定中国人口总量在 2020 年达到 14.5 亿，那么，2020 年中国粮食总需求将达到 62 091 万吨，其中口粮 21 275.85 万吨，约占粮食总需求的 34.27%；饲料用粮 29 849.70 万吨，约占粮食总需求的 48.07%；工业用粮 9 815 万吨，约占粮食总需求的 15.81%；种子用粮 1 150 万吨，约占粮食总需求的 1.85%。从粮食供给看，2020 年中国粮食总产量约为 59 876 万吨。中国粮食供需缺口在 2020 年会达到 2 215 万吨，粮食供求总体趋向偏紧，未来中国粮食供求将处于紧平衡运行状态。今后粮食主产区的战略定位是：深入贯彻落实科学发展观，以保障国家粮食安全为首要目标，以提高粮食综合生产能力，增加商品粮有效供给，促进粮食总量平衡、区域平衡和品种平衡为主攻方向，建设优质稳产高效的商品粮、专用粮和饲料粮基地，以加快转变发展方式为主线，以市场需求为导向，以改善农业基础设施为重点，坚持统筹城乡发展和工业反哺农业、城市带动农村方针，强化政策、科技、设施、人才和制度等支撑，实现农民种粮得效益、地方抓粮促发展、国家粮食安全有保障的有机统一。为建设现代农业、繁荣农村经济、增加农民收入进而促进经济社会稳定发展提供坚实支撑。切实加强粮食主产区，着力提高粮食核心区，大力建设粮食后备区，使之成为确保国家粮食安全的战略基地。根据上述战略定位，要坚持以下原则：一是坚持以保障国家粮食安全为根本原则；二是坚持以市场需求为导向的原则；三是坚持以改善农业基础设施为重点的原则；四是坚持以科技为动力的原则；五是坚持可持续发展的原则。从经济社会发展全局出发，粮食主产区的发展要努力实现保障粮食等重要农产品有效供给、建立健全粮食物流体系、促进农民生活水平继续提高、夯实农业农村发展基础等目标。随着工业化、城镇化推进，粮食主产区的发展进入了一个艰难时期，要实现粮食主产区粮食生产的可持续发展，确保国家粮食安全核心地位不动摇，必须做到藏粮于地、增粮于技、丰粮于策、储粮于库、备粮于民的有机结合。不断强化自然基础要素，增加人工投入要素，提升效率要素，形成粮食主产区可持续发展的长效机制。

第七章　研究结论与政策建议

本书从粮食主产区空间格局变迁与粮食安全相结合的视角切入，对中国粮食主产区的演变、中国粮食主产区内部差异、中国粮食主产区发展面临的问题、工业化进程中农户种粮行为、中国粮食主产区支持政策及中国粮食主产区发展预期等问题进行了系统、全面地分析。本章将对前面所做的分析进行综合性地概括，并就中国粮食主产区的未来发展提出相应的政策建议。

7.1　研究结论

7.1.1　新中国成立以来，中国粮食主产区空间格局发生较大变化，粮食主产区边界呈现缩小趋势

新中国成立以来，我国粮食主产区空间格局的变化体现在生产格局和流通格局两个方面。从中国粮食生产格局变迁看，全国粮食生产区域由南方持续向北方转移，由东部、西部逐渐向中部推进，其中东南沿海区粮食生产急剧萎缩，东北区和黄淮海区形成了全国粮食增长中心，粮食主产区的边界明显地呈现出缩小趋势。就三种主要粮食作物的生产分布而言，改革开放以来，稻谷、小麦和玉米的生产呈现出地域分异特征。其中，稻谷生产在南方传统产区缩减的同时主要呈现出向东北地区扩展的趋势，小麦生产在东北、东南沿海、西南和青藏地区缩减的同时已出现向黄淮海和长江中游地区集中的态势，而玉米生产则在东北、东南沿海、西北和西南地区缩减的同时主要向蒙新地区集中。从中国粮食流通格局变迁看，新中国成立以来，伴随着粮食调运由计划调拨到市场调节的变化，中国粮食流向流量发生了由南粮北调向北粮南运的转变。南粮北调时期，南方向北方调入的粮食基本是稻谷且输出水平不高。北粮南运虽然也是粮食在区域间的流动，但品种发生了变化，

北方调入南方的粮食主要是玉米且输出量较大。这种变化在一定程度上反映了粮食消费层次的升级，即由口粮消费向转化形态（饲料、工业原料）消费转变。

纵观中国粮食主产区空间格局的变化具有以下特征：①粮食主产区在空间上相对集中；②粮食生产与人口分布的地域分异加剧；③粮食主产区向经济滞后区域集中；④粮食主产区与主销区的空间距离加大。中国粮食主产区空间格局的变化是伴随着我国经济改革而发生的，这种变化的形成包含着复杂而深刻的经济与社会多重原因：①种粮比较效益相对低下是粮食主产区萎缩的基本原因；②市场化、国际化、工业化和城镇化进程的区域差异性是粮食主产区空间格局变迁的重要原因；③人地矛盾是粮食主产区空间格局变迁的客观原因；④社会需求拉动是粮食主产区空间格局变迁的市场动因；⑤农业科技进步为粮食主产区空间格局变迁提供了推动力。

7.1.2　中国粮食主产区内部呈现出梯度发展特征

粮食主产区多以经济欠发达为主要特征，随着改革开放的不断深入，区域内各省份的经济发展状况呈现出梯度特征，经济发展水平的差异导致粮食生产能力和商品化程度的分异。从总体经济发展水平看，江苏、山东、辽宁和河北的经济发展水平高于粮食主产区平均水平，其他9省份的经济发展水平低于粮食主产区平均水平。然而这些经济发展水平较高的省份，其粮食商品化程度并不高。值得关注的是四川、湖北两省的人均粮食占有量低于全国平均水平。粮食商品化程度显著高于全国平均水平的黑龙江、吉林、内蒙古三省份，其粮食产量波动系数均高于全国平均水平1倍以上。可见，我国主要的商品粮输出省份粮食生产的稳定性极差。根据对粮食主产区内部差异评价和分析的结果，有针对性地实施不同的区域和产业政策，以确保国家粮食的有效供给。

7.1.3　粮食主产区的发展应建立在区域经济的整体发展基础上

作为粮食主产区，是以提供粮食的有效供给为基本目标，这是无可置疑的。但是，粮食生产的经济效益低下，当农业发展到一定阶段后，粮食生产如果没有其他产业的相应发展，就会失去发展的支撑。因此，应当从区域经济的角度看待粮食主产区的发展，而不是仅仅把粮食主产区看作是提供粮食产品的生产基地。粮食主产区不仅要实现农业内部的综合发展，也要实现农业相关产业的协调发展，实现资源优势向经济优势的转化。根据现代农业的发展规律，先进的农业必须建立在先进的工业基础上。因此，必须对粮食主产区的工农业进行合理配置，缩小工农产品"剪刀差"，提高粮食主产区区域经济整体实力。

7.1.4　重视和推进粮食主产区粮食生产的规模经营

从总体上说，粮食主产区农地经营规模要大于全国平均水平，但同规模经营相比，即便是像黑龙江、吉林这样人均耕地资源丰富的地区，土地经营规模同样是相当狭小的。因此，规模效益低是粮食主产区粮食生产进一步发展的重要限制因素。伴随着我国工业化、城镇化进程不断推进，粮食生产的机会成本将呈现不断加大的趋势，在工业化得到较充分发展后，农民种粮积极性将明显下降，农民不再关心甚至放弃小规模的土地收益。这些新形势在客观上必然带来规模经营的压力。在一定意义上说，没有规模经营的发展就不会有粮食主产区粮食生产的现代化，就不会形成粮食主产区在粮食市场上的竞争优势。

7.1.5　相对收益变化对粮农种粮行为具有重要影响

本书对工业化进程中农户种粮行为进行了实证分析。分析结果表明，对于处于工业化中后期阶段的农户而言，相对收益的变化是影响种粮行为的重要因素且对农户种粮行为具有负效应，即在工业化充分发展的条件下，随着土地外收入成为农民收入的主体，农民种粮积极性将明显下降。对于处于工业化中前期阶段的农户而言，种粮决策者的受教育程度、粮食价格、农资价格、种粮收入、非粮收入、粮食补贴政策等因素都会对农户种粮行为产生影响。其中粮食价格、种粮收入、非粮收入和粮食补贴政策对农户种粮行为产生正向影响，种粮决策者的受教育程度和农资价格对农户种粮行为产生负向影响。根据以上分析可见，无论是处于工业化中后期阶段的农户还是处于工业化中前期阶段的农户，相对收益的变化对其种粮行为均有重要影响。通过预测得出：当粮食主产区农户第一产业收入占家庭收入比重下降到1/5时，农户农业生产性投资占其总支出的比重只有 1/10 左右，说明在这一"时刻"，农民不再关心土地的收益甚至会发生弃耕行为。

7.2 政策建议

从上述结论中可知，我国粮食主产区的发展已经进入了一个新的发展阶段，在新的发展阶段上粮食主产区发展面临着新的形势和新的任务。根据以上研究，拟提出以下政策建议：

7.2.1 培育专业种粮大户，引导粮食生产的适度规模经营

适度规模经营是提高粮食生产效益的现实选择。粮食主产区应在稳定并完善农村土地家庭承包经营的基础上，鼓励发展粮食生产的适度规模经营。由于粮食主产区各个省份的土地经营规模现状和条件不尽相同，在推进土地适度规模经营过程中，应因地制宜，根据各地经济发展现状，逐步推进。土地的流转和集中、劳动力负荷量的减少是实现粮食适度规模经营的前提，因此，发展适度规模经营要做好以下三方面的工作：一是要建立健全土地流转机制，为规模经营创造良好的运行基础。在稳定土地家庭承包责任制的基础上，建立适应市场经济发展要求，盘活土地使用权，提高土地产出率的土地流转机制。通过委托代耕、转包、转让、租赁、反租倒包等形式促使粮地使用权适度向懂技术、善经营的种粮大户集中，使种田能手的小规模家庭经营转变成较大规模的家庭经营，实现粮食生产的规模效益。二是推动农村剩余劳动力转移。粮食规模经营的发展和土地的劳动力负荷量减少是同步进行的，只有减少农业劳动力，才能增加单位劳动力的耕作面积。粮食规模经营和农业劳动力的减少是一个长期的、渐进的过程。在这个过程中，一方面要提高农村劳动力素质，加大农村教育培训投入，建立和发展农民工技能培训体系，组织引导农村剩余劳动力向非农产业转移；另一方面要健全和完善劳动力就业市场，促进农民工就业和城乡统一劳动力市场的建立和发展，同时取消对农民的歧视性政策，给农民以国民化待遇。此外，要重视农村小城镇建设，通过发展小城镇，促进乡镇企业的合理布局，加快第二、三产业的发展，为解决农村剩余劳动力的就业提供新机会。三是建立和完善农村社会

保障制度。农地的规模化流转和农村剩余劳动力的大规模转移在一定程度上依赖于农村社会保障体系的完善。完善的社会保障体系可以解除流转土地农户的后顾之忧，使其逐步淡化土地的就业、生存保障和社会福利功能。为此，一方面应加强农村社会保障制度的立法，逐步健全和完善农村最低生活保障制度、农村社会养老保险制度和农村医疗保障制度；另一方面，应加大财政投入，多渠道筹集农村社保资金。

7.2.2　强化中央政府对粮食主产区的支持与保护

粮食主产区作为一个特殊的经济发展区域，是中央宏观经济政策的产物，粮食主产区的形成、发展与宏观经济政策息息相关。因此，在我国工业化、城镇化进程不断推进，粮食经营市场化程度日益提高的情况下，如何使粮食主产区能够顺利完成粮食有效供给任务，培育其承受市场波动的能力，中央政府具有责无旁贷的责任。粮食生产具有自然再生产和经济再生产相交织的根本特点，要受到自然和市场双重风险的影响。世界各国，无论是粮食生产过剩还是短缺的国家都普遍实行粮食支持保护政策。根据我国国情，如果把粮食主产区完全推向市场，意味着全部的市场风险由粮食主产区承担了，这样做在客观上十分不利于粮食主产区持续稳定发展。因此，从政策思路上看，要加大对粮食主产区的支持力度，从资源保障、物质装备、科技支撑、生产经营、收入支持、风险抗御、加工转化、市场调控等方面进一步强化对粮食主产区的政策支持。要在粮食主产区严格保护和合理利用耕地与水资源，大力加强粮食生产基础设施建设，不断强化粮食生产的科技支撑，继续完善粮食生产的组织经营制度，加大对粮食生产主体的收入支持力度，增强粮食生产抗御风险的能力，积极促进粮食转化增值，加强和改善粮食市场宏观调控。如本书第六章和第七章所述，应建立一个多元化的具有旺盛活力的粮食主产区可持续发展的长效机制。

7.2.3　协调粮食主产区和主销区之间的关系，加强粮食区域间合作

为了保证区域之间粮食流通的正常进行，有必要在粮食产销区间建立长期稳定、互惠互利的区域合作机制。首先，要实现粮食产销区责权利的对等。对于粮食主产区，政府要明确其粮食生产责任，保证产粮利益的实现。

对于粮食主销区，要强化其在维护国家或省域粮食安全中的责任。作为国家粮食安全长期受益者的粮食主销区要主动支持主产区的粮食生产，帮助主产区提高公共服务能力。主产区应在歉收年份优先提供粮源，主销区应在丰收年份优先提供市场，产销区应保证常年稳定的粮食供求关系。在此基础上，应建立主销区对主产区的补贴制度，实行粮食调入地区委托粮产区代购、代储制度，建立产销区之间的分工协作，从而解决主产区既产粮又储粮占用大量生产资金投入的矛盾。粮食储备也应适当向销区转移。同时，粮食加工企业应尽量建立在粮食主产区，延长粮食生产链条，把尽量多的粮食增值收益留在粮食主产区，尽量减少粮食主产区的经济利益通过粮食调出而流失。此外，应建立产销双方长期的期货合同，加快粮食批发交易市场建设，有效调剂各地区粮食余缺，缩短粮食流动距离，减少粮食的相对流动。

7.2.4 从区域经济角度确定粮食主产区发展思路，努力搞好粮食主产区的经济布局

　　长期以来，就我国工农业关系的总体特征而言，表现为一种重工轻农的倾向。但就粮食主产区的工农业关系来看，主要矛盾是工业发展不足。工业发展不足的实质是工农业关系不相协调。无论从农业在国民经济中的基础地位考虑，还是从我国未来粮食供求关系考虑，都不应该将一个发达的农业区建立在一个落后的经济区上，发达的农业必须与发达的工业相结合。因此，应按照粮食主产区这一经济区域的特殊性，确定工农业合理配置的思路。要实现粮食主产区工农业的合理配置，首先必须打破"粮食主产区就是生产粮食"的就粮食抓粮食的观念，支持粮食主产区发展一定要与加快工业化这个大前提联系起来。从区域经济的角度看，粮食主产区工农业配置关系主要表现在三个方面：一是农业与农用工业之间的关系；二是农业与农产品加工业之间的关系；三是农业与其他工业之间的关系。就农业与农用工业的关系看，粮食主产区是我国农业的高投入区，随着农业现代化的发展，化肥、农药、机械、电力等物质投入有不断增加的趋势。可见，粮食生产的发展对农用工业有很大的依赖性。就农业与农产品加工业的关系看，粮食特别是玉米对其后续产业的依赖性很强。就农业与其他工业的关系看，只有工业得到充

分发展，才能为城乡剩余劳动力开辟广阔的就业空间。从工农业关系配置看，粮食主产区工业的发展必须建立在两个支点上：一是较高的劳动力吸纳能力；一是较高的创利能力。综上所述，为了从根本上推动粮食主产区发展，应着眼于整个区域经济，从区域经济的角度，统筹主产区工农业协调发展，缩小工农业产品价格剪刀差和地区利益剪刀差，培育粮食主产区可持续发展的造血机制，从区域经济的整体联系中寻求粮食主产区发展的条件和动力。

7.2.5 抓好重中之重，加大对国家粮食核心产区的建设与保护

改革开放 30 年来经济的快速发展，改变了我国千年来的粮食生产格局，传统粮食产区已经不能提供充足的商品粮。为了保证全国粮食的供给，一方面要确保传统粮食产区的稳产；另一方面要加大粮食净调出区即粮食核心产区的建设与保护，将核心产区作为支农政策和资金倾斜的重点。优先保护和建设粮食核心产区集中连片的优质耕地，推进规模化经营，规范土地开发整理行为，培育具有一定规模的"核心粮农"。即发挥粮食主产区优势中的优势，建设粮仓中的大粮仓。将核心产区中具备条件的地方，例如东北和内蒙古建成具有一定规模竞争力的现代化粮食生产基地。东北和内蒙古是我国重要的商品粮输出基地，其农用地生产能力和生产潜力巨大。因此，应率先在该区域建设示范区，实现模式化栽培、机械化作业、规模化生产、社会化服务和产业化经营，引导农户的家庭分散经营步入现代农业的发展轨道，推进农业增长方式和发展机制的有效转变，大幅度提高农业综合生产能力。将其建设成为基础设施好、生产稳定性大、粮食商品率高、综合能力强的可持续发展的现代粮食生产基地。

7.3 研究展望

农业是国民经济的基础，是稳民心、安天下的战略产业，粮食是基础的基础。中国作为世界第一人口大国，是最大的粮食消费国家，在一定意义上说，中国的粮食问题就是世界的粮食问题。粮食主产区是我国商品粮生产的核心区域，在确保国家粮食安全中起着中流砥柱的作用。本书综合运用区域

经济学、微观经济学、宏观经济学、农业经济学和行为经济学等理论从粮食主产区空间格局变迁与粮食安全相结合的视角切入，对中国粮食主产区的演变和发展问题进行的研究只是一次初步的尝试，许多问题还有待进一步深入探索研究。由于相关资料、研究时间和笔者能力等方面的限制，本书在以下方面有待改善和进一步研究。

（1）本书中的粮食是指谷物类、豆类和薯类的集合，全书主要以粮食整体作为研究对象，未能分品种一一对应分析。对于各粮食品种，特别是三种主要粮食作物（稻谷、小麦、玉米）主产区的演变与发展问题有待进一步的研究和探讨。

（2）本书关于工业化进程中粮食主产区农户种粮意愿的影响因素分析仅以吉林为例，没有对粮食主产区内部13个省份的工业化进程分别界定并据此进行分析，探讨带有普遍性的问题，关于这方面的研究还有待在后续研究中进一步完善。

（3）本书在粮食主产区农户种粮行为预期部分，把主要精力集中在实证分析第一产业收入对粮农种粮行为的影响程度上，关于随着土地收入占家庭收入比重不断下降，粮农不再关心土地的收益甚至弃耕的临界点的确定有待于进一步研究和探索。

（4）笔者虽然深入农户进行了实地调研，查阅了大量相关资料，并向相关专家、学者虚心请教，但在实证模型构建和变量选择方面依然会存在一定缺陷和偏差，有待于在后续研究中进一步改进。

参 考 文 献

伯特尔·俄林.2007. 区际贸易和国际贸易 [M]. 北京：华夏出版社.

卜范达, 韩喜平.2003. "农户经营"内涵的探析 [J]. 当代经济研究 (9)：37-41.

蔡兴元, 高勇.1998. 全国粮食生产、经营及消费三者利益的协调建议 [J]. 能源基地建设
  (2)：38-39.

曹志宏, 郝晋珉, 梁流涛.2008. 农户耕地撂荒行为经济分析与策略研究 [J]. 农业技术经
  济 (3)：43-46.

陈才.2001. 区域经济地理学 [M]. 北京：科学出版社.

陈长华, 方晓军.1999. 江苏省农户经营行为分化实证分析 [J]. 中国农村经济 (4)：
  46-50.

陈风波, 丁士军, 陈传波.2003. 南方农户水稻种植行为差异分析 [J]. 湖北社会科学 (4)：
  33-35.

陈和午.2004. 农户模型的发展与应用：文献综述 [J]. 农业技术经济 (3)：2-9.

陈会广.2009. 农户兼业化与农村土地制度变迁——基于家庭内部分工的分析框架及政策含
  义 [J]. 甘肃行政学院学报 (1)：4-20.

陈洁.2001. 粮食主产区的农业产业化问题研究 [J]. 粮食与油脂 (7)：28-31.

陈美球, 冯黎妮, 周丙娟, 等.2008. 农户耕地保护性投入意愿的实证分析 [J]. 中国农村
  观察 (5)：23-29.

陈铭恩, 温思美.2004. 我国农户农业投资行为的再研究 [J]. 农业技术经济 (2)：24-27.

陈娜.2004. 安徽省经济发展水平的区域差异评价 [J]. 统计与决策 (11)：37-38.

陈卫洪, 刘贵川.2009. 农村工业化初期农户投资行为结构及其特征分析 [J]. 经济研究导
  刊 (20)：16-18.

陈文科, 刘田喜.2004. 以统筹区域发展思路解决粮食主产区萎缩问题 [J]. 中国党政干部
  论坛 (7)：26-28.

陈文科.1995. 关于我国粮食供求平衡的几个问题 [J]. 农业经济问题 (6)：11-14.

陈晓红, 汪朝霞.2007. 苏州农户兼业行为的因素分析 [J]. 中国农村经济 (4)：25-31.

陈秀山, 张可云.2009. 区域经济理论 [M]. 北京：商务印书馆.

成丽.2009. 中国粮食对外贸易对耕地资源可持续利用影响研究 [D]. 沈阳：沈阳农业大

学.

程亨华，肖春阳.2002.中国粮食安全及其主要指标研究 [J]. 财贸经济 (12)：70-73.

程叶青，张平宇.2005.中国粮食生产的区域格局变化及东北商品粮基地的响应 [J]. 地理
科学，25 (5)：513-520.

程远亮，周伟，米红.2010.粮食生产布局与人口分布的空间差异及其演变 [J]. 统计与信
息论坛，25 (2)：94-99.

崔俊敏.2009.农业产业链 产业集群与粮食主产区农民增收 [J]. 河北农业科学，13 (4)：
114-116，155.

戴芳.2010.工业化进程对林权制度变迁的影响研究 [D]. 保定：河北农业大学.

邓蒙芝.2006.粮食主产区农民家庭经营收入问题研究 [D]. 郑州：河南农业大学.

敦敏，屈艳芳.2002.农户投资行为实证研究 [J]. 上海经济研究 (4)：86-92.

方创琳.2001.区域发展规划论 [M]. 北京：科学出版社.

冯邦国.1997.解决粮食主产区经济发展问题的财政对策 [J]. 经济学文摘 (4)：19-20.

冯海发，毛长青，朱晓峰.1997.粮食主产区经济发展问题——河南省粮食主产区发展经济
调研报告 [J]. 管理世界 (2)：160-167.

冯海发.2001.增加粮食主产区农民收入的对策思考 [J]. 经济纵横 (12)：5-9.

冯继红.2009.河南省粮食综合生产能力建设的制约因素与对策 [J]. 陕西农业科学 (4)：
174-176.

高鸿业.2007.西方经济学 (微观部分) [M]. 北京：中国人民大学出版社.

高瑛.2007.我国粮食产销利益协调机制的构建 [J]. 现代经济探讨 (2)：41-44.

顾莉丽，郭庆海，孙立新.2008.吉林省粮食综合生产能力分析 [J]. 长白学刊 (6)：
84-87.

顾莉丽，郭庆海.2011.中国粮食主产区空间格局变迁及影响因素探析 [J]. 特区经济
(12)：22-24.

顾莉丽，郭庆海.2011.我国粮食主产区的演变与可持续发展 [J]. 经济纵横 (12)：
83-86.

顾莉丽，郭庆海.2011.中国粮食主产区的演变与发展研究 [J]. 农业经济问题 (8)：4-9.

顾莉丽.2011.中国粮食主产区演变的特点与原因分析 [J]. 商业时代 (24)：109-110.

郭庆海.1995.粮食主产区利益流失问题探析 [J]. 农业经济问题 (8)：28-32.

郭庆海.1997.我国粮食产销格局现状评价与前瞻 [J]. 农业经济问题 (11)：18-22.

郭庆海.2000.吉林省商品粮基地建设的研究 [M]. 长春：吉林大学出版社.

郭庆海.2000.我国农村家庭经营的分化与发展 [J]. 农业经济问题 (5)：33-37.

郭庆海.2008.中国玉米主产区的演变与发展 [J]. 玉米科学，18 (1)：139-145.

郭淑敏，马帅，陈印军.2006.中国粮食主产区主要粮食作物比较优势与发展对策研究 [J].

中国农学通报，22（1）：391-396.

郭淑敏，马帅，陈印军.2006.我国粮食主产区粮食生产态势与发展对策研究［J］.农业现代化研究，27（1）：1-6.

郭淑敏，马帅，陈印军.2007.我国粮食主产区粮食生产影响因素研究［J］.农业现代化研究，28（1）：83-87.

韩明谟.2001.农村社会学［M］.北京：北京大学出版社.

韩晓玲.2006.江苏区域经济发展的因子分析［J］.甘肃农业，2：54-55.

郝寿义，安虎森.2004.区域经济学［M］.北京：经济科学出版社.

何蒲明，王雅鹏，黎东升.2008.湖北省耕地减少对国家粮食安全影响的实证研究［J］.中国土地科学，22（10）：52-63.

贺伟.2010.我国粮食最低收购价政策的现状、问题及完善对策［J］.宏观经济研究（10）：32-36.

侯立军.2008.基于粮食安全保障的我国粮食主产区建设［J］.经济问题（7）：55-57.

胡佛，杰莱塔尼.1992.区域经济学导论［M］.上海：上海远东出版社.

胡小平，郭晓慧.2010.2020年中国粮食需求结构分析及预测［J］.中国农村经济（6）：4-15.

胡序威.1998.区域与城市研究［M］.北京：科学出版社.

黄爱军.1995.我国粮食生产区域格局的变化趋势探讨［J］.农业经济问题（2）：20-23.

黄宗智.1986.华北的小农经济与社会变迁［M］.北京：中华书局.

黄祖辉，徐加，等.1996.沿海地区粮田规模经营农户心态、行为与政策启示［J］.中国农村经济（6）：57-63.

回良玉.2009.千方百计促进农业稳定发展 农民持续增收［J］.求是（4）：3-8.

霍利斯·B.钱纳里.1989.工业化和经济增长的比较［M］.上海：上海三联书店.

霍学喜，石爱虎，等.1996.我国商品粮基地运行中农户粮食生产短期化倾向及其成因与对策分析［J］.南京经济学院学报（2）：11-14.

江苏省农调队课题组.2003.2003中国农村经济调研报告［M］.北京：中国统计出版社.

金兆怀，李光宇.2000.我国粮食主产区发展农业产业化问题的探讨［J］.东北师大学报（哲学社会科学版）（6）：12-17.

康兰媛，张钧，祝小平，等.2008.粮食主产区农户稻作经营行为的调查与分析——基于江西省26县1058户农户调查数据［J］.江西农业大学学报（社会科学版）（3）：57-61.

孔祥智.1998.现阶段中国农户经济行为的目标研究［J］.农业技术经济（2）：24-27.

匡远配，曾福生.2005.试论粮食主产区和主销区之间协调机制的建立［J］.安徽农业科学，33（9）：1739-1740，1777.

李秉龙.2003.我国粮食主产区主要粮食作物生产比较优势分析［J］.新疆农垦经济（5）：

4-5.

李广厚.2007.对粮食主产区经济社会协调发展的思考 [J].安徽农学通报，13（20）：
    10-12.

李建平，刘冬梅.2000.全球经济一体化下我国粮食生产的区域布局分析 [J].中国粮食经
    济（9）：14-16.

李龙姣，龚新蜀.2010.新疆各地州市区域经济差异实证分析 [J].农村经济与科技，21
    （2）：60-62.

李茂岚.1996.中国农民负担问题研究 [M].太原：山西经济出版社.

李明艳，等.2009.不同兼业水平农户土地利用行为研究——以江西省为例 [J].江西农业
    学报（10）：185-188.

李仁元.2004.粮食主产区肩负着我国粮食安全的重任 [J].调研世界（11）：7-8，46.

李霄汉.2006.我国粮食企业物流管理研究 [D].哈尔滨：哈尔滨工程大学.

李小军.2005.粮食主产区农民收入问题研究 [D].北京：中国农业科学院.

李裕瑞，卞新民.2008.江苏省粮食生产地域格局变化研究 [J].地域研究与开发，27（2）：
    113-117.

李岳云，蓝海涛，方晓军.1999.不同经营规模农户经营行为的研究 [J].中国农村观察
    （4）：39-45.

李忠民，周弘.2006.陕西省区域经济发展水平的实证研究 [J].西安电子科技大学学报，
    16（6）：41-45.

李子奈.2000.计量经济学 [M].北京：高等教育出版社.

梁流涛，曲福田，等.2008.不同兼业类型农户的土地利用行为和效率分析——基于经济发
    达地区的实证研究 [J].资源科学（10）：1525-1532.

梁子谦.2007.中国粮食综合生产能力与安全研究 [M].北京：中国财政经济出版社.

刘承芳，张林秀，樊胜根.2002.农户农业生产性投资影响因素研究——对江苏省六个县市
    的实证分析 [J].中国农村观察（4）：34-42.

刘先才.2005.粮食安全：产区销区如何对接 [J].江苏农村经济（1）：14-15.

刘小春，吕从刚，翁贞林，朱红根.2006.建立粮食主产区与主销区利益协调机制的初探
    [J].江西农业大学学报，5（4）：82-84.

刘修礼.2006.粮食主产区农业经济结构调整对农民收入增长的影响分析 [J].江西农业学
    报，18（6）：215-217.

刘秀梅，尤霞.2004.农户家庭劳动时间配置行为分析 [J].中国农村观察（2）：46-52.

刘玉杰，杨艳昭，封志明.2007.中国粮食生产的区域格局变化及其可能影响 [J].资源科
    学，29（2）：8-14.

龙方，曾福生.2007.论粮食产区与销区关系的协调 [J].农业现代化研究，28（5）：

520 - 524.

鲁奇，吕鸣伦 . 1997. 五十年代以来我国粮食生产地域格局变化趋势及原因初探 ［J］. 地理
科学进展，16（1）：31 - 36.

陆文聪，梅燕，李元龙 . 2008. 中国粮食生产的区域变化：人地关系、非农就业与劳动报酬
的影响效应 ［J］. 中国人口科学（3）：20 - 28.

吕彤轩 . 2010. 把粮食核心产区建设成永久大粮仓 ［J］. 中国财政（8）：79.

罗发友，刘友金，王记志 . 2001. 区域经济社会发展水平的因子分析模糊综合评价 ［J］. 湘
潭工学院学报，3（2）：7 - 10.

罗姗 . 2005. 中国省级区域经济发展水平的聚类分析 ［J］. 重庆工商大学学报，15（6）：
15 - 16.

罗万纯，陈永福 . 2005. 中国粮食生产区域格局及影响因素研究 ［J］. 农业技术经济（6）：
58 - 64.

马静 . 2008. 财政支持粮食主产区发展投资模式研究 ［D］. 杨凌：西北农林科技大学 .

马帅 . 2006. 中东部粮食主产区粮食生产能力研究 ［D］. 北京：中国农业科学院 .

马文婷，赵予新 . 2008. 粮食主产区与主销区博弈关系分析 ［J］. 粮食科技与经济（6）：8 -
9，17.

马晓河，蓝海涛 . 2008. 中国粮食综合生产能力与粮食安全 ［M］. 北京：经济科学出版社 .

马彦丽，杨云 . 2005. 粮食直补政策对农户种粮意愿、农户收入和生产投入的影响——一个
基于河北案例的实证研究 ［J］. 农业技术经济（2）：7 - 13.

孟莹，谢守祥，彭潇 . 2010. 江苏省区域经济差异的多元统计分析 ［J］. 特区经济（4）：
51 - 52.

聂振邦 . 2009. 中国粮食流通体制改革 30 年（1978—2008）［M］. 北京：经济管理出版社 .

农业不农村经济研究中心当代农业史研究室 . 1998. 当代中国农业变革与发展研究 ［M］. 北
京：中国农业出版社 .

潘志强，孙中栋 . 2007. 非农化进程中农户农业投资研究 ［J］. 中央财经大学学报（1）：
86 - 91.

潘志强，孙中栋 . 2007. 非农化进程中农户农业投资研究 ［J］. 中央财经大学学报（1）：
86 - 91.

庞晓玲，霍学喜 . 2005. 财政支持粮食主产区农业发展现存问题与对策思考 ［J］. 特区经济
（4）：194 - 195.

钱贵霞，李宁辉 . 2006. 粮食生产经营规模与粮农收入的研究 ［J］. 农业经济问题（6）：
57 - 60.

钱贵霞 . 2005. 粮食生产经营规模与粮农收入的研究 ［D］. 北京：中国农业科学院 .

钱贵霞 . 2005. 粮食生产经营规模与粮农收入的研究 ［D］. 北京：中国农业科学院 .

乔旭华，张建杰．2008．粮食主产区农户粮作经营行为取向与政策效应［J］．农业现代化研究（2）：142-145.

石兴国．2009．组织行为学［M］．北京：中国电力出版社．

史清华．2001．中国农户经济收入增长、结构变迁及根源［J］．河北学刊，21（5）：24-28.

史忠良，许基南，刘伦武．2006．促进中部粮食主产区经济发展的若干政策［J］．求实（5）：38-41.

宋洪远．1994．经济体制与农户行为——一个理论分析框架及其对中国农户问题的应用研究［J］．经济研究（8）：22-28.

孙莉莉．2007．工业化进程中我国农村社会资本的重构［D］．郑州：郑州大学．

孙艳霜，金盛红，苏相锟．1999．粮食主产区：困境·希望·出路［J］．吉林农业（8）：4-5.

孙振远．2000．中国粮食问题［M］．郑州：河南人民出版社．

陶建平，陈新建．2008．粮食直补对稻农参与非农劳动的影响分析——基于湖北309户农户入户调查的分析［J］．经济问题（9）：74-77.

佟舟．2009．中国粮食流通体制研究［D］．北京：首都经济贸易大学．

汪德平．2004．浅谈中国粮食流动格局的新变化［J］．粮食问题研究（3）：28-31.

王春超．2007．收入波动中中国农户就业决策——基于湖北省农户调查的实证研究［J］．中国农村经济（3）：48-57.

王放，丁文斌，王雅鹏．2007．粮食主产区农民增收与粮食安全耦合分析［J］．西北农林科技大学学报（社会科学版）（9）：21-25.

王凤山．2001．关于粮食主产区农民增收问题的思考［J］．学习论坛（5）：44-46.

王赋，于培伟，张树森．1994．当前粮食主产区的困局及出路［J］．科技导报（2）：34-36.

王建洪，冉光和，孟坤．2009．农户收入结构对农户投资的影响问题研究［J］．农业技术经济（1）：92-97.

王娇．2005．全国及主产区粮食综合生产能力影响因素分析［J］．调研世界（9）：20，24-25.

王图展，周应恒，胡浩．2005．农户兼业化过程中的"兼业效应"、"收入效应"［J］．江海学刊（3）：70-75.

王雅鹏．2008．现代农业经济学［M］．北京：中国农业出版社．

王宇露．2006．粮食主产区农民收入构成及其对比分析［J］．安徽农业科学，34（20）：5408-5409，5411.

卫新，胡豹，徐萍．2005．浙江省农户生产经营行为特征与差异分析［J］．中国农村经济（10）：49-56.

吴桂淑，范静，康晨宇．1995．优化农村产业结构——粮食主产区经济发展的战略选择［J］．

农业经济（12）：13，29-31.

吴京英 . 1993. 农民弃耕抛荒问题的综述 [J]. 中国农村经济（9）：25-27.

吴静 . 2008. 黑龙江省区域经济发展水平综合评价研究 [J]. 工业技术经济，27（9）：121-123.

吴奇修，官靓，董志勇 . 2008. 粮食政策对农户的激励作用与政策建议——以湖南省为例 [J]. 农业现代化研究（3）：257-261.

吴绍田，高洪涛 . 1998. 粮食与收入增长非均衡下农户投资行为分析 [J]. 时代论丛（1）：16-20.

吴天君 . 2004. 产业化经营：粮食主产区农民增收的必由之路 [J]. 求是（13）：34-35.

吴照云，蔡文著 . 2004. 对粮食价格市场化改革与粮食主产区农民增收的思考 [J]. 中国物价（6）：15-17.

吴照云，朱丽萌 . 2007. 粮食主产区农民增收国家支持体系构想 [J]. 农业经济问题（7）：102-106.

吴志华，等 . 2001. 中国粮食安全与成本优化研究 [M]. 北京：中国农业出版社 .

伍山林 . 2000. 中国粮食生产区域特征与成因研究 [J]. 经济研究（10）：38-45.

伍山林 . 2000. 中国粮食生产区域特征与成因研究——市场化改革以来的实证分析 [J]. 经济研究（10）：38-45.

夏安宁 . 1996. 粮食主产区的困惑与出路 [J]. 经济理论与经济管理（4）：72-75.

夏春平，雷海章 . 2001. 粮食产业化经营是粮食主产区发挥产粮优势的有效选择 [J]. 粮食问题研究（3）：19-21.

肖小英 . 2010. 基于主成分分析法的江西省各区市经济发展水平综合评价 [J]. 科技广场（2）：66-68.

谢茹 . 1996. 振兴粮食主产区的若干思考 [J]. 企业经济（11）：33-36.

谢曙光 . 2004. 粮食主产区经济结构调整和优化的途径探讨 [J]. 中州学刊，141（3）：31-33.

辛翔飞，秦富 . 2005. 影响农户投资行为因素的实证分析 [J]. 农业经济问题（10）：34-37.

辛翔飞，秦富 . 2005. 影响农户投资行为因素的实证分析 [J]. 农业经济问题（10）：34-37.

徐冰 . 2009. 粮食安全背景下的我国粮食主产区经济发展问题研究 [D]. 长春：东北师范大学 .

徐莉 . 2010. 城市化进程中如何解决农地抛荒问题——以四川省为例 [J]. 农村经济（3）：21-24.

薛薇 . 2007. 统计分析方法及应用 [M]. 北京：电子工业出版社 .

严瑞珍，等.1999. 粮食主产区的农业产业化 [M]. 北京：中国农业出版社.

杨邦杰.2010. 加大对国家粮食核心区的建设与保护 [J]. 今日中国论坛 (2)：80-81.

杨蕾.2009. 中国粮食供需平衡分析 [D]. 淄博：山东理工大学.

杨茂.2006. 农业新政与粮食主产区农民增收研究 [D]. 天津：天津大学.

叶晓云，孙强.2004. 以浙江为例 浅谈粮食产销区合作 [J]. 中国粮食经济 (5)：49-50.

易丹辉.2007. 数据分析与 Eviews 应用 [M]. 北京：中国统计出版社.

易永锡.2005. 对我国当前农村土地规模经营的研究 [J]. 市场论坛 (12)：25-26.

殷培红，方修琦，田青，马玉玲.2006.21 世纪初中国主要余粮区的空间格局特征 [J]. 地理学报，61 (2)：190-198.

尹成杰.2003. 关于我国粮食生产波动的思考及建议 [J]. 农业经济问题 (10)：4-9.

尹成杰.2009. 粮安天下——全球粮食危机与中国粮食安全 [M]. 北京：中国经济出版社.

尹成杰.2009. 全国粮食危机与中国粮食安全 [M]. 北京：中国经济出版社.

尹生强，郑琨.2009. 山东省区域经济差异综合评价 [J]. 经济管理 (4)：134-135.

庾德昌，程春庭.1996. 农户经济行为量化分析 [J]. 中国农村观察 (1)：42-49.

喻国华.1997. 粮食主产区产业发展浅论 [J]. 农业技术经济 (2)：41-43.

翟商，苏少之.2003. 新中国区际粮食流通的三次变化及其原因分析 [J]. 当代中国史研究，10 (2)：46-58.

张德元.2005. 中部崛起：必须建立对粮食主产区的补偿机制 [J]. 调研世界 (6)：33.

张冬平，魏仲生.2006. 粮食安全与主产区农民增收问题 [M]. 北京：中国农业出版社.

张吉献，杨铭.2009. 基于因子分析的中原经济区城市经济发展水平评价 [J]. 安徽农业科学，37 (11)：5132-5133，5152.

张利国，王慧芳.2009. 我国粮食主产区粮食生产演变探析 [J]. 农业经济 (9)：40-42.

张明梅.2004. 粮食直补：农业支持政策在我国粮食主产区的实践 [J]. 调研世界 (9)：27-29.

张启明.1997. 农户行为分析与农业宏观调控政策 [J]. 中国农村经济 (6)：35-38.

张圣兵.2001. 我国粮食供求矛盾及其平衡战略 [J]. 现代经济探讨 (4)：22-25.

张卫华.2007. 工业化、城市化进程中粮食主产区经济发展路径选择——以河南省为例 [D]. 郑州：河南农业大学.

张伟达，邓海.2002. 破解粮食主产区农民增收难题——来自湖南粮食主产区的调查 [J]. 调研世界 (11)：28-31.

张雅丽.2007. 中国工业化进程中农村劳动力转移研究 [D]. 杨凌：西北农林科技大学.

赵春雨.2008. 我国粮食生产区域分布演变研究 [D]. 长春：吉林大学.

赵建安，张红旗.1998. 千烟洲农户经济行为分析及对策 [J]. 资源科学 (20)：77-82.

赵喜仓.2001. 江苏经济区域的划分及共同发展对策 [J]. 科技进步与对策 (12)：78-80.

郑丽，霍学喜 . 2007. 粮食主产区农户粮食生产投入决策行为分析 [J]. 西北农林科技大学学报（社会科学版）（6）：49 - 54.

中共中央农业部政研室农村固定观察点办公室 . 1997. 我国农户农业投入行为研究 [J]. 中国农村经济（11）：53 - 60.

中国社会科学院语言研究所词典编辑室 . 2005. 现代汉语词典 [M]. 北京：商务印书馆 .

钟涨宝，汪萍 . 2003. 农地流转过程中的农户行为分析——湖北、浙江等地的农户问卷调查 [J]. 中国农村观察（6）：55 - 64.

周立华，樊胜岳，等 . 2002. 农户经济收入与经营行为研究——来自黑河流域中游地区的调查 [J]. 经济地理，6（11）：740 - 743.

周清明 . 2009. 农户种粮意愿的影响因素分析 [J]. 农业技术经济（5）：25 - 30.

周晓红 . 2006. 试论粮食产销区协调机制的建立 [J]. 湖南农业大学学报（6）：12 - 14.

周应恒，杨美丽，等 . 2007. 农村公共事业发展影响农户农业生产性投资的实证分析 [J]. 南京农业大学学报（社会科学版），7（1）：32 - 36.

朱凤文，盛国志，张玉芬 . 2006. 我国粮食主产区提高粮食综合生产能力浅见——以吉林省生产实践为例 [J]. 中国农业资源与区划，27（5）：20 - 22.

朱启荣 . 2005. 中国棉花主产区空间布局变迁研究 [D]. 北京：中国农业大学 .

朱泽 . 1996. 中国工业化进程中的粮食安全问题 [J]. 战略与管理（4）：28 - 36.

朱泽 . 1996. 中国工业化进程中的粮食安全问题 [J]. 战略与管理（4）：28 - 36.

Adam Smith. 1776. An Inquiry into the Nature and Causes of the Wealth of Nations [M]. London：W. Strahan and T. Cadell.

Ajzen. 1991. The theory of planed behavior [J]. Organizational behavior and human decision processes，50（2）：179 - 211.

Anselin L. 1988. Spatial Econometrics：Methods and Models [M]. Dordrecht，Kluwer Academic Publishers.

A. Dobermann. 1994. Factors Causing Field Variation of Direct-seeded Flooded Rice [J]. Geoderma（62）：125 - 150.

Basil Manos，Moss Anjuman Ara Begum，Mohd Kamruzzaman. 2007. Fertilizer price policy，the environment and farms behavior [J]. Journal of Policy Modeling（29）：87 - 97.

Bruce L. G. 1991. The Inefficiency of Interest-rate Subsidies in Commodity Price Stabilization [J]. Amer. Jour. of Agri. Econ.（78）：508 - 16.

Commission of the European Communities. 1998. The Common Agricultural Policy：Promoting Europe's agriculture and rural areas（Continuity and change）[R].

David Ricardo. 2001. On the Principles of Political Economy and Taxation [M]. Kitchener：Batoche Books.

D. A. Sumner. 1998. Agricultural Policy Reform in the United States [M]. US: Edward Elgar.

Eillis F. 1988. Peasant Economics [M]. Cambridge University Press.

Erik Lichtenberg. 2008. Assessing Farmland Protection Policy in China [J]. Land Use Policy (25): 73 – 88.

Fishbein, M. Ajzen, I. 1975. Belief, Attitude, Intention, and Behavior: An Introduction to Theory and Research [M]. MA: Addison-Wesley.

Griliches, Zvi. 1959. The Demand for Input in Agriculture and a Derived Supply Elasticity [J]. Journal of Farm Economics (41): 309 – 322.

Higgins, B. Regional, Savoie, D. J. 1988. Economic Development [M]. Boston: Unwin Hyman.

Jing Zhu. 2004. Public Investment and Economic China' Long-term Food Security under WTO [J]. Food Policy (29): 99 – 111.

Joseph G. 1989. Four Approaches to Commodity Market Stabilization: A Comparative Analysis [J]. Amer. Jour. of Agri. Econ. (71): 326 – 37.

J. Timsina, D. J. Connor. 2001. Productivity and Management of Rice-wheat Cropping Systems: Issues and Challenges [J]. Field Crops Research (69): 93 – 132.

Mariapia mendola. 2007. Farm household production theories: A review of "institutional" and "behavioral" responses [J]. Asian Development Review, 24 (1): 49 – 68.

Musser, W. N. 1996. Risk and Grain Marketing Behavior of Large-scale Farmers [J]. Review of Agricultural Economics (18): 65 – 77.

Ralph Cummings Jr. 2006. Grain Price Stabilization Experiences in Asia: What have We Learned? [J]. Food Policy, 31 (4): 302 – 312.

Rasmus Heltberg. 1998. Rural market imperfections and the farm size-productivity relationship: Evidence from Pakistan [J]. World Development, 26 (10): 1807 – 1826.

Shapiro, B. I. 1988. Factors Affecting Farmers' Hedging Decisions [J]. North Central Journal of Agricultural Economics (10): 145 – 153.

S. Samapundo. 2005. Predictive Modeling of the Individual and Combined Effect of Water Activity and Temperature on the Radial Growth of Fusarium Verticilliodes and F. Proliferatum on Corn [J]. International Journal of Food microbiology (105): 35 – 52.

Thomson. K. EC. 1994. Agriculture, Past and Present [J]. European Economy (4): 60.

Tiefelsdorf M. 2000. Modeling Spatial Processes: The Identification and Analysis of Spatial Relationships in Regression Residuals by Means of Moran's I [M]. Berlin: Springer.

Timothy Josling. 1998. Agricultural Trade Policy [J]. Policy Analyses in International Economics (4): 53.

T. Hitiris. 1991. European Community Economics [M]. New York: St. Martin's Press, Inc.

图书在版编目（CIP）数据

中国粮食主产区的演变与发展 / 顾莉丽著. —北京：
中国农业出版社，2014.11
ISBN 978-7-109-19035-1

Ⅰ.①中⋯　Ⅱ.①顾⋯　Ⅲ.①粮食产区-研究-中国
Ⅳ.①F326.11

中国版本图书馆 CIP 数据核字（2014）第 062962 号

中国农业出版社出版
（北京市朝阳区麦子店街 18 号楼）
（邮政编码 100125）
责任编辑　刘明昌

北京中兴印刷有限公司印刷　新华书店北京发行所发行
2014 年 11 月第 1 版　2014 年 11 月北京第 1 次印刷

开本：720mm×960mm　1/16　印张：14
字数：208 千字
定价：35.00 元
（凡本版图书出现印刷、装订错误，请向出版社发行部调换）